丛书顾问

（以姓氏拼音字母为序）

顾明远　裴娣娜　史宁中　宋乃庆
田正平　叶　澜　钟秉林　朱小蔓

丛书编委会

主　任：张斌贤
委　员：（以姓氏拼音字母为序）

陈时见　程斯辉　褚宏启　杜成宪
范国睿　傅维利　高宝立　郭　戈
贺国庆　侯怀银　黄甫全　郝二军
靳玉乐　贾　娟　柳海民　刘贵华
刘海峰　刘立德　刘志军　楼世洲
马晓红　马云鹏　孟繁华　戚万学
司晓宏　石　鸥　石中英　孙杰远
田慧生　涂艳国　王建新　王嘉毅
王维平　吴康宁　肖　朗　徐小洲
徐　勇　余文森　翟　博　张慧君
张民选　周洪宇　周作宇

民众教育的践履者俞庆棠

教育薪火书系·第一辑

熊贤君 ◎ 著

山西出版传媒集团
山西人民出版社

图书在版编目（CIP）数据

民众教育的践履者俞庆棠 / 熊贤君著 . — 太原：山西人民出版社，2020.7
（"教育薪火"书系 / 张斌贤主编）
ISBN 978-7-203-10545-9

Ⅰ. ①民… Ⅱ. ①熊… Ⅲ. ①俞庆棠（1897—1949）—生平事迹 Ⅳ. ①K825.46

中国版本图书馆 CIP 数据核字（2019）第 005303 号

民众教育的践履者俞庆棠

著　　者	熊贤君
出版策划	贾新田
责任编辑	李建业
复　　审	吕绘元
终　　审	阎卫斌
装帧设计	李尚斌　张国仁

出 版 者	山西出版传媒集团·山西人民出版社
地　　址	太原市建设南路 21 号
邮　　编	030012
发行营销	0351-4922220　4955996　4956039　4922127（传真）
天猫官网	https://sxrmcbs.tmall.com　电话：0351-4922159
E - mail	sxskcb@163.com　发行部
	sxskcb@126.com　总编室
网　　址	www.sxskcb.com

经 销 者	山西出版传媒集团·山西人民出版社
承 印 厂	山西出版传媒集团·山西人民印刷有限责任公司

开　　本	787mm×1092mm　1/16
印　　张	20
字　　数	400 千字
印　　数	1—3000 册
版　　次	2020 年 7 月　第 1 版
印　　次	2020 年 7 月　第 1 次印刷
书　　号	ISBN 978-7-203-10545-9
定　　价	90.00 元

如有印装质量问题请与本社联系调换

教育薪火　传承不息（总序）

钟秉林

在人类的历史长河中，教育一直伴随人类的文明进程在不断发展进步，那些弥足珍贵的教育著作、教育思想、教育人物和事迹，无时无刻不在拨动着教育工作者的心弦。我们永远无法忘记那些给我们留下宝贵思想财富的教育家，他们的思想、言论和实践，依然是激励我们教育工作者前进的动力。时至今日，教育的发展与变革更成为世界各国应对日趋激烈的国际竞争的重要战略。在科教兴国战略的指导下，党和国家对教育工作给予了高度的重视，深刻认识到教育家对教育事业的重要性。《国家中长期教育改革和发展规划纲要（2010—2020年）》就明确提出："创造有利条件，鼓励教师和校长在实践中大胆探索，创新教育模式和教育方法，形成教学特色和办学风格，造就一批教育家，倡导教育家办学。"

要想成长为教育家或者在教育实践中能够起到扛鼎作用并非易事，需要我们教育工作者吸收过往教育家留下来的丰富教育营养，清晰地认识什么是真正的教育家，教育家应该具备什么样的素质和条件，做到融会贯通，大胆实践，自成一家。与此同时，在教育改革的大背景下，普通教师同样迫切需要能够在教书育人过程中得到启迪和突破的催化剂，教育家的思想和实践是经过检验的真理，是教学启迪催化剂的最佳选择。

然而，在浩瀚的书海中，以教育家为主线、囊括中外、跨越古今、自成体系的书系并没有面世。山西的《新课程》杂志社和《现代职业教育》杂志社，在教育的广袤园地上深耕多年，熟知一线教师的需求，希望为普通教师策划一套教育理论普及读物，以使广大中小学教师能够"近距离"地接触中外历代教育家的教育思想、实践经验和办学理念，促进教育理论水平的提高，从而更好地开展教育教学实践。书系的策划人与张斌贤教授为理事长的中国教育学会教育史分会的夙愿不谋而合，合作编写一套大规模的、以教育家为主线的书系的想法随之形成。

策划团队把书系命名为"教育薪火"，是希望教育家的教育思想能够薪火相传，不断推动人类文明的发展。"教育薪火"书系拟分为三辑出版，按照中国古代、中国近现代、外国古代和外国近现代分类。第一辑共选择了一百余位中外教育家，一位教育家一本书，规模宏大，应该说能够在中国教育出版史上留下浓墨重彩的一笔。所选教育家都是经过书系编委会认真研究、充分论证而定的，他们在教育史上有较大的影响，能够启迪或者感染教育工作者，推进教育和教学的发展。当然，其中有的教育家更为名声在外的不是在教育上，但是他们在教育上的贡献毫不逊色于其他方面的贡献，比如我们熟知的一些革命家；另外，还包括了一些具有地方特色的教育家以及还没有被人们真正认识的教育家。

必须提及的是，中国教育学会教育史分会非常荣幸地邀请到我国著名的教育学者顾明远教授、叶澜教授、史宁中教授、宋乃庆教授、田正平教授、裴娣娜教授和朱小蔓教授等担任书系的顾问，成立了由40多位教育学界具有重要影响的学者组成的编委会，为书系的质量保驾护航。

还需提及的是，《新课程》杂志社和《现代职业教育》杂志社为物色学有专长的作者付出了巨大的辛劳。书系的作者地域和院校分布广泛，既有北京师范大学、华东师范大学、东北师范大学、华中师范大学、陕西师范大学、南京师范大学、首都师范大学等师范院校的学者，也包括武汉大学、四川大学、南京大学、南开大学、天津大学、河北大学、河南大学等综合大学的学者。作者以教育史专业的中青年教师为主力军，他们朝气蓬勃、时代感强，研究范围涉猎较广，能大胆地探索和怀疑，一些新的教育研究成果不断涌现，为书系注入了难得的新鲜气息；他们与一线中青年教师同处一个频道，其思维模式很容易被接受。

客观而言，现在每年出版的教育类图书很多很多。一类为实践性强和操作性强的教学类图书，教师拿来就可以在课堂上使用；另一类为理论性强和学术性强的图书，印数少，流通范围小，普通教师往往望而却步。然而，教育理论只有指导教育实践才有存在的价值。在我看来，书系最具特色的价值就是秉承了教育理论通俗化这一理念，在教育理论研究者和普通教师之间架起了一道桥梁。书系以教育家为主线，坚持学术性与普及性并重，用通俗化的语言，或阐述教育家的教育思想精华，或叙写教育家的精彩教育事迹和教育实践，力图"润物细无声"，让教师喜欢读，在读中提高素养，深刻理解教育家，形成自己的理论，推进"教育家办学"。

当然，书系在真实性上也颇下功夫。以史料为依据，实事求是叙述，客观全面评价，不有意拔高教育家的贡献，注重教育家闪光点的挖掘和传播，是教育家历史画卷现代版的呈现。书系成规模、系统化，学术性和可读性强，具有较强的收藏价值，非常适合各中小学图书室和大学图书馆选择配置。

中国教育学会教育史分会为教育事业做了一件好事，张斌贤理事长请我作序，我觉得理应支持，欣然应允。

希望广大教育工作者能够认真阅读这套图书，为自己的教育职业生涯发展打下坚实基础，为成长为新时期的教育家而不懈努力。

丁酉年正月于北京

（作者系中国教育学会会长、北京师范大学原校长）

序 言

　　一部中国近代史是中国人民反对帝国主义侵略和封建主义压迫的英勇奋斗史,是中华民族为救亡御侮、自强图存而艰难探索的历史。延续几千年的中国古代文明,在近代中西文化冲突与汇合的汹涌浪潮中,逐渐向现代文明转换。文化的变革和政治斗争同时开始,是同一历史过程的不同方面。文化思想的巨变,可以向上追溯到鸦片战争以后林则徐、魏源、冯桂芬等人倡导的"师夷长技以制夷",下经洋务运动、戊戌变法、辛亥革命以至五四新文化运动,中国传统文化遭受到史无前例的巨大冲击,不断地退却、变化、更新、转换。近代民主主义和社会主义的文明体系逐渐孕育、成长,文化价值取向重新定位,人们的人生观、历史观、世界观发生巨大变化。旧文明体系的核心,是其独特的伦理价值,在相当长的时期内,人们把这种传统的价值当作立国之本,但在应付西方的挑战中,又不得不承认和接受西方文化的价值,特别是其科技价值,由此产生了所谓"中学为体,西学为用",也产生了中学与西学、旧学与新学的对立。在近代史上很长一段时间内,人们的文化价值取向折中于"中体西用"的互补价值。到了五四运动时,文化战线上的斗争趋于激烈,有些人主张抛弃古董,"全盘西化",而另有些人主张读经复古,保存"国粹"。这两种主张都走向片面和极端,只有马克思主义者,实事求是,根据国情,从革命救亡和现代化的需要出发,逐渐开辟了一条批判继承和融会吸收的正确道路,有力地领导和推动了新文化的发展,创造出具有民族特色、科学内容和大众化形式的新民主主义和社会主义的文化。

　　文化的现代转换,在理论与实践方面,较为显著而富有成效者,教育应是其一。如洋务运动,尽管在主观意旨上是为了巩固封建统治,而在军事、外交上又遭到了失败。然而,教育方面却尚有若干成就,同文馆、方言馆、船政学堂、水师学堂的设立,留美、留欧学生的派遣,西方书籍的翻译,实开风气之先。此后,"百日维新"中,康、梁在教育方面的建议,京师大学堂的创设,1904年张之洞等所拟

"癸卯学制"的颁行,1905年科举考试的废止,各地设立学堂,提倡出洋留学。民国成立以后,南京临时政府颁布教育改革令,促进和完善了新学制,蔡元培对北京大学的改造都具有重要的意义,标志着旧民主主义革命时期的文化教育在崎岖的路程上奋力前进。

五四运动以后,随着新民主主义革命的深入,教育的体制、方向发生了重大变化,局面为之一新。最重要的是马克思主义者将革命和教育结合起来,以工农大众为教育的对象,以革命救亡为教育的内容。在马克思主义者的领导和组织下,有了勤工俭学运动,又有了工人学校、农民运动讲习所,以及抗战时期的抗大、陕北公学、华北联大等崭新的教育形式。社会上则有一批有识之士和学界巨子以极大的热情,发宏愿,筹巨款,在全国创办了各级各类学校。各种教育思潮云蒸霞蔚,有平民教育思潮、工读教育思潮、乡村教育思潮、科学教育思潮、职业教育思潮、生活教育思潮、普及教育思潮等。在众多的教育思潮中,既有高举马克思主义旗帜的革命家,如李大钊、陈独秀、恽代英、杨贤江、毛泽东、吴玉章、徐特立、成仿吾等,又有许多进步的、爱国的教育家,如梁启超、蔡元培、陶行知、黄炎培、梁漱溟、晏阳初、蒋梦麟、张伯苓等。应该指出:在近代,曾经有一些"教育救国论者",他们企图不经过革命,单纯依靠教育手段去改造旧中国,这是不切实际的幻想。但他们在各自实践的领域对教育事业做出了这样或那样的贡献,或者继承和弘扬中国传统文化中的优秀遗产,或者介绍西方的科学技术、民主思想、公民意识,他们在传播知识、提高民族文化素质、培养革命和建设人才、推动社会进步方面的功绩是不能埋没的。在近代中国,从民主主义革命走向社会主义是历史的必由之路,是使中国独立、繁荣、富强的前提,而教育则与革命相辅而行。它是启迪心智、消除愚昧、获致知识、振奋精神等不可缺少的手段。教育促进了革命,而革命又为教育开辟了新局面。

一个半世纪以来,中国的教育思想和实践亟待研究、总结,需要提高到理论的认识。当前,社会主义现代化建设正在热火朝天地进行,教育的地位和作用愈益受到重视。人们认识到:经济和文化教育犹如社会发展的两翼。经济建设,如果没有文化教育的同步前进是不可能成功的。对近现代教育史的研究,可以为今天社会主义的教育改革和教育发展提供宝贵的历史借鉴。我诚恳地希望:从事这一系列研究的专家、学者们牢牢地掌握马克思主义理论,搜集丰富的史料,进行总结概括,在分析评判各种教育思想和教育家时,能深入探究其社会环境、思想渊源、教育宗旨和人物特点,在错综复杂的现象中揭示其主流和本质。既有科学的实事求是的历史感,又有强烈的"古为今用"的现实感。既要在学术上不囿于成说,大胆创新,探索求真,又要密切联系实际,将研究成果与当前的教育实践相结合,为建设中国特色社会主义教育事业服务,使研究工作保持充沛的活力和蓬勃的生机。

戴　逸

第一章　筚路蓝缕　开拓奋进

　　——一位献身民众教育的人民教育家　　1

第一节　家庭身世　　2

第二节　求学立志　　10

第三节　负笈留美　　14

第四节　民教保姆　　24

第五节　护校斗争　　39

第六节　以身殉职　　42

第二章　民教特质　旨深意远

　　——民众教育本质论　　45

第一节　民众教育的意义　　46

第二节　民教发轫与演进　　55

第三节　民众教育的比照　　61

第三章　高瞻远瞩　植基民教

　　——民众教育的目的论　　69

第一节　民众教育目的观的形成　　70

第二节　拯救凋敝的乡村　　76

第三节　寻觅工人的出路　　80

第四节　培植自治的基础　　　　　　　　84

　　第五节　进行根本的建设　　　　　　　　87

　　第六节　奠定复兴的根基　　　　　　　　90

第四章　结合实际　构建体系

　　　　——民众教育的内容论　　　　　　　93

　　第一节　内容鸟瞰　　　　　　　　　　　94

　　第二节　生计教育　　　　　　　　　　　98

　　第三节　公民教育　　　　　　　　　　　101

　　第四节　自治自卫　　　　　　　　　　　105

　　第五节　健康卫生　　　　　　　　　　　107

　　第六节　休闲教育　　　　　　　　　　　110

第五章　尊重传统　跨越传统

　　　　——民众教育的学校论　　　　　　　113

　　第一节　传统的学校　　　　　　　　　　114

　　第二节　学校社会化　　　　　　　　　　122

　　第三节　社会化学校　　　　　　　　　　138

　　第四节　创造的困惑　　　　　　　　　　145

第六章　开拓创新　独树一帜

　　　　——民众教育的形式论　　　　　　　149

　　第一节　形式创造　　　　　　　　　　　150

第二节	民众学校	154
第三节	民众教育馆	162
第四节	民众图书馆	167
第五节	民众体育场	170
第六节	民众电影场	173
第七节	民众合作社	176

第七章 以小见大 窥斑见豹

——民众教育的实验论　　179

第一节	借鉴西方学理	180
第二节	实验目标制定	187
第三节	实验专题研究	194
第四节	实验区及其特点	200

第八章 不尚空谈 务求实效

——民众教育的方法论　　207

第一节	从实际出发	208
第二节	重科学技术	211
第三节	团体活动法	214
第四节	设计教学法	217
第五节	导生制	219
第六节	农事展览会	222
第七节	自觉自动法	225

第九章　扫除文盲　普及教育
——论扫盲与儿童教育　229
第一节　苏联扫盲的经验　230
第二节　扫除文盲张国本　235
第三节　救济失学的儿童　247

第十章　重视女教　推行女教
——论女子教育　255
第一节　女子教育原动力　256
第二节　女子教育的误区　258
第三节　女子教育的地位　262
第四节　目标的改弦更张　265
第五节　机会均等的症结　269
第六节　发展趋势的分析　273

第十一章　功德业绩　试作评说
——论俞庆棠的历史地位　277
第一节　丰富了教育理论　278
第二节　改善了民众生活　284
第三节　培养了民教人才　287
第四节　两个问题的辩解　290
第五节　理想与现实之间　295

附录　俞庆棠重要活动年表　299

参考文献　301

后　记　303

第一章

筚路蓝缕　开拓奋进

——一位献身民众教育的人民教育家

鸦片战争后，中国社会"千年不变"的陈旧制度，忽而来了个"十年一变"——中华民族不幸地进入一个极为重要的"转型期"。其间，中国社会无时不处在大动荡、大变革之中。社会矛盾、各阶级之间的斗争尖锐复杂，呈现出犬牙交错之局。西方侵略者步步进逼，侵略加剧，使中国社会一步一步滑向黑暗的深渊；生灵涂炭，危机四伏，国运日蹙；也正是西方帝国主义一步一步的欺逼，中国社会突发了一场又一场接踵而至的民族运动、社会运动和自强运动。就在转型期的社会舞台上，中国人民演出了一场又一场触目惊心的活剧——俞庆棠就是这些活剧中的重要人物之一。

第一节　家庭身世

19世纪末，种种社会危机已如箭在弦，一触即发。腐败的清朝社会机构臃肿，对外屈膝投降，对内血腥镇压，"浸透了反民主的意识"。以康有为、梁启超为代表的资产阶级维新派，在光绪帝的支持之下，发动了一场轰轰烈烈的维新运动。就在这场维新运动爆发的前一年，即1897年，俞庆棠来到了人世。

俞庆棠，字凤岐，祖籍江苏省太仓县，生于上海。父亲俞棣云（书祥），精于电学，任上海电报学校主任20多年。他在太仓考中秀才第一名，受当时维新思想的影响，放弃仕途，迁居上海，学习电报业。在上海电报局，从学徒逐步升任为电报局总办，并在上海创办了电报学堂。[1] 1862年后，洋务运动发轫。洋务派首领李鸿章、曾国藩、张之洞、盛宣怀等人，为洋务运动适应工商各务和医学卫生之需，开办了以学习西方科学技术和管理知识为主的新式学堂。这些新式学堂首推电报学堂，依次还有实学馆、矿务学堂，以及铁路、商务、医学等学堂。俞棣云从早期实业学堂中学到了近代电学知识。

---

[1] 钱梅先：《纪念颂华》，见《俞颂华文集》，商务印书馆，1991，第5页。

1870年，沈葆桢向清廷提出自办电报，当时尚未从商务、军务之需考虑。由于日本侵略者进犯台湾，给清政府洋务派当头棒喝，1874年"海防议起"，开始从政治军事的需要架设电线，兴办电报业，创办电报学堂。中国第一所电报学堂是福州电报学堂，开办于架设电报之前。丹麦大北电报公司在厦门福州间和马尾擅自架设电线，引起当地"老百姓的仇视"，时常"拔电线杆和电线"。①1875年丁日昌任福建巡抚后，将老百姓拔起的电线杆"买回拆毁，仍将电线留存，延请洋人教习学生"。此即福州电报学堂。

第二个电报学堂是天津电报学堂，设于1880年10月，随着津沪、沪汉、沪浙、闽粤等电线的架设，电报人才"皆由天津学堂随时拨往"，但仍供不应求。次年扩大招生，"招谙习英文学生四五十名一体教习"，仍无以满足实际之需。电报业的发展，使社会加剧对电报人才的渴求，而这种渴求又刺激了电报学堂的发展。终于1882年清廷在上海设立了较大的电报学堂，此即俞棣云长期供职且一直到殉职的学堂——上海电报学堂②。初招收学生20名，学习收发电码技术。由姚彦鸿任学堂总办，唐璧田任教习等。优秀学生毕业后派至上海电报总局任职。由于上海电报学堂开办后社会对电报人才的需求仍居高不下，该校又扩大学堂规模，下分设按报塾、测量塾，并聘请丹麦人博怡生、葛雷生等任教习。1912年改为上海电报学校，半年后改为上海电报传习所，设初等、快机、中等和高等4个班，归交通部管理。大约上海电报学堂创办后10余年俞棣云进入该校任职，他在这所学校任主任20多年，于1918年去世，为中国电讯人才的培养、电讯事业的发展做出了贡献。

俞棣云对子女的影响是多方面的。廉洁自奉与科学精神，是儿女们从他那里得到的取之不尽、用之不竭、终身受益的最宝贵精神财富。他常常这样教育子女："凡是钱，可取可不取的，取，伤廉；何况不可取的呢！"俞庆棠将此类谆谆诲语铭刻在心。考察俞庆棠一生创办的事业，无不廉洁奉公。

---

①寿尔：《田凫号航行记·电报学堂》，见《洋务运动》（八），上海人民出版社，1961，第393页。

②上海电报学堂的设置时间有1882年和1883年二说。夏东元的《洋务运动史》（华东师范大学出版社1992年5月版）认作1883年。陈学恂据《交通部电信学校五十周年纪念特刊》推定为1882年，《教育大辞典》依此说（见《中国近代教育大事记》第44页）。

母亲顾瑞芝,是一位贤惠善良、识字明理的妇女。当时,贤惠善良者并不少见,但识字明理的却不多。顾瑞芝和俞棣云,对天真活泼、聪明伶俐的俞庆棠,视作掌上明珠。1914年,顾瑞芝因病去世,这对于一位17岁的女孩子来说,如五雷轰顶,她痛不欲生。真是祸不单行,4年后的1918年,父亲也撒手人寰。双亲的遽归道山,令俞庆棠悲恸欲绝。抚今追昔,她独怆然而涕下。她的悲痛心情,于她给未婚夫的信中,是不难体察出的。她在信中写道:

> 我父亲无棠,益增悼亡之思。棠无我父,益增失怙之痛。实相依为命也。今我父亦舍我而去,其何堪乎。反哺之愿,无时能偿;风木之悲,无焉终古。能不怆然!①

其时,未婚夫唐庆诒已在美国留学。她只有对未来的终身伴侣一诉衷肠。唐庆诒亦颇为理解她此时的心境,回信极力安慰节哀,并邀她到美国留学。

长兄凤宾,留学美国,获博士学位。归国后在上海行医,是上海的名医。由于家庭、社会及欧风美雨的洗礼,俞凤宾思想进步,与邹韬奋交谊甚厚,感情甚笃,经常在邹韬奋主编的《生活》周刊撰写医药卫生方面的文章。可惜英年早逝,俞凤宾于1932年病故。

仲兄颂华,1893年3月9日生于上海,1947年10月11日在江苏苏州去世。幼时,进过私塾,中英文基础便是在那里奠定的。在中学时代,爱好读报、剪报、贴报,立志从事新闻事业。他曾先后肄业于同盟会江苏支部主办的上海健行公学和澄衷中学。1911年,武昌首义,他参加了其兄俞凤宾组织的救护队,直接赶赴革命军战斗的前线南京、浦口等地救死扶伤。中学毕业后,俞颂华考上了北京的清华学堂(清华大学前身),但他认为上海的复旦公学(复旦大学前身)学术完全自由,就改入复旦公学,入政治经济系肄业。

1932年《申报月刊》主持人史量才邀请俞颂华去创办并主编《申报月刊》。是年7月15日,大型综合性杂志《申报月刊》创刊号上发表了俞寰澄、林语堂、胡愈之、潘光旦、舒新城等人的文章。文艺作品有茅盾的《林家铺子》和巴金的《沙丁》。以后,又刊载了茅盾的《春蚕》《乡村杂景》《陌生人》等作品。经常为《申报月

---

① 茅仲英:《俞庆棠》,见《中国现代教育家传》(第四卷),湖南教育出版社,1987,第155页。

刊》撰稿的还有蔡元培、黄炎培、鲁迅、陶行知、马寅初、金仲华、章乃器、竺可桢、朱光潜、钱俊瑞、洪深、郑振铎、叶圣陶、艾思奇等。鲁迅1933年12月某日的日记中,记有俞颂华和黄幼雄曾以《申报月刊》正副主编名义,邀请鲁迅、茅盾等十来人在新亚饭店晚餐。

1947年10月11日,俞颂华逝世,社会教育学院和江苏省立教育学院分别举行了追悼会。李孤帆、俞寰澄、黄炎培、马荫良和俞庆棠等组织了筹备会,并在上海各报刊出了定于12月7日在静安寺举行追悼大会的消息。俞颂华的进步思想,对比他小4岁的俞庆棠是产生了较大影响的。俞颂华在五四前后发表的一系列笔锋犀利火药味颇浓的短论[1],对青年俞庆棠人生道路的选择、爱国思想的形成、独立人格的锻造,不无开导引路之功。

俞庆棠生长在这样一个进步的高级知识分子家庭。在良好的家庭教育和进步思想的熏陶之下,她耳濡目染皆蓬勃向上的正气,因而在青少年时期,就胸怀爱国之心和救国、报国之志。

1922年,俞庆棠与唐庆诒结婚,组成了新的家庭。唐庆诒是我国著名教育家、国学大师唐文治的长子。唐俞两家相隔不远,既是同乡,又是亲戚关系,来往颇频,关系要好,他们二人幼年便已订下婚约。二人青梅竹马,常在一起游玩。俞庆棠比唐庆诒大一岁,唐庆诒就亲昵地叫她为"复哥"[2]。他们二人婚前婚后彼此敬重,志同道合。17岁时唐庆诒负笈游美,1919年俞庆棠远渡重洋,来到唐庆诒的身边。唐庆诒的外文造诣精深,中国古典文学的根底也十分深厚。俞庆棠与同学孟宪承[3]合译美国教育名著时,他认真做校订工作。

---

[1] 1919年"五四"前后,俞颂华在《时事新报》副刊《学灯》之《小言》《评论》及《解放与改造》《评坛》等栏目中,发表了《个性与群性》《国民对爱国青年之态度如何!》《青年之自觉》《对于全国学生联合会成立感言》《言论终不能自由么?》《高尚之生活》《个人对于旧势力的单独实现与对新组织的社会化》等时评文章。

[2] 俞庆棠的乳名叫"复"。至于称"哥",旧时将女子不称姊而称哥,是对特别尊重的女性的爱称。如鲁迅即如此称许广平。

[3] 孟宪承(1894—1967),字伯洪,江苏武进人。1912年入上海圣约翰大学,毕业后在北京清华学堂任教,1918年公费留学,入华盛顿大学专攻教育。1920年获硕士学位,转赴英国伦敦大学攻读哲学、心理学、教育史。先后任南京高师、东南大学、圣约翰大学、光华大学、浙江大学教授。1951年9月后,历任华东军政委员会委员、华东文教委员会副主任委员兼教育部部长、华东师范大学校长,著有《民众教育》《教育与文化》等。

唐庆诒在美,以演说驰名美国学生界。他曾以中国学生的身份,荣获威士康辛州各大学校际英语演说比赛第一名,美国12个州的大学英语演说比赛第二名。唐庆诒后来出使英国。唐庆诒和俞庆棠他们留美在一起的时间不长,但他们两人在美国的留学生中,是令其他留学生羡慕的一对。

1922年,俞庆棠和唐庆诒从西雅图乘轮船踏上了归国的旅程。船到日本神户,轮机损坏,修理数日。他们两人乘隙饱览神户名胜,游览了神户和雌泷两大瀑布。目睹瀑布从山顶经悬崖峭壁飞流而下汹涌澎湃、气势不凡的壮丽景观,他们顿生"飞流直下三千尺,疑是银河落九天"之感。唐庆诒对俞庆棠坦荡地表露了自己的胸襟:"百年后,我们两个当化作瀑布,终古同流;不过,当在中国,不在日本。"①两情缱绻,备极绸缪。归国后,他们在无锡举行婚礼,以后定居无锡。几年之后,唐文治和唐庆诒均双目失明。俞庆棠作为长媳和妻子,在生活上、精神上增加了极为沉重的负担,但她除了努力工作之外,对他们更加关心照料,更加体贴入微,丝毫没有怨言与不满,表现出了一位现代女子的坚强意志与高尚情操、伟大人格。丈夫虽然双目失明,但一直担任交通大学的外文教授,长达60年。

俞庆棠的公公唐文治,是在中国近现代教育史上占有极高地位的教育家。唐文治(1865—1954),字颖侯,号蔚芝,别号茹经,出生于书香世家,经学根底扎实,18岁中举,25岁中进士。1903年3月,清廷专设商部,任右丞,后升左丞、左侍郎,参与筹创京师实业学堂。1906年商部改为农工商部后,署理尚书。尚书任内,先后出访日、英、法、比、美诸国,广泛考察了诸国政治经济、文化教育状况,尤其欣赏英国牛津大学,认为:

> 立国之要,以教育为命根;必学术日新,而国家仍的振兴之望。②

他要求学部改革教育制度中的弊端,强调发展科学教育,"专重科学,科学尚实,不宜诱之以虚荣"。这说明通过出国考察,他认识到欧美各国之所以比中

---

① 茅仲英:《俞庆棠》,见《中国现代教育家传》(第四卷),湖南教育出版社,1987,第156页。
② 唐文治:《咨邮传部转咨学部咨文》(宣统三年即1911年4月),西安交通大学档案2461卷。

国强大,主要原因是他们实业发达,而实业发达又基于科学之进步,科学进步则有赖于教育。1906年后,唐文治绝意仕途,不再返京供职,决心从事教育,盼望创办出像英国牛津大学那样世界一流的大学,振兴中华民族。1907年9月,他出任江苏高等实业学堂监督。上任后,立即调整该校学科设置,改铁道工程班为铁路专科,停办商科,增设机电;1909年主持增设航海专科(1911年8月独立为吴淞商船学堂,唐文治兼任监督)。武昌起义爆发后,宣布更名为南洋大学堂,此即交通大学的前身。

唐文治前后担任该校校长达14年之久,为中国高等工业教育发展做出了卓越贡献。1920年辞校长之职,在无锡创办国学专修馆,后改名国文大学、国学专门院、国学专门学校,历任校长,致力于阐扬中国传统文化。在长期的办学实践中,形成了颇有特色的教育思想:

其一,注重道德教育。

1909年,唐文治就曾明确地指出:

> 道德基础也,科学屋宇垣墉也,彼淹贯科学,当世宁无其人,然或忘身徇利,一旦名誉扫地,譬诸基础未筑,则屋宇垣墉势必为风雨所飘摇而不能久固。[①]

1913年经他修改后的教育宗旨,把"着意注重道德,保存国粹……以全校蔚成高尚人格"列入其中,道德教育在教育宗旨中占有突出地位。唐文治曾编《人格》一书,是为道德教育的范本。该书"学生格"一节中,提出学生修养德行的准则。还亲自拟订"勤、俭、敬、信"四字校训;学校大礼堂上悬挂着联幅,是为学生砥砺德行的座右铭:

> 好学近乎智,力行近乎仁,知耻近乎勇,虽愚必明,虽柔必刚,富贵不能淫,贫贱不能移,威武不能屈;所存者仁,所过者化。[②]

[①] 唐文治:《学校培养人才论》,见《茹经堂文集》(二编卷三),西安交通大学出版社,1995。
[②]《交通大学校史》编写组:《交通大学校史》,上海教育出版社,1986,第65页。

其二，注重实科教育。

"尚实"是唐文治教育思想的重要特色。1911年，他在给《邮传部转咨学部咨文》中明确了"尚实"的教育思想。咨文指出："要以尚实为宗旨，使人人趋重实学……而不宜固之以虚荣。"其中心意思是要求学校"求实学，务实本"。他常常勉励学生，一定要以"求实学，务实业为鹄的"。他还为学校制定了旨在表达求实务实，发展实业，振兴中华的校旗和校歌。歌词写道：

> ……醒狮起，搏大地，壮哉吾校旗，愿吾师生全体明白旗中意，既醒勿睡，既明勿眛，精神提起，实心实力求实学，实心实力务实业……便是光辉吾校旗。①

其务实尚实的教育思想，涤荡着空疏无用的传统教育思想，在当时起到了振聋发聩的作用。

其三，注重国文、外语教育。

唐文治每年在校内举行一次"国文大会"，亲自命题、阅卷，为优胜者颁奖；又设立"英文大会"，还规定英语为教学用语。但其国文课文均不离经文，认为：

> 经者，万世事物之标准也，即人心是非之标准也。经者，常道也，知常则明，明常道则明是非。政治、伦理之是非于经中求之，理财、教育、兵事、外交之是非也于经中求之。②

他视经学为至高无上的永恒真理，区分一切是非的标准，这则是背离时代精神的。

其四，正人先正己的精神。

1911年武昌起义后，唐文治所掌的学校经费空前拮据。上海其他公立学校

---

① 《上海高等实业学堂附属小学十周年纪念册》，宣统二年(1910)。
② 唐文治：《读经救国论》，见《茹经堂文集》(二编卷五)，西安交通大学出版社，1995。

都因经费困难纷纷停课、散学。为克服经费困难,唐文治决定在学生中加收学费,教职工实行减薪,"量其多寡,分成递减",校长减薪50%。迄1912年止,"职员薪水按照每年十个月计算,教员修金以教授钟点计,专科教员每点钟一元五角,中学教员每点钟一元"①,校长每月依然减薪50%。唐文治以身作则,从自己做起,使全体教职员同舟共济,渡过了难关。他将勤奋、俭朴列入校歌校训,力戒学生奢侈之习,他自己也和学生一样认真执行。他要求教师认真督课,自己即使在双目失明的情况下仍坚持讲课,讲评孜孜,剖析精微,声音铿锵洪亮,严格考试。

其五,注重体育锻炼。

这也是唐文治教育思想的特色之一。在他看来,学生在校所进行的"各种有益之运动均须鼓励"。他说:

> 凡运动会及各种比赛游戏,不仅足以发展学生之体力,并足以引起热心,增进智能。②

他亲自抓体育锻炼,悉心提倡,做到普及与提高并举,将学校的体育运动推向一个新阶段。学校举行足球赛时,尽管双目失明,他也来到看台,体会比赛的热闹场面,听人解说比赛进展情况。每进一球,就以一玻璃球计之。学生的体魄得到了良好的锻炼。

俞庆棠是唐文治的长子之妻,自幼与唐庆诒出没在一起。唐文治对俞庆棠视为自己的爱女一般,既行言传之教,亦行不言之教。俞庆棠的教育思想、道德品行、人格模式、职业选择,都能看出这位父辈教育家的直接影响。她的爱国之心、救国之心、救民之心,与父辈教育家的感召有着极为密切的关系。

---

① 唐文治:《致邮传部梁燕孙函》,西安交通大学档案2368卷,1912年。
② 唐文治:《中学会议答问》,西安交通大学档案第1847卷,1918年5月。

第二节　求学立志

1911年，俞庆棠14岁了，进入上海务本女塾读书。务本女塾创始于1902年，旧址在上海南市花园街，经理为吴馨，沈竹书任舍监。初设寻常、高等两科。1905年废寻常、高等两科，立师范、中学、高等小学，初定学级编制。吴馨在《务本女学史略》中载有设学旨趣及称"塾"而不称"学"之因：

> ……以修明女教、开通风气为职志，移家塾于小南门内花园弄扩而大之，颜曰务本，谓女学乃教育之基本也。不称学堂者何，谓事属创举，女学堂之新名词未易推行，不若推广家塾，合于家族主义旧习惯也。①

俞庆棠所进的科别，今已不知其详，但知大致相当于中学程度。在务本女塾，俞庆棠学到了初步的中西方文化科学知识。她所学的课程，于务本女塾预科、本科课程表可见一斑。《直隶教育志》第一年第17期载《务本女学校第二次改良规则》中，预科课程表中有修身、国文、外国文、理科、算术、地理、历史、图画、唱歌；本科课程表中除加"教育"外，余均相同。不同者如"修身"，由人伦道德之要、中外名人言行改成伦理学、家政学、群经大义；外国文由拼法、审音、抄默、造句、习字、译解更为英文文法、会话、作论、讲读会话、文法译解等；理科由家庭卫生、动植物、矿物改为生理、物理、化学大意；算术加授代数、几何；教育有教育原理、教育史、心理学、教授法等，余不赘述。

据吴若安《回忆上海务本女塾》大致可知，其中学科开设课程有：修身、国文、外语、数学、历史、地理、家事、图画、唱歌、体操等。其教学要旨，都有明确要求：

> 修身要旨，在养成温诚勤朴之德性，治家涉世之能力，并有人群国家之观念；国文要旨，在使通解意义，发表正确之思想，切于实用；外语要旨，在使知音义、会话及函牍；历史要旨在使知人群之进化及近代重要之事迹……②

---

① 朱有瓛：《中国近代学制史料》（第二辑下册），华东师范大学出版社，1989，第589页。
② 朱有瓛：《中国近代学制史料》（第二辑下册），华东师范大学出版社，1989，第604页。

在务本女塾,俞庆棠为以后的深造打下了扎实的基础。她思维敏捷,善于接受新事物,学习勤奋,成绩一直名列前茅。

在教学上,务本女塾虽受封建教育的影响,灌输温良恭俭让的旧礼教、旧道德,但也有一些爱国教员、学生,爱国热情十分高涨,渴望妇女解放的心情很强烈。教师比较开明,同学之间感情融洽,女塾内气氛较为活跃,师生常利用节日、假期开展活动,借此宣传反帝反封建思想。由于这一特殊文化氛围,使学生形成了这样一个共同理想:希望中国妇女有朝一日得到解放,能与男子平等,同为社会服务,为国家工作。她们通过文艺演出,或参与社会活动等,反映她们奋力挣脱封建枷锁,争取妇女解放、男女平等的强烈愿望。受务本女塾这种风气的影响,俞庆棠不顾其时女学初兴,社会风气未开,女学生参加社会活动往往遭人指责、招来闲言碎语等顾虑,在课余时间参加妇女协赞会,积极从事妇女、青年工作。

务本女塾对学生纪律要求较为严格,禁止学生涂施脂粉及穿戴华丽服装,并劝放足。女塾放足之风波及社会,上门索要放足鞋样的,每日不计其数。俞庆棠平生不喜欢施朱涂粉、从不刻意追求服饰穿戴,这一良好习惯的养成,与务本女塾的教育形成因果关系。

> 务本女塾建校宗旨,首以养成学生温诚勤朴的德性,注重学科知识,讲究教学方法,尤其重视家事教育,如烹饪、缝纫、医药卫生常识等,作为培养贤妻良母之基础。[1]

这些,对俞庆棠产生了深远影响。1914 年,俞庆棠从务本女塾毕业后,做了一年小学教师。1916 年,她到中西女塾读书。该校创于 1892 年,是一所美国基督教卫理公会在上海创办的教会学校。招收 8 岁以上的女童入学,学制 12 年。开设有:中文、英语、算学、格致、圣道、音乐、家事等课。薛正在一篇回忆文章中指出:"中西女中的课程,可以用一句话概括地讲:一切都是从美国的角度,来灌输所谓西方文明的。"[2]其特点有四:一是重英文轻中文,二是美国家事训练,三是宗

---

[1] 朱有瓛:《中国近代学制史料》(第二辑下册),华东师范大学出版社,1989,第 606 页。
[2] 薛正:《我所知道的中西女中》,载《文史资料选辑》1978 年第 1 辑。

教占有较重要地位,四是将音乐、表情法、舞蹈课列为课外选修。由于对课程及其管理不满,俞庆棠不久即转入圣玛利亚书院。

圣玛利亚书院是美国基督教圣公会在上海创办的教会学校,1881年由文纪女校和裨文女校合并而成,大约相当于高中程度。最初课程以纺织、缝纫、园艺、烹调等为主,并读《圣经》与"四书"。1900年规定学制8年,并扩充范围,征收学费,招收教外学生。俞庆棠为非教徒,进圣玛利亚书院是改制后所允许的。1915年,该校改为中学4年、小学8年。4年的中学生活,按规定修习了《初等女国文教科书》1—8册、《初等女修身教科书》1—8册、《高等女国文教科书》1—4册、《高等女修身教科书》1—4册、《启悟初律》上下册、《蒙学论说》1—4册以及《训蒙地理》《基督本纪》《笔算数学》《譬喻类纂》《读经》《地理志略》《中国皇统史》《古文存粹》等。由于新文化运动的冲击,各种社会思潮此起彼伏,俞庆棠受时代精神的感召,不仅接受了大量新思想,还挥笔撰文,发表自己的看法。她敏锐地感觉到,第一次世界大战结束,势必形成新的世界格局,促成社会发生深刻变化。1919年,她为圣玛利亚书院出版的院刊《凤藻》写了一篇《在战后我国妇女应有之觉悟》①的文章,认识到,第一次世界大战后,中国女界不仅应有识公理守正义之觉悟,不仅应有修养道德之觉悟,不仅应有欧美妇女与中国妇女比较之觉悟,不仅应有我不及彼之缘由之觉悟,更应有如何补救我不足之觉悟。如何补救呢?她认识到,"有价值,有效果,而对症下药,及获良效"的唯一办法,即普及教育。她在文中指出:"苟教育普及,则我妇女常识自然充足,天职自然力尽,而社会之文明程度,自然提高。"②她的普及教育主张,在中学时代便已初具坯模。

1919年爆发的五四运动,是一场深刻的革命。这场运动摧枯拉朽,荡涤着整个中国社会。俞庆棠异常激动,积极参与这场运动,被选为圣玛利亚书院学生会主席,领导同学游行宣传,借大戏院演剧募捐,又办起了平民夜校。

在平民夜校,俞庆棠是一位很出色的教师。她虽出自名门显户,却很有平民精神。无论刮风下雨,或是伸手不见五指的漆黑之夜,她每夜到校教书。这是她

---

① 此文载于上海圣玛利亚书院院刊《凤藻》1919年第1期,是俞庆棠在中学时代的一篇论文。她洞察到第一次世界大战后国际形势的严峻,提出了她的对策——普及教育。
② 上海圣玛利亚书院院刊《凤藻》,1919年第1期。

最早接触纯朴厚道的劳动人民,为她以后终生从事平民教育积累了经验。也许是因此时与劳动人民频繁的接触,对劳动人民产生了朴素而浓烈的感情,确定了她毕生从事的职业——民众教育。作为一位大家闺秀,一位教会学校的女学生,如此举动,是要遭到师长与亲友反对的。她的授业之师——一位美籍女教师对她说:"哎呀,庆棠!女孩家怎能这样抛头露面啊!"但她不予理睬,义无反顾地走出学校,走向社会,积极投身于五四运动,借以"唤起大家的觉醒"。五四运动的洗礼,使她的爱国思想有了进一步提高。她被选为上海学联代表,出席全国学生联席会。对此,俞庆棠的两位哥哥均予以支持。俞颂华还撰文说:"全国青年永久的联合组织告成矣,吾人于此,唯有敬佩吾青年爱国精神之浓厚,手腕之敏捷,而自动的能力之进步并勉社会今后改良社会,积极进行耳……吾国学界素有散漫,平时绝省联络;今有此会,则向时缺乏统一的组织之弊,今后可以铲除。"①这是对全国学生联合会的肯定,亦是对妹妹俞庆棠行动的支持。

---

① 俞颂华:《对于全国学生联合会成立感言》,载《时事新报》副刊《学灯》"评论二",署名詹庐,1919年6月17日。

第三节 负笈留美

1919年秋，俞庆棠因感教育为立国之本，决意赴美留学，研习教育。她变卖了准备结婚用的金银首饰，在俞凤宾、俞颂华的资助之下，漂洋过海，来到大洋彼岸。据唐庆诒撰写的《俞庆棠先生事略》说，1919年，是年秋"入美国特拉华女子大学肄业"。这是一所规模较小的学校，在纽约南数百里的纽华。唐庆诒说此校"学生数百人，课程完善，校风敦朴。……余遂伴庆棠至纽华与校长接洽，庆棠入一年级，住宿校内"。他们之所以如此选择，是因为他们切身体会到小学校师生间、同学间关系更亲密融洽，更便于了解和适应美国风俗习惯，也便于打下扎实的专业基础。他们还认为，小学校校风敦朴，外界干预较少。但第二年要争取到大学校听名教授的课，可以利用大学校藏书丰富的有利条件充实自己。此外，大学校活动多，交往多，见闻多，便于自己的发展。所以，俞庆棠在特拉华女子大学就读一年后，便转入哥伦比亚大学，师从克伯屈博士等著名教授研究教育。她在特拉华女子大学学习勤勉努力，常常学习到深更半夜。唐庆诒在《忆往录》中写道："校中教授有深夜归者，每见女生宿舍内一灯莹然，辄指而相告曰，此中国女学生俞庆棠女士所居也。其劬劳如此。"

哥伦比亚大学1754年建立，初名国王学院①，1912年改成现名，是一所在学术界、教育界载有厚誉的综合性高等学府。哥大经费充裕，管理思想与管理技术均是世界一流的。俞庆棠在哥大肄业时，年预算均在450万美元左右，"此与吾国全国之教育年费相去无几矣"②。

哥大设科齐全，下设哥伦比亚学院（只招收男生）及工程与应用科学、普通学科、法学、医学、图书馆管理、国际事务等学院，此外还有文理、建筑与规划、商

---

① 哥伦比亚大学初名译法有两种，一为皇家学院，如《辞海》（上海辞书出版社1979年版）即采用此名；一为国王学院，如《中国大百科全书·教育》（中国大百科全书出版社1985年8月版）、《教育大辞典》第11卷（上海教育出版社1991年12月版）采用此译名。
② 胡适：《胡适留学日记》（第四册），商务印书馆，1947，第1099—1100页。

业、新闻及研究生院。除以上外,还有在行政管理和财政方面相对独立的附属学院,包括巴纳德学院(只招收女生)和哥大师范学院。哥大师范学院是世界上研究教育享有厚誉的最高学府。教授阵容声誉之隆、学科设置之丰、学生人数之众,在全世界都是首屈一指的,其他师范学院、教育学院均无从比肩。在师范学院,一批饱学之士、驰名国际的学者以及各种各样的教育专业课程,令人目不暇接。学生中"男女老少,各种人类,一应俱全"。著名教育家陈鹤琴1917年曾转入哥大师范学院学习,他后来回忆说,来这里学习的,大半是有教育经验的,或者做过督学,或者当过中学校长,抑或任过小学教师;青年学子跻身其中,自然不在话下,但大半则是中年,白发苍苍者也不在少数,甚而还有祖孙比翼的。学生国别很多,来自世界各地,除美国外,有从英国、法国、西班牙、墨西哥来的,也有从非洲和亚洲来的。①这个师范学院无异于一个缩小了的国际社会。这对于对教育有着浓厚兴趣的俞庆棠来说,显然是最称心如意的地方。

著名高等学府就像一块巨大的磁铁所产生的巨大磁场,对于青年学子的巨大的吸引力是无声无息的,而又是无法抗拒的。仅仅中国每年进入哥大的,就达300人之多。从民国初年到1949年的30余年中,中国在该校的毕业生就有万名以上。②从哥大学成回国的,后来都成为在中国政界、学术界、文化教育界产生了较大影响的人物。俞庆棠之前有陶行知,他从伊利诺斯大学转入哥大师范学院,成为杜威(1859—1952)教授、师范学院院长孟禄(1869—1947)的及门弟子和信徒。归国后创办晓庄学校、育才学校,提出生活教育理论,对于中国现代教育改革产生了极为深远的影响。胡适从康奈尔大学研究院结业后,进入哥大哲学系研究部,主攻哲学,成为杜威的受业弟子,师生间颇为相得。后于陶、胡来哥大(从加利福尼亚大学毕业后转入)研究院的孙科,主修政治、经济和理财,归国后曾任铁道部部长、行政院长、副总统等。1917年与孙科一起归国的,还有从哥大学成归国的宋子文、蒋梦麟等人。在俞庆棠之前进入哥大师范学院的还有著名教育家张伯苓、陈鹤琴。这些哥大校友,后来成为中国学界、政界、教育界的风云人物。与俞庆棠稍前、同时或稍后的许多哥大校友,一时因缘际会,异域他乡相处颇好,彼此间形成了一些比较重要的社会人事关系。

---

① 陈鹤琴:《我的半生》,江西教育用品厂印,第153页。
② 据陈鹤琴在江苏省第一届代表大会第二次会议上的发言,见《文汇报》(上海)1955年2月28日。

民众教育的践履者俞庆棠

哥大注重自由研究，延聘名师教学，注重教学质量，实行小班授课。严格的训练，培养了不少知名人士。在教师和毕业生中获诺贝尔奖的就有物理学家R.A.米利肯（1923）、化学家I.兰米尔（1932）、生物学家T.H.摩尔根（1933）等9人。

俞庆棠虽然进入了这个鼎鼎大名的教育研究机构，但她并不松气，在克伯屈的指导下，磨砻奋发，成绩冠侪辈，并利用暑假到芝加哥大学、哈佛大学学习。

俞庆棠在哥大师范学院肄业期间，与教育课程相关的教师主要有杜威。杜威1894年任芝加哥大学哲学教授，并任哲学、心理学教育学的系主任。自1919—1921年间，杜威访华，1921年7月11日，杜威离京返美。他回哥大后，1948年10月，俞庆棠赴美考察，年底带女儿唐孝纯（当时在哥大留学）去看望杜威、克伯屈（1871—1965）、奥士本三位业师。杜威及夫人对她们十分亲切，对俞庆棠印象极深。据此可以推定俞庆棠听过他的课并拜访过他。并且她课外所习，大多为杜威的著作。另一位是美国教育家、教育史学家孟禄，从1902年起任哥大师范学院教授，1915—1923年任该院院长。他重视中等教育研究，强调科学知识的教学，主张采用设计教学法，注重练习和实验。1921年来中国访问。俞庆棠与这位师范院长接触不很多。克伯屈是俞庆棠受影响的师长之一，克伯屈是美国教育家、杜威实用主义教育思想的追随者及杜威教育哲学的解释者，1909—1938年间任教于哥伦比亚大学师范学院，教授教育哲学。对于克伯屈，俞庆棠早有所闻，他1917年曾到中国宣传实用主义教育理论，使设计教学法在中国中小学流行一时。到师范学院后又亲自聆听克伯屈的教育哲学课，感到备受教益。桑代克（1874—1949）是对俞庆棠影响很大的人物。1901—1940年，他在哥大师范学院任心理学教员、副教授、教授。他提出的教育是一件改变人类行为的艺术和科学，教育重在研究人与环境的广泛的相互联系，以及动物的学习就是在刺激与反应之间形成联系，并将这种观点运用于人类，提出的适合人类的效果律、准备律、练习律三条规律[①]对俞庆棠的影响是颇为深刻的。以后俞庆棠研究成人的学习心理时，应用了

[①] 此三律即适合人类的主要学习律。效果律即情境或刺激所激起的动作、行为或反应，若能达到需要的满足，学习者就可以学会它。准备律即个体以某种方式、途径做出反应的状态。若实现反应即得到满足，便可学会它，被强迫做此反应则学习不能产生效果。练习律在符合前两项学习律的条件下，刺激与反应的联结多次反复，即可巩固该联结。

桑代克的研究成果。

　　但是,对俞庆棠影响最大者,非杜威莫属。当时,杜威"教育即生活""教育是经验不断的改造"诸学说,风靡全世界。教育家、教育工作者、习教育者,没有不开口闭口都是"杜威如何"的。直到俞庆棠进入哥大师范学院,杜威的著述已出版很多,如《杜威五大演讲》(1920)、《哲学的改造》(1920)、《民主主义与教育》(1916)、《学校与社会》(1915)、《明日之学校》(1915)、《我们怎样思维》(1910)、《杜威教育论文集》(1910)等不下数十种,发表于各种报刊的论文不下数百篇。这些俞庆棠大致都如饥似渴般地读过。俞庆棠对杜威虽是极为崇拜,但她不像杜威的某些信徒那样,对杜威的每一句话均奉为至宝,开出一个"杜家店"来出售杜威生产的杂货。俞庆棠对杜威是崇尚,而不是盲从。她崇尚真理,而不迷信个人或个人的只言片语。许多人把杜威论教育的著述,奉为教育经典,不假思索地四处兜售,她却很有见地地提出杜威的学说存在有很大的局限性。这在她后来的著述中阐述得很清楚。这在第二章及其他章节将做专门论述,此处不赘。

　　俞庆棠在哥大师范学院修习了哪些课程,今天也无从知道。因为俞庆棠和比她稍早在此肄业的陶行知二人在教育观照点上比较接近,均对平民教育、成人教育、社会教育关注较多,故由陶反推到俞,大致可知其大概。陶行知在哥大两年间修习的课程主要如下:1915—1916年的第一学期,修习美国公众教育管理、学校与社会、教育史、教育哲学和财政学五门;第二学期除继续修习以上五门中的前四门外,还增修"进步社会的教育"和"中学原则"。1916—1917年第一学期,修习教育史、教育社会学实习和国外学校系统的社会基础三门;第三学期除继续修习以上三门中的前二门外,还增修教育社会学研究。[①]哥大师范学院实行选科制,各人所选课程,均与自己将来打算从事的工作方向所要求的知识结构相关。因此,俞庆棠所选修习的课程,当与陶行知所选出入不大。大致说,俞庆棠主修教育(小学教育专业),副修社会学,所习主要课程有教育原理、教育哲学、教育史、教育社会学、教育法等。

[①] [美]朱宕潜:《新型国家的教育型》,夏长安译,《行知研究》第7期。转引自章开沅、唐文权:《平凡的神圣——陶行知》,长沙:湖南教育出版社,1992,第92页。

民众教育的践履者俞庆棠

在哥大师范学院课余时间，俞庆棠和同学孟宪承联手翻译了杜威《思维与教学》、克伯屈《教育方法原论》两部极为重要的教育学理论著作，俞庆棠的未婚夫唐庆诒也抽时间来校订、修改、润色。这两本书后来均由商务印书馆出版①。

俞庆棠自1919年秋至1922年，虽身在异乡，但时刻不忘学成后报效祖国。1921年秋，在中国留学生中做了《我们有没有忘记山东问题》的演讲，宣示了她的爱国情怀。在哥大学习期间，她经常和中国留学生讨论国家大事，以增进对祖国的了解。他们在畅谈自己的志愿时，俞庆棠表示回国后注重推进劳动人民教育事业。她语惊四座，其他中国留学生为这位巾帼豪杰的鸿鹄之志所折服。她的言行举止，为中国的留学生所敬佩与赞许，被大家公推为哥大中国学生会会长。②

不到三年的时间内，俞庆棠修习了师范学院的教育课程，修满学分，完成了本科学业，获学士学位。然而，以杜威为代表的美国社会政治文化新潮对俞庆棠所产生的影响，远比哥大师范学院的一纸学士证书深远得多。其影响至少反映在以下诸方面：

第一，在教育上给俞庆棠展示出了新的视野。

俞庆棠自1914年进入上海务本女塾到圣玛利亚书院毕业，尽管学校成绩为全校之冠，但毕竟所接触的西方科学文化是有限的，好比一个井底之蛙。到哥大以后，师范学院著名教授别开生面的教学方法，使她成为一颗离一块大磁铁很近的小铁砂。群星璀璨的哥大师范学院，简直令人目眩神迷，不知所从。俞庆棠对这里的许多实至名归的教坛巨子怀有很深的敬意。杜威回哥大后，俞庆棠与他接触时间不长，但杜威的教育思想却无时不在这里闪光，影响着一代莘莘学子。譬如，俞庆棠关于学校的功用及教育目的的观点，都很赞同杜威。杜威在《民主主义与教育》的结论中说：

---

① 这两部书的翻译工作，在哥大师范学院读书期间尚未完成，回国后在任教期间继续进行未竟之工作。
② 据茅仲英:《俞庆棠》，见《中国现代教育家传》(第四卷)，湖南教育出版社，1987，第159页。茅长期随俞工作，所言俞之行踪史实，经俞之后裔核实，均属不虚。

个人参与生活到什么程度,即社会的环境有多少教育的效力。个人因为参与了公共的活动,他就把鼓励这种活动的目的,变成他自己的目的,又能熟悉进行这种活动的方法与材料,获得所需的技能,并受关于这种活动的感情所浸润。①

俞庆棠评述说:

我们看了杜威先生这几段的学说,知道学校的功用更重要的是:教育的实现,须有适当的环境;教育的真价值在个人参加集体生活时与人相互关系的活动,此其一。教育的目的,不仅求社会之继续存在,且使将来之社会改进,此其二。②

杜威的教育思想是俞庆棠来到大洋彼岸后接受的一份厚礼。

杜威是哥大当然的北斗宸极,克伯屈是杜威教育思想的重要"二传手"。他是哥大最得意的学生,也是哥大最受学生欢迎的教授。克伯屈"独出心裁而能刺激思想的方法",无不吸引着数以百计的学生竞相选修他所开设的课程。他每每上课,均使教室显得拥挤不堪。听过他的课的人,无不交口称赞,"他的思想有魔力,他的教法有魔力"③。

美国心理学泰斗桑代克的心理学理论,给俞庆棠展示了心理学广阔的应用前景,成为她推行民众教育、成为教育和社会教育的理论基石。在《中央大学区扩充教育概论》序及《民众教育与成人学习》中多次介绍桑代克的成人教育实验,借助桑代克的观点阐述了成人、女子教育与青少年并无大的差别的理论。

俞庆棠面前的哥大新世界,成为她后来从事教育工作的重要理论源泉。

在哥大校园之外,西方进步教育运动所进行的种种教育实验及社会教育设施与进行状况,无疑给她极为深刻的印象。她归国后宣传美国的社会教育,便说明了这一点。而且,在她后来的民众教育实践中,也依稀可见美国社会教育的影

---

①② 俞庆棠:《民众教育理论的探讨》,见《教育与民众》第 6 卷第 9 期,1935 年。
③ 陈鹤琴:《我的半生》,江西教学用品厂印,第 153 页。

响。她在《外国成人教育概要》一文中介绍了美国工人教育的情况：全美工人同盟设有一工人教育局，这并非政府机关，只是该同盟的一个教育事务所而已。著名的工人学院，如纽约工人大学、波士顿工联学院、芝加哥荷波学院。英国以前有巡回讲演，现有"推广学校""暑假学校""家庭自修""通信教学"等众多的事业。

欧战时期，美国检查所动员的军人，竟有1/4，约40万人，不能读写美国文字，舆论大受刺激。战后，全国厉行美国化运动，制定法律，普遍设立成人识字公民训练班，使20—30岁间的移民和黑人，一律就学。

第二，哥大向俞庆棠提供了一个了解世界教育发展的窗口。

哥大是各洲各国人才荟萃之所，高手云集，信息量大，是了解世界各国教育发展状况的重要窗口。

譬如，对于"成人教育"一词的解释，俞庆棠便收集到世界各国的主要观点，如英国、丹麦等国的阐释，侧重点、观照点、审视点各有不同。英国强调：

> 成人教育要满足任何男女之求知欲，使他们成为更负责任的国民，更有能力的社会当中的一分子，并且能有发表自己的意见的机会Opportunities for self expression……英人叶思礼Yeasslee说："成人教育乃是研究院的性质，不论大学毕业或已有经验者，要得更好更丰富的学识者，都须受成人教育。"①

而丹麦则认定，"成人教育是希望造成积极的和优良的公民"。

俞庆棠通过哥大提供的这一重要窗口，还了解到除美国外的英、日、俄、德的女子教育动向。她在《三年来之中国女子教育》中，较详尽地考察了发达国家女子教育发展趋势。她看到：

---

① 俞庆棠：《民众社会教育谈》，载《民众教育月刊》第三卷第3、6期，1931年。

英国女子教育的时期较他国为长。儿童五岁至十四岁,均强迫入学,计有九年之久;早就没有女子失学的问题了。他们女子教育的目标:"认为有谋经济独立的必要,有欣赏文艺的兴趣,有服务社会的责任,有贡献学术的可能性。"他们的教育范围,当然也很广大。至于做家庭良好的一分子,是公民训练中的一部分,所谓"贤妻良母",也早就不再"大惊小怪"地列为教育目标了。

从日本的个案中,俞庆棠体会到女子教育的普及与国家的富强构成必然的因果关系。日本明治四十年的识字人数调查比例:男子为98.53%,女子为96.14%,而至大正年间男女均为99.17%,说明日本教育的确是迅速地发展了,"因男女识字人数比例相等,证明了日本厉行义务教育与强迫教育的努力,和小学中男女机会的绝对平等"。

俞庆棠对苏联女子教育发展给予了肯定。她说:"新起的苏联将妇女解放,看作革命的主要任务之一。他们认为失去妇女群众的协力参加,将不能有新社会的建设。"强调"女子在政治上、经济上、教育上一切的机会均和男子平等",这代表着女子教育发展的方向。

俞庆棠后来在教育理论研究和实践活动中,对各国教育发展状况了如指掌,应该说在很大程度上得益于哥大提供的这一窗口。

第三,从哥大学成归来,俞庆棠找到了救国之方。

近现代知识分子虽为饱学之士,满腹经纶,但见到旧中国满目疮痍,军阀当道,政府腐败,外侮日亟,民不聊生,往往陷入彷徨苦闷之中。他们中有很大一部分,负笈留学,漂洋过海,向西方寻求真理,寻找救国救民的途径,俞庆棠就是其中的一个。她早期的教育救国主张,便形成于不到三年的留美期间。

赴美前,俞庆棠便有教育救国思想的倾向,认识到救国的主要门径是从整体上提高国民素质,方能立于世界不败民族之林。她在中学时代所作的一篇文章,就表露出她的一倾向。她说：

> 《记》曰："人不学，不知道。"群不知道之国民，呜呼立国！更呜呼立国于物竞剧烈之时代！苟教育普及，则我妇女常识自然充足，天职自然力尽，而社会之文明程度，自然增高，更何惧不能与列强并驾齐驱乎！①

赴美国后，她目睹美国发达的工业社会，人民生活较为殷实，综合国力十分强盛。在许多人看来，这是美国科学技术发达所致。但是，俞庆棠则更深入一层看到，科学技术的背后是教育，因此，在她看来，与其说是科学技术使美国高度发达，走上富强之路，毋宁说是教育为通向繁荣昌盛铺就了坦途。美国除了普通教育、高等教育极为发达外，社会教育、成人教育也是强大的支柱。（1）函授教育普及。函授学校可以增进成人或青年的知识，因而学生甚多，教师为专门家、知名人士；教材与方法，均有研究，所以成效很大。（2）公共图书馆事业极为发达。美国各城市镇均设有设备完全、组织严密的公共图书馆。当时，美国人口114 499 103人，公立国馆6524座，经费共37 094 303美元，书籍68 653 275册。私立的尚不在此类。（3）义务的社会教育形式普及。美国各地设有英文班、文学班、自治研究班、打字班、公民教育班、妇女会、政教研究会、工人教育班、画图班、音乐班、故事班等，以及公开演讲。俞庆棠还注意到，"尚有一事可以注意的，即每一服务机关，必设立一所幼儿园，培养儿童的品性，设置职业教育，以增进民众生计技能的改良"②。（4）有充足的教育经费。俞庆棠还注意到，宽绰的教育经费，保障教育优先发展，是美国经济迅速崛起的重要原因。她指出：

> 1834年，主张教育经费，应量出为入，结果省方通过了一条法律，"以省税办学校，其数目，以需要多少而定收入，但亦应根据需要而办教育，以百分之四十办学校教育，以百分之六十办理各教育事业"。以后，各省也有相似的法律规定，因经费的充足，而事业亦得以蒸蒸日上。③

---

① 《大战后我国妇女应有之觉悟》，上海圣玛利亚书院院刊《凤藻》第1期，1919年。
②③ 俞庆棠：《民众社会教育谈》，载《民众教育月刊》第三卷第3、6期。

日本以教育立国、技术立国，更是人所共知的。

俞庆棠分析考察了西方发达国家腾飞的原因及途径，形成了教育救国思想。

留学生活对俞庆棠的影响是多方面的。以上三点，仅其荦荦大端，明于此，也就不难理解俞庆棠归国后兴办的民众教育事业，实现了她为劳动人民办教育的宏愿。她所凭借的主要是一颗赤子之心和从哥大学来的教育救国思想。一介书生，柔弱女子，她要回到贫弱祖国、希望的热土上施展抱负，用教育的光焰去启蒙发昧。

第四节　民教保姆

1922年，俞庆棠修完大学规定的学分，毕业于哥伦比亚大学师范学院，获学士学位。于是立即启程归国，告别了哥大，告别了师范学院。

回国后，她与唐庆诒结为百年之好，定居无锡。她先后任教于私立无锡中学、江苏省立第二师范学校，并在上海大夏大学任教授。私立无锡中学、江苏省立第二师范学校都是江苏首屈一指的好学校。大夏大学由原厦门大学教授欧元怀于1924年6月在上海创办，9月，暂借上海小沙渡临时校舍开学。初设文、理、数、商4科及预科，校务由教授组织校行政委员会处理。11月下旬，校董会推举马君武为校长。1925年夏，因"五卅"惨案校舍被英军占领，大夏大学遂在胶州路新建校舍，添设高等师范专修科。俞庆棠应大夏大学之聘，兼任教授。

一位大学教授，在20世纪20年代待遇是令人称羡的。高薪收入，生活稳定，地位也高，是一位女子最为称心如意的职业。可是，俞庆棠却"身在曹营心在汉"，上层地位非她愿，富贵发财无所求，"得天下英才而教育之"虽为乐事，但她心系劳动人民的教育工作，如能在这方面做一点工作，为乐中之乐，对人类的贡献更大一些。她说：

> 中国的教育，只顾到一部分学龄儿童，踏进学校大门的，在城市大都是中产以上的子弟，在乡村大都是地主的子弟，至于劳苦大众和他们的子女，绝大多数被拒于学校大门之外。[1]

所以，她时刻留心寻找机会，决心办劳动人民的教育——民众教育。

机会终于来了。1927年4月27日，蔡元培被南京国民政府任命为教育行政委员会委员，随即与李石曾、吴稚晖等提议组织中华民国大学院为最高学术教

---

[1] 茅仲英：《俞庆棠》，见《中国现代教育家传》（第四卷），湖南教育出版社，1987，第160页。

育行政机关。蔡元培仿效法国大学区制,中央实行大学院制,省实行大学区制,使教育学术化,行政独立,事权统一,彻底剔除政府的生硬干涉,以免教育受政治的影响。

1927年7月4日,国民政府公布《中华民国大学院组织法》。1928年1月27日,又公布《修正中华民国大学院组织法》,规定大学院为全国最高学术机关,管理全国学校及教育行政事宜。下设大学委员会、秘书处、劳动大学、图书馆、博物院、美术馆等。1928年4月规定设秘书、高教、普教、社会教育和文化事业5处。同时,各省实行教育行政机构改革,试行与大学院制配套的大学区制改革。实行大学区制是蔡元培教育行政改革的毕生理想和重大举措,早在1922年3月,他就草拟了一个"实行超然的教育"的办法,说:"我对于发展我国教育的方法,主张仿法国制,分全国为若干大学区,一区有一所大学,全区的教育事业都由大学办理。"①1927年6月初,他以教育行政委员会名义拟具大学区组织条例,获通过。嗣后曾几度修订。组织条例规定,全国依各地教育、经济及交通状况,定为若干大学区,每个大学区设大学一所;大学区设评议会为本区审议机关;设秘书处,辅助校长办理该区行政上的一切事务;设研究院为该大学研究专门学术之最高机关;院内设设计部,凡区内一切建设问题,可随时提交研究。大学区下设高教、普教及扩充教育处,分别管理该区有关事宜。

大学区之扩充教育与大学院之社会教育处管理对象相同。按组织条例要求,大学区人员编制极为简单,严格按精简原则办事。每个大学区设大学1所,设校长1人,综理大学区内一切学术与教育行政事项。下设各处,设处长1人,管理大学区内各大专学校、公立中小学校、劳动学院及社会教育事项。

1927年6月7日,国民党中央政治会议批准蔡元培变更教育行政制度的呈文,国民政府议核施行大学区制。同月28日,议定先在江苏、浙江两省试办。这样,在南京设第四中山大学(旋改为江苏大学、中央大学),是为江苏省的教育行政机构,由张乃燕任校长。下设高教、普教及扩充教育三处。俞庆棠被聘为第四

---

① 蔡元培:《蔡元培全集》(第四卷),中华书局,1984,第244页。

中山大学科长不到半个月,即被聘为第四中山大学教授兼扩充教育处处长。

"马思边草拳毛动,雕盼青云睡眼开。"她一上任,立即跃马奋蹄,决心彻底改变中国民众教育的落后面貌,推进民众教育的进程,使劳动人民能受到文化教育的洗礼。在民众教育岗位上,俞庆棠主要做了如下具有开创意义的大事:

(一)创办民众教育学校

要叫广大劳动人民接受教育,谈何容易?首先遇到的问题是民众教育师资严重不足。为了培养民众教育的师资,1928年3月,俞庆棠决定在江苏苏州创办民众教育学校,但也遇到重重困难。首先是创办民众教育学校的动议遭到反对。大学区的高等教育处处长戴超反对说:"培养民众教育的师资,何必办大学程度的学校!办一些短期训练班,招一些识字的人去教不识字的人就行了。"戴超之语,不仅带有对民众教育的蔑视,还有一点对民众教育一无所知。看来,不得不首先对这位"处长大人"进行民众教育启蒙了。她严肃地回敬戴超说:

> 办民众教育,不仅是识字的人教不识字的人,还要用民众教育的力量,解决民众的生活问题,要充实其生活力,培养其组织力,发扬整个民族的自信力。这是教育领域里的一个重大改革。这就要培养有一定学识才能的大学生去完成这个伟大的任务。①

其次是不拨发民众教育费。从北京政府时期开始,教育经费自始至终困扰着办教育者。南京国民政府成立后,尤其是大学区成立后,教育经费问题引发出种种事端,矛头直接指向大学区。1928年6月,中央大学区中等学校教职员联合会发表宣言:"橘逾淮而为枳,一制度之适于甲地者,每不适于乙地……"认为大学区制给教育带来五大弊害:(1)受政潮之牵涉。(2)经费分配不公。(3)行政效率降低。(4)学风日趋低下。(5)酿成学阀把持之势力。②普通中小学、社会教育受害首当其冲。俞庆棠虽为扩充教育处处长,却不给她拨经费,致使她的民众教育工作一筹莫展。不平则鸣。她据理力争,说:"我决不拿了大薪水只做纸面文章,

---

① 茅仲英:《俞庆棠》,见《中国现代教育家传》(第四卷),湖南教育出版社,1987,第161页。
② 《时事新报》1928年7月1日。

没有事业办,我就让位。"这样,大学区才勉强给民众教育列了一个预算账户。

1928年1月,江苏大学区其他方面的经费均照预算发放了,唯独民众教育经费扣住分文不拨。俞庆棠怒不可遏,厉声责问。张乃燕说:"机构没有成立,所以不发。"她寸步不让,说:"预算内未列开办费,自然只有先领经费,积存几个月作为开办费。否则,经费永远不发,新机构永远成立不起来,这不是故意刁难吗?你校长如无意于事业,我只好告退了。"张乃燕理屈词穷,不得不答应通知经费管理处,按月发放扩充教育预算内的经费。这样,扩充教育处积攒了3个月的经费,一下子成了"暴发户"。俞庆棠借此于苏州省立医专内开办了中央大学区民众教育学校,称为"江苏大学区民众教育学校",自兼该校校长。

(二)大力推进民众教育实验

1928年6月,江苏大学改回原名国立中央大学区后,下属各单位均随之改名,冠以中央大学区,江苏大学区民众教育学校改称中央大学区区立民众教育院,院址迁至无锡荣巷。由赵叔愚担任院长。赵叔愚原系私立金陵大学农科毕业,曾去美国留学。回国后偕同陶行知提倡乡村教育,创办晓庄师范。接任院长职务后不数月即病故。

1928年10月,高阳(字践四)继任院长,并将该院迁到无锡社桥。1929年又添设劳农学院,设农民师范科,仍由高阳兼任院长。高阳系无锡人,私立东吴大学毕业,留学入美国康奈尔大学专攻经济学。回国后,热心教育事业,曾捐资创办俞庆棠曾经任教的私立无锡中学,并任私立东吴大学校董。高阳出任民众教育院院长时,以3000元向东吴大学购得该校附设在无锡社桥的实业中学全部校舍场地,将此作为民众教育的永久院址。劳动学院设在同一地址。此两院学生均由江苏各县保送,毕业后回各县民众教育馆、农民教育馆、图书馆等社会教育机关任职。两院初招生200多人。

1930年,大学区废除,中央大学区区立民众教育学院和中央大学区区立劳农学院遂合并改称江苏省立教育学院。下设民众教育和农事教育两个学系和民教、农教两个专修科,及电化教育、劳作师资两专科。招生也不限于江苏一省。规

民众教育的践履者俞庆棠

定本科学生在院学习一年半,在本院实验单位或其他单位实习一年;专科学生在院学习一年半,在本院实验单位或其他单位实习半年;贯彻联系实验、学做合一、走向社会、结合工农的原则。院内有工场、农场、科学馆、广播电台,院外有各民众教育实验单位。俞庆棠辞去扩充教育处处长职务,任该院教授兼研究实验部主任。对于江苏省立教育学院校名,俞庆棠颇不满意,为此与教育行政当局发生过一场争执。她坚持要采用民众教育学院名称,目的是为了"显示它培养民众教育师资和研究民众教育的特点"①。但当时的教育部借口《大学法》并无民众教育学院名称的规定,拒绝了她的请求,维持江苏省立教育学院的名称。

俞庆棠担任研究实验部主任后,大力推进民众教育实验工作。先后创办黄巷实验区、丽新路工人教育实验区,又在无锡北郊和东郊开办了惠北和北夏两个民众教育实验,在城区先后开办了工人教育实验区、蓬户教育实验区和江阴巷民众图书馆、高长岸农民教育馆、实验民众学校、南门民众教育馆等实验事业。其农民教育性质的实验区"根据民众教育几个方面,如识字教育、公民教育、健康教育、生计教育等,进行一些调查研究,实验与推广工作";工人教育实验区"着重研究实验工人文化补习教育组织、教材与教法";蓬户教育实验区对住在茅草棚等住房条件非常简陋的劳动者"除办理识字班、文化补习班之外,着重实验卫生教育、生计教育和消防护卫教育"。实验民众学校,"每日从下午到晚间,分班分批轮流上课。学生有工人、店员、家庭妇女、小商小贩、失学失业青年及儿童,每天上课人数多至千人"②。其时,一大批教育实践家如钱俊瑞、马祖武、古梅、赵冕、茅仲英、王倘等人,都任各区、馆、校的指导教师。这些民众教育实验事业办得卓有成效,每年都有众多关心社会教育及从事社会教育工作的人前来参观学习。俞庆棠一心扑在民众教育实验事业上,凡实验单位里工农群众集会的时候,她都亲往指导,无论是数九寒冬,还是盛夏酷暑,她总是按时到达,往返步行,且精神饱满,不知疲倦。工农妇女与她有姊妹之情,与她并肩携手。她曾说:

最美好的东西,应该给予最大多数的人民。教育可以给予人们以新的生

---

① 童润之:《江苏省立教育学院始末记》,见《江苏文史资料选辑》(第13辑),江苏人民出版社,1983,第37页。

② 童润之:《江苏省立教育学院始末记》,见《江苏文史资料选辑》(第13辑),江苏人民出版社,1983,第39页。

命和新的力量,就是最美好的东西,就应该给予最大多数的人民。①

为了反映民众教育的研究实验成果,交流民众教育的经验,征求社会对民众教育的意见,及时报道国内外民众教育和社会教育动态,俞庆棠主编了《教育与民众》月刊,每期20万言,销售2000份,对当时的教育界,尤其是民众教育工作者有一定的影响,被认为是国内民众教育的权威刊物。她还亲自校订了《民众读本》,是全国扫除文盲的主要教材。

(三)倡设中国社会教育社

为了便于联络各地社会教育工作者的情谊,交流各地社会教育工作经验,促进社会教育工作的研究与推广,俞庆棠倡议设立中国社会教育社,作为研究社会教育学术、促进社会教育事业的学术团体。

俞庆棠提出设立中国社会教育社后,1931年11月即开始筹备;1932年6月,理事会和事务所的组织宣告完成。事务所成立两月内,南京、杭州烈日炎炎,高温酷热居高不下,俞庆棠作为中国教育社总干事,相当多琐碎事务都落在她的肩上。她不辞辛苦,不畏艰难,使事务所成立后两个月,即盛夏8月,按时在杭州举行第一次年会。

8月24日上午,大会举行开幕典礼,俞庆棠对出席会议的89位代表详细报告了中国社会教育社成立经过。她从经济、事务、组织三方面,分别报告了两月来事务所工作详细情形,最后申述她对于本届年会的希望。是日下午,在浙江省立图书馆举行第一次会议,由俞庆棠主持。25日,举行第三次会议,由郑宗海主持。这次会议上,修正并通过了注重乡村建设运动案和关于实施救国教育案办法。经过多次讨论,实施救国教育案办法重新审查,并当即推定陈叔谅、俞庆棠、高践四、甘导伯、刘述尼5人为审查员。

俞庆棠在本届年会上有两个重要提案。俞庆棠、雷宾南诸先生"深感国难日亟,外侮日亟,而社会教育既以大社会为范围,实施之际,亟宜灌输爱国观念,唤

---

① 茅仲英:《俞庆棠》,见《中国现代教育家传》(第四卷),湖南教育出版社,1987,第162页。

起民族意识,共赴国难,挽救危亡"①,乃有《拟请社会教育机关一致提倡爱国教育案》。她还提出《本社于本年度内注重乡村建设运动案》,该案认为农民负国税义务最重,受赋税天灾人祸层层压迫,并毫无教育机会可言。她建议"本社函请热心人士、教育专家,会同讨论实施乡村民众教育之理论与方法,非特拯救农民疾苦,亦所以奠国家之基础"。她主张采取的办法是:"请大家推举筹备会,负筹备召集及编印报告等一切责任。"②

中国社会教育社成立大会暨第一届年会是民众教育工作者的盛会,会议开得相当成功,这与总干事俞庆棠的细心组织筹备有很大的关系。在"如何使民众教育普及全国,如何唤起民族意识共赴国难"③的问题上,大家贡献良多,并均感到所负使命的重大。这次会议引起了各方的重视,教育家高阳、黄中、赵冕、舒新城、马宗荣、董淮、钟道赞等,出席了大会。国民党中央党部、国民政府教育部、浙江省国民党党部均有代表参加,代表遍及全国21省市与日本、欧美等国。散会后不久,她前往丹麦等国考察,考察毕归国,风尘仆仆赴济南参加第二届年会。

此后,民众教育在一定程度上受到社会的重视,江苏省立教育学院民众教育实验的扩大,与俞庆棠通过中国社会教育社宣传有密切关系。为了开展社务,她悉心筹划,东奔西走,先后在杭州、济南、开封、广州等地召开年会,创设了河南洛阳和广东花县两个民众教育实验区。

由于俞庆棠的大力倡导,民众教育以江苏为中心,扩展到全国。俞庆棠因而被誉为"民众教育的保姆"。

(四)抗日救亡　共赴国难

九一八事变后,俞庆棠越来越看清日本帝国主义妄图吞并中国的狼子野心,对中华民族陷入深重厄运表示深切关注。在中国社会教育第一届年会上,她就提了《拟请社会教育机关一致提倡爱国教育案》一案,表现了她的社会教育救国

---

①《中国社会教育社第一届年会报告》,第129页。
②《中国社会教育社第一届年会报告》,第27页。
③《中国社会教育社第一届年会报告·弁言》。

思想,也流露出她对中华民族前途命运的重重忧虑。

俞庆棠还注重在她自己的民众教育实践中,宣抗日救亡思想,试图通过民众教育,动员全国人民站起来,用血肉筑成钢铁长城,共赴国难。上海《妇女生活》杂志记者彭子冈到无锡访问,问她对民众教育的感想。她极严肃而沉痛地说:

> 民众教育工作者一点一滴的努力,成效是有的,可是抵挡不住帝国主义的侵略,封建势力的压迫;一点一滴的成就,帝国主义的势力一冲进来就完了。我这么多年来工作,感到这是社会制度问题啊!①

俞庆棠虽然受杜威实用主义思想影响较深,相信社会的进步是一点一滴的改良,而不是阶级之间的对抗行动、砸烂国家机器。现在在帝国主义的铁蹄之下,她开始醒悟了,怀疑起社会制度来了,民众教育救国的理想与信仰开始动摇。她的思想的这一变化,是九一八以后,随着国难日深,认识逐渐明朗起来的。到1936年公开表述出来,说明她的思想出现了一个飞跃。

自那以后,俞庆棠更注意靠拢进步人士,努力研究新兴社会科学,还和学生一起参加读书会,引导青年学生读进步书籍,分析社会问题,学习《大众哲学》《政治经济学》等。又参加了中国共产党领导的中国农村经济研究会,从而对中国农村崩溃之原因及如何进行农村建设,有了更加深入的认识。为了加固抗日救亡的基础,她在中国近现代历史最长、影响最广和销量最大的报纸《申报》上开辟《农村生活丛谈》专栏并亲自主编,展示各地在死亡线上挣扎的农民生活状况,报道吏治的腐败和地租捐税的繁重情况,揭露社会制度中存在的问题,唤醒国人的自觉,引起社会各界的重视。

1935年,民族灾难深重,日本帝国主义的险恶用心日益彰显。在中华民族面临的存亡绝续的关键时刻,中国共产党号召全国人民奋起御侮。北京的学生行动起来了,发表了《告全国各方民众书》:

> 全国亲爱的同胞们,起来吧!亡国的丧钟在华北撞响了;抗争的火炬在

---

① 《妇女生活》1936年第8期。

> 华北燃烧了。华北已是中华民族生存战争的最前线;我们是在最前线的哨兵。现在我们向你们要求后援!①

北京的学生罢课了,并发表了继续罢课宣言:

> 我们已经全体动员了,去唤醒民众,组织民众,以便集中力量,向日本帝国主义斗争。……

> 本来,半殖民地的中国,要想争取自由与平等,只有实行民族革命的斗争。在这种革命的斗争里,基本的队伍,虽是一般的民众,可是,只有学生才能来作前哨与先锋。这种利用,在整个的民族革命过程中,似乎微乎其微;然而,这种工作正是最初步的,最重要的。我们既认识了这点,了解了这点,就得负起历史的时代的使命:唤起民众,组织民众,促进民众运动,发动民族革命斗争。②

华北事变和一二·九运动爆发后,全国救国运动风起云涌。俞庆棠感到,国家兴亡,匹夫有责;自己是民众教育工作者,更应参与并支持抗日救亡运动,于是积极参加文化界救国会的活动。九一八后,上海成立大学抗日救国联合会,此后大学生赴南京请愿已属司空见惯。当局对此却一味搪塞。

后来,国民政府不许学生闹学潮,要以"治反动派一样治之",不许到南京请愿。但学生还是搭乘火车来到南京,政府令停开火车,交大学生自开火车前来南京。就在一二·九运动中,上海学生因赴南京请愿,步行三天三夜来到无锡,在无锡受到困阻。俞庆棠不顾一切,偕同一部分学生携带食物到火车站和医院慰问。请愿学生感激涕零,问她姓名,她回答说:"我是参加五四运动的一分子。"③她写了一封给上海学生赴南京请愿团的公开信,发表在韬奋主编的《大众生活》第九期上,满怀热情地赞扬学生的爱国精神,愤怒谴责宪兵强押学生回沪的反动行径。

---

① 《北大周刊》第1期《一二·一六示威特刊》。
② 《北京大学学生继续罢课宣言》,载《北大周刊》第2期。
③ 《蒋主席接见请愿学生》,载《申报》1931年9月30日。

12月27日中午,无锡中等以上的学校,如江苏省立教育学院、私立竞志女学、私立辅仁中学等3000多学生在全城游行,并与警察发生冲突,学生有被棍子乱打的,有被摔在地上的,有被反绑着双手的。俞庆棠严正谴责无锡警察殴伤学生、强押上海学生回沪的无耻行径。她写道:

> 诸位同学,你们这一次的经验中一定得到许多教训,加强你们对于救国的信念,增进你们对于问题的认识。你们决不能因稍受挫折而灰心;你们请愿的目标虽然没有达到,确已引起全国的响应、各地民众的觉醒。你们虽然没有得到正结果,然而已得到很有效的副结果。现在希望你们善于运用这良好的副结果,对于社会作进一步的了解深思并力行救国更有效的方法。①

这封信公开声援、支持学生,立场完全站在大学生一边。俞庆棠的言论,对当时的爱国学生运动和社会舆论,产生了深远的影响。著名教育家、文学家叶圣陶在他所著的《文章例话》一书中,称赞这封信,并推荐给青少年做范文。

1936年10月19日,鲁迅逝世。噩耗传来,文化界战士失声痛哭。当他的遗骸停置在万国殡仪馆时,1万多的群众赶去瞻仰遗容,虔诚地致以最后的敬礼。22日,鲁迅的遗体送到万国公墓去埋葬。万国殡仪馆门前挤满了黑压压的人群,他们为丧失了一个导师悲痛得泪如泉涌,每一个人的眼眶晶莹的泪珠夺眶而出。在送葬的行列中,有宋庆龄、蔡元培、沈钧儒、王造时、章乃器、胡愈之、史良、李公朴、邹韬奋、沈兹九、郑振铎、王统照、叶圣陶等。②

俞庆棠闻到鲁迅逝世的噩耗后,悲恸欲绝。她不顾国民党密令各地禁止举行追悼,在无锡参加党所领导的追悼筹备工作,并参加了11月1日举行的追悼大会。在追悼大会鲁迅遗像两旁,悬挂着她写的挽联,将追悼大会赋予了抗日御侮的意义。

> 不做空头文学家,死者是用了铁笔铁肩,挑过解放民族的担子
> 要作真心革命者,活人应拿出赤心赤血,赶走压迫中华的敌人

---

① 俞庆棠:《写给上海学生请愿团的一封公开信》,载《大众生活》1935年12月第九期。
② 静芬:《鲁迅葬礼纪事》,载《救亡情报》第24期,1936年11月1日。

江苏省立教育学院每到学期结束时,总要根据训育员或特务学生的报告,开除进步学生,或以通知转学等方式驱逐出该校。这些进步学生均不同程度地受到过俞庆棠进步思想的影响。她认为,这些进步学生代表中华民族的浩然正气,是中华民族的前途与希望。因为处理进步学生常常通过院务会议,而她又是院务会议的当然委员,所以,每每要处理进步学生,她都挺身而出,铁肩担道义,与主张处理的人争辩,往往争得面红耳赤,不达目的决不罢休。因而,保护了不少进步学生,使江苏省立教育学院进步学生势力更加强大。当时任江苏省教育厅厅长的周佛海就说她是"危险人物"。

为了使民众了解他们自己的生活与中华民族存亡的密切关系,使广大民众团结起来,抵御外侮,共赴国难,维护中国主权与领土的完整与尊严,她不仅对广大民众进行唇焦舌敝的宣传,还在她所主持的教育学院各研究实验事业单位,都增加了抗日救亡的政治教育内容,使民众教育直接服务于抗日救亡。她主持编辑的《民众抗日救国读本》,成为各地民校进行抗战教育的教材。她指导教育学院电化教育专修科师生摄制的抗日电影《五十六年痛史》,到各地巡回放映,为组织民众,团结民众,动员民众抗日救亡起到了良好作用。

值得一提的,还有俞庆棠倡导举办的北夏实验区的"青年学园"。这个学园有学生50人,是培养抗日救亡勇士的机关。日本帝国主义进攻上海时,"青年学园"的学生走出校门,宣传抗日救国。无锡陷入日本的魔掌后,该园有学生20多人参加了中国共产党领导的抗日队伍,继而又参加了解放战争。其中邓华、钱培钧、钱诚斋、陈宜民、钱士恩等10人壮烈牺牲。现在无锡烈士陵园都为他们立有纪念碑。

(五)不辍实验 支援前线

七七事变后,抗日军兴。俞庆棠偕江苏省立教育学院师生辗转迁校桂林。

为了组织和动员千百万民众,特别是千家万户妇女支前,同时担起保卫后方的任务,也为着扩大国民政府的影响,国民政府成立了以宋庆龄为指导长的中国妇女新生活运动妇女指导委员会。委员会建立之后,在当时情况下,做了一些有益于民族的工作,如征募慰者、乡村服务、生活指导、文化教育、儿童保育、生产工作等。为了做好以上工作,1938年5月27日,国民政府召集了来自汉口、南京、福建、香港、昆明、重庆等全国各地的妇女领袖聚会庐山,召开妇女谈话会,成立了全国性的妇女指导委员会。俞庆棠应邀出席了庐山妇女谈话会,在会上做了《开展后方妇女生产工作》的发言。她认为,必须发动后方妇女参加生产工作,支援前线将士浴血奋战。为此,应该特别照顾抗战士兵家属,尽力解决他们生活上的困难,使前方战士无后顾之忧。会议期间,她见了邓颖超,得知延安很重视生产工作。会后,她担任了妇女指导委员会生产事业组组长,来到重庆推动妇女生产工作,她提出"前线兄弟流血杀敌,后方姊妹挥汗做工"的口号,动员妇女积极开展生产劳动。

1938年8月,俞庆棠先后在四川创办了松溉纺织实验区和乐山蚕丝实验区。从重庆到松溉只有水路,必须乘坐小船溯江而上,约需两天才可抵达。长江上游,水流湍急,礁多水险,船小人挤,不堪其苦。但俞庆棠与老百姓同舟共济,乐在其中,视此险途为坦道。她在渝松两地间往返奔走,习以为常。

松溉实验区主要招收当地和附近乡村的青年妇女,其间专门招收了一期抗战军人家属。青年妇女们在学校培训,半天学文化,半天学纺纱织布,生产布匹、毛巾、纱布、药棉、军毯等,来松溉妇女培训学校学习的,前后共有1000多人。一次,有一个人拐弯抹角托人向俞庆棠说,某某人因为生活所迫,当了"老二"①,还希望允许某某的妻子来松溉妇女培训学校学习。俞庆棠听了不假思索地表示:"不管'老二''老三',我们对穷苦的妇女来读书、做工,一概欢迎。"②由于俞庆棠对土匪家属宽大为怀,真心诚意地抗日救国、为劳动民众办实事,其时松溉实验区四乡时常发生土匪抢劫民财民物之事,但这"老二"的家属因受了实验区妇女培训学校的感化,声言实验区专为老百姓办好事。俞庆棠在松溉做实验期间,实验区的确没有发生遭抢劫之类不愉快的事。在前线冲锋陷阵的战士也给俞庆棠寄来热情洋溢的信,对实验区教育他们的亲属,使她们能识字写信,解决了生活

---

① "老二"为四川松溉当地人对土匪的称呼。
② 茅仲英:《俞庆棠》,见《中国现代教育家传》第四卷,湖南教育出版社,1987,第165页。

上的困难,有说不出的高兴,字里行间充满了感激之情。

乐山蚕丝实验区主要是进行推广改良蚕丝事业的实验。乐山蚕丝实验区的规模、范围相对于其他实验而言,扩大了许多,包括乐山、青城、峨眉、井研、犍为、夹江等七县。蚕丝实验的内容包括对蚕茧下脚及蚕蛹进行综合利用,用以制作丝绵、肥皂、酿造酱酒等,提高了农民的收入,深受农民欢迎。

1938年7月,国民政府教育部部长陈立夫在《教育通讯》第17期上发表《抗战一年来之教育》一文,认为:

> 教育为百年树人大业,在强邻进攻之时,准备长期抗战固为施教最高原则,但平时教育亦无可离战时之需要与准备,故无所谓平时战时之分。今日之教育乃为针对过去教育之缺点急谋补救与改正。今后教育方针,应为教育与社会生活相联系,教育与职业生产相沟通,教育与国防相配合。①

俞庆棠的松溉、乐山两个实验区的教育实践,不仅暗合了国民政府教育方针的价值导向,还为教育部实施这一方针提供了范例与经验。因而陈立夫注意拉拢俞庆棠。

1939年3月1—9日,国民政府教育部在重庆召开第三次全国教育会议。会议出席、列席代表231人,提案227件,决议125件,内容均系研究改进或加强各级教育以配合抗战建国的议案。其中有:督学制度改进案、修正中学课程标准案、高等学校设置合理化案、调整设置师范教育案、确定各类职业学校设置案、确定中国社会教育现代制度案等。②俞庆棠对确定中国社会教育现代制度案的形成与议决,贡献良多。

在第三次全国教育会议期间,教育部长陈立夫自任介绍人,派专人请她填表参加国民党,被她断然拒绝。随后,陈立夫又许以高官厚禄,请她不要再推辞了。可是,俞庆棠还是毫不犹豫地谢绝了。

---

① 中央教育科学研究所教育史研究室:《中国现代教育大事记》,教育科学出版社,1988,第396页。
② 中央教育科学研究所教育史研究室:《中国现代教育大事记》,教育科学出版社,1988,第412页。

她既不是清高,也不是要"养成一个无偏无党之身",而是认清了国民党腐朽、反动本质。她从后方政治黑暗,"前方吃紧,后方紧吃"中,看到国民党已经无可救药。所以,就在第三届全国教育会议召开的当月月底①,怀着极端复杂的心情,以到上海探亲为名,离开国民政府的陪都重庆,来到早已陷入日本魔掌的上海,在沪江、东吴等大学任教。

在上海诸大学,她发正义激昂之声,谴责日本帝国主义侵略的暴行,揭露国民党政府的不抵抗政策,其热爱祖国、热爱人民之情溢于言表,她打开了沪上追求进步而又恨报国无门的青年的心扉。她还特地为中国基督教重要组织——女青年会编辑了《妇女课本》《中国农村妇女基础课本》,利用扫除妇女文盲之机宣传抗日救国。这两本教材,虽不以"抗日"二字命名,但其内容却是宣传抗日的。

1941年12月7日,日本偷袭珍珠港,次日,美对日正式宣战,太平洋战争爆发,世界大战的范围扩大。日本侵略者进入了上海租界,凡有抗日内容的书籍、教材,均被运走销毁。一时间上海的空气沉闷窒息,但俞庆棠决不放弃斗争,她和一些进步教授共同组织了一个定期的座谈会。他们把集会的地方挂上窗帘,比画着地图,分析时局的发展。在上海,中国共产党党员张执一同志代表党组织与俞庆棠晤面,在她极为苦闷、惶惑、不安的时候,在黑暗的上海,她终于看到了光明。党的关怀和鼓励,使她信心倍增,她坚信黑暗即将过去,光明即将来到。

在沦陷区上海,在日军的铁蹄下,她生活入不敷出,难以维系,双目失明的丈夫、尚不能自食其力的5个孩子、飞涨的物价,无不使她感到在生活的重压之下实在难堪重负。她一方面变卖家产度日,一方面节省家务开支。譬如,每次外

---

① 茅仲英先生在《中国现代教育家传》第四卷《俞庆棠》中所说的"1938年下半年,俞庆棠以教育家的身份被邀请参加国民党教育部召开的全国会议",疑有误。是年下半年:9月9日,召开第一次大学课程会议。10月16日,在汉口召开特种教育工作会议。10月20日召开全国师范教育会议。此外再未召开全国性会议。俞庆棠所参加全国教育会即1939年3月1—9日召开的第三次全国教育会议。其他会议均不至于讨论民众教育问题。

出,路近则步行;路远则乘有轨电车的三等车①,将一分钱掰作两半用。也就是在她经济困难之时,国民党想拉拢她,诱她加入国民党,曾派人送给她黄金,但她态度非常坚决地拒收。

---

①其时上海、沈阳、大连等地市内交通主要是铺有钢轨的电车,其标价为两种。三等属设备简陋、价格低廉的一种。

第五节　护校斗争

1945年8月,日本帝国主义无条件投降。俞庆棠和亿万中国人民一样,欢欣鼓舞,流着热泪,迎来了中国人民抗日战争的伟大胜利。她盼望这一天早日来到,更憧憬着祖国的复兴和昌盛。她希望政府尽快把人民组织起来,齐心协力医治战争的创伤,向着民主新中国迈进。所以,她接受了上海市教育局局长顾毓秀的邀请,担任该局社会教育处处长。

中华民族自清末以来,屡经兵燹,百废待兴。俞庆棠莅任后,尽管财绌费紧,难能有为,但在她的努力之下,在较短的时间内恢复了上海遭日军毁坏的图书馆、博物馆等社会教育事业。她创办了上海市立实验民众学校和百余所民众学校,并亲自兼任实验民众学校校长。

上海沦陷8年,民众教育完全停辍下来。俞庆棠深感时不我待,要把失去的8年光阴夺回来,因此,她比以前更感到紧迫,忧患意识更强烈。她利用有限的民众教育场地,日夜兼程,采取歇人不歇马的方式,加快培训的速度。她兼任校长的实验民众学校,上午设儿童班,招收劳动人民的失学子女;下午设妇女、少年班,招收未曾入学读书的劳动妇女和少年儿童;晚间设成人班,招收工厂职工及各行业受教育的中青年。这一种班级共有学生1500余人。实验民众学校还增设了由小先生教授的儿童识字班。这样,实验民众学校校舍的功能发挥得淋漓尽致,学生名额是寻常学校的4倍以上。

实验民众学校再怎么充分利用,毕竟是有限的。俞庆棠还采取学校与社会并举的方针,在沪西余姚路、金家巷劳动民众集聚的棚户区设立教育区,使数千居民直接、间接地受到教育。为了方便推动民众教育,她又兼任申新纱厂第二、第五两厂的福利科科长。她利用科长职务之便,在申新纱厂创办了工人夜校、子弟小学、合作社、医院等福利事业,还指导申新纱厂第九厂、统益纱厂及女青年会举办工人夜校。

民众教育的践履者俞庆棠

俞庆棠在较短的时间内,借助社会各方面的力量,办起了实验民众学校,还兴办工人教育,为上海民众教育事业奠定了较好的基础,为提高上海劳动民众的文化素质做了许多奠基性工作。

实验民众学校在俞庆棠的领导下,一时间名声大噪,受到各方注意,自然也免不了引起上海当局的注意。因为俞庆棠所聘的民校教师以及其他100多所民校主任,大多是富有民主意识的进步青年,其中有不少是共产党员。因此,民众教育园地一片生机勃勃,民主气氛十分浓厚。这些是国民党反动当局所不能容忍的。教育局局长三天两日到民校"视察",公安局也不时有人来"拜访";三青团分子也混入了民校学生队伍搞"组织对组织的斗争";反动派甚至耍尽卑鄙伎俩,派流氓到民校来捣乱,侮辱进步教师,在民校附近调戏女学生,阻拦她们到民校上课,甚至在胆小怕事的资本家那里做宣传,说什么"实验民校由共产党操纵,要连累工厂",资本家怕惹出麻烦,招来是非,晚上提早关闭厂门,使在民校学习的单身工人不能回厂住宿,不得不中断学习。

俞庆棠一眼就识破了反动派的阴谋,但她决不会中途隐遁。她预感到在上海市教育局任社会教育处处长职位不会很长,因而推进民众教育的心情更加紧迫。她不是设计如何抽身,相反,犹如猛将用兵,黎明即起,戴月返归,中午或者以面包充饥,或者到附近面馆吃碗面。她认识到,她兴办的事业有一石二鸟之效,既是办教育,提高全民族人民的文化素质,同时也是进行一场艰苦卓绝的追求民主的斗争。

1946年下半年,她离开了上海市教育局,不再担任社会教育处处长职务了,但实验民众学校校长仍然担任着。在她看来,行政职务可以不要,但民众教育事业必须进行下去。

终于,反动政府当局与她摊牌了。1946年底,国民政府上海市市长吴国桢和教育局新任局长李熙谋邀请她"赴宴"。她随时准备对付不测之变。吴国桢在席间吐露了"宴请"她的真实意图,说:"俞先生,最近有匪党供认,是在你的实验民校宣誓的。"俞庆棠极为机警地说:"吴市长,实验民校有1000多学生,脸上都没有写字。你如认为我办学失职,那你就下令撤我的职好了。"李熙谋见局面有些紧张,急忙缓和气氛,说:"我们和庆治先生在美国时都是好朋友,俞先生你何必如此呢?"她寸步不让,说:"李局长,我们今天谈公事,请勿涉及私人关系。"①俞庆棠起身便告辞了。

1947年1月,俞庆棠早就预料到的事情发生了。上海市第二届参议会提出了撤销实验民众学校,改办实验国民学校的议案。对此,一方面她早就有充分的思想准备,另一方面地下党组织及时地予以帮助,她在全校师生的拥护、支持之下,领导学校展开了护校斗争,坚决不允许丢掉民众教育的旗帜。她说:

> 实验民校是决不允许撤销或改组的。我决不辞职。即使撤销或改组的命令下来,我也不走!除非那些老爷们用警察来把我赶走。②

这表现了她要与实验学校共存亡的决心。在她的组织影响之下,实验民校师生,以及托儿所和儿童班、妇少班家长等数千人组成了浩大的护校队伍前去请愿。俞庆棠还给吴国桢写信,明确表示"庆棠以身殉校,在所不惜"。她还奔走呼号,争取社会各界的同情,以得到舆论的支持。为实验民校的撤改问题,文化教育界著名人士或写文章,或发表谈话,支持了俞庆棠的斗争。出于社会舆论的压力,当局只得"尊重民意",撤销了提案,实验民校终于一如既往地在现代教育史上占有一块特殊领地。

1947年,俞庆棠担任联合国教科文组织中国委员会委员;次年又出任联合国远东基本教育会议中国代表团顾问委员会委员。1948年10月,国民政府派她以教育家身份赴美考察战后难童与成人补习教育,实际上这是教育当局所施调虎离山之计。对此,俞庆棠心里是一清二楚的。她临上飞机时对送行的人说:"我什么都舍得,就是舍不得实验民校的学生。"

---

①②茅仲英:《俞庆棠》,见《中国现代教育家传》(第四卷),湖南教育出版社,1987,第168页。

第六节　以身殉职

俞庆棠在美国的10个月中，身在异乡，心系中华，常思劳苦大众。每次遇有群众集合的机会，或是参观访问，她都利用一切机会，广为宣传中国劳苦大众勤奋朴实、吃苦耐劳、勇敢和富于创造的精神，呼吁应该给他们享受教育的权利，强调他们应该当家做主。她的宣传介绍，为美国人民了解中国劳苦大众的生活、地位以及未来，打开了又一个窗口。

当解放战争胜利的捷报频频传送到太平洋彼岸时，俞庆棠和许多进步的留学生一道，以从来未有的欢欣和喜悦共庆胜利。一天，她接到来自祖国全国妇联的电报："外婆祝寿[①]，欢迎你回来参加。"她手捧电报，热泪盈眶，激动得彻夜不眠。她不顾病后虚弱的身体，打点行装，告别朋友，独自一个踏上了归国的旅途。当时南方国民党残部还在负隅顽抗，故抵达香港后，又辗转绕道沈阳，才回到北京，她被选为参加全国政协的教育界代表。在政协会议召开和开国大典的时刻，她深深地沉浸在幸福之中，她认为，看到如此伟大壮观的场面，不虚此生。从政协会议到开国大典，俞庆棠看到了中国黎明的晨曦，找到了铺在中国劳苦工农面前的康庄大道。

1949年9月，周恩来总理约她谈话，邀请她担任中央教育部社会教育司司长。她愉快地接受了邀请，表示一切要从头学起，愿意在中国共产党的领导下，为新中国的建设服务，为工农教育尽自己的绵薄之力，用自己的实际行动来报答共产党和总理的信任。她决定暂时不南归探望已经分别一年双目失明的丈夫与多病的子女。10月3日，她激动异常地到教育部就任。她莅位第一件事就是认真主持草拟1950年社会教育规划，准备开展全国规模的社会教育事业，把工农群众教育推向一个新阶段。俞庆棠为民众教育绘制的最新最美的图画就要变成现实了，她迅速扫除工农群众中的文盲、提高工农群众的整体文化水平的民众教育理想即将美梦成真，她无时不处在高度兴奋的状态之中，自己患有严重高

[①] "外婆祝寿"，意即中国人民政治协商会议和中华人民共和国开国大典。

血压症也被她抛到了九霄云外,总是笑吟吟地工作到深夜。有些同志担心她长此下去,会累出病来的。她毫不在乎地说:"我宁愿死在工作岗位上。"此言在一月后不幸言中。

1949年12月4日,这是一个星期天。这天下着大雪,寒风刺骨。大家利用星期日,把社教司的办公室搬到新修的办公大楼里去。她亲自动手搬运物品。午饭后,即在新会议室召开茶话会。下午3时许,她来到中华职业教育社参加该社理事会,受黄炎培先生的委托,主持理事会。晚上,又赶回教育部与副部长钱俊瑞讨论社会教育问题。10时半就寝,终因辛劳过度,半夜即患脑出血逝世,终年52岁。

"出师未捷身先死,长使英雄泪满襟。"俞庆棠逝世后,周恩来总理亲自到教育部向遗体告别,董必武、陆定一也到教育部吊唁。12月15日,教育部举行追悼会,郭沫若、黄炎培、沈雁冰、邓颖超、张志让、李德全、胡愈之、茅以升、许广平、雷洁琼等,以及俞庆棠在京的亲友及教育部的全体工作人员参加了追悼会。江苏无锡、苏州和上海等地文化教育界也先后兴行了追悼会。上海《文汇报》和《解放日报》发行了追悼俞庆棠特刊。美国哥伦比亚大学校友和俞庆棠在美的友人,在纽约举行了追悼会,遥寄他们的哀思。政务院文教委员会赠送的挽联是:

吃野草下去,流鲜血出来,点滴都付与人民,人民群众之保姆。
把任务完成,置生命不顾,死生全为了教育,教育工作的典型。

郭沫若说:

俞庆棠先生致力社会教育,垂三十年,手创江苏教育学院、上海实验民众学校事业。1949年参加中国人民政治协商会议。中央人民政府成立后,任教育部社会教育司司长。不幸任职月余,突患脑出血逝世。先生富有事业精神与为人民服务之热忱,足为楷模。

各界人士对俞庆棠的民众教育工作做出了很高评价,对她为民众教育事业鞠躬尽瘁、死而后已的一生做了准确概括。

民众教育的践履者俞庆棠

　　1985年12月，江苏省无锡市在风景区太湖之滨茹经堂设立俞庆棠先生纪念室。全国政协主席邓颖超特亲笔题词："纪念人民教育家俞庆棠先生。"赵朴初作词《减字木兰花·昔年歌浦》："昔年歌浦，晦夜千灯飞化雨。多少英豪，高举红旗卷浪潮。平生无负，五四风云曾伏虎。方展宏图，哥奈霜凋建国初。"胡愈之题写"俞庆棠先生纪念室"室名。周谷城为俞庆棠像题写"民众教育专家俞庆棠女士之像"。上海市在静安区职工业余大学[①]校园中建立了俞庆棠先生塑像纪念碑，后又设纪念室。1987年，俞庆棠祖籍太仓县在博物馆设立了俞庆棠先生纪念室。

　　俞庆棠一生孜孜矻矻，为民众教育事业发展尽心竭力。她的教育论著是我国民众教育事业萌芽与滋长的硕果，是中国近现代教育史上的重要文献；她的教育思想是宝贵的文化遗产，是鼓舞中国人民团结奋进，把中国建设成一个繁荣、富强的伟大国家的精神力量。

---

① 此校原为上海市实验民众学校。

第二章

民教特质　旨深意远
——民众教育本质论

民众教育的践履者俞庆棠

什么是民众教育？它与社会教育、成人教育、继续教育等有什么联系与区别？由于过去长期将民众教育封存未予研究，以致对其特质与意旨缺乏基本把握；又由于民众教育四字成为"历史名词"，《辞海》《教育大辞典》《中国大百科全书》等不列专条，以至于民众教育为何物更加扑朔迷离。俞庆棠毕生以民众教育为事业，矢志不移地从事民众教育的研究、实验与推行工作，欲把握俞庆棠的教育思想，需对民众教育的特质探幽索微。

第一节 民众教育的意义

民众教育作为一种教育思想，其渊源可追溯到"周孔之教"。周公的"彝教"、孔子的"齐之以礼"以及《礼记·学记》的"化民成俗"等观念，及宋代的乡约，元代的社学、庙学等，这些古老的"教化"传统与民众教育在形式上有着承继关系。但是，民众教育与传统的"教化"，并不是同一层面上的问题。"教化"是封建君王专制统治的工具，是其"牧民"的手段，而民众教育则明显带有西方民主与科学、进步教育运动的印痕，与西方文化的冲击与中国近现代社会变革思想的传播有着此因彼果的关系。

（一）"民众教育"的提出

1927年6月，国民政府采纳蔡元培、李石曾等人的建议，仿效法国，实行教育行政体制改革，中央实行大学院制，地方省一级实行大学区制，大学校长兼管全省教育。大学区下分设若干处，其中扩充教育处主管社会教育。"扩充"二字是University extention的译文。俞庆棠担任该处处长。

俞庆棠担任扩充教育处处长期间，受孙中山"唤起民众"遗嘱的启示，积极推行识字教育和广泛的工人教育及农民教育,在全省遍设民众学校和民众教育馆①,形成了民众教育思想。

"民众"二字连成一体,在孙中山著作中所见最多,且因遗嘱之故,更不胫而走。但这仅具政治社会改造之含义,它与教育连用而成为教育形式之一,最早见于许崇清。他在《关于我的学术思想》中说:"在一九二五年,我向当时的国民政府提出了一个《教育方针草案》。"此草案后刊于《中华基督教教育季刊》第二卷第3期(1926年10月)。而《民国十五年中国教育指南》转述草案内容时,将时间提到1926年2月②。许崇清在讨论"政治教育问题"时将民众作为教育对象:

> ……其次,就是政治教育问题。这个要求当然不是要将治者的政治意识硬灌注到一般民众去。……而一般民权的设定,其目的亦不外是,要将从来的政治组织化为一个纯粹的社会统制,使民众得在社会里面自由发挥其统制力,以期获收政治上美满的效果。……若必以治者的政治意识,强加灌注,必至窒息民众的创造力。不特于教育为无功,反而有害。③

草案提出了十四条纲领,其中第六条为"民众教育事业的扩张"。此后,"民众"与"教育"常常连用,成为一种专门的教育形式,民众教育不仅屡见于报章,且被国人广为接受。④

1927年7月1日,上海各报刊载国民政府教育行政委员会委员韦悫撰写的《国民政府教育方针草案》,提出了十二条方针,其中首条即"民众教育应与民众运动一并进行"⑤。民众教育被作为党化教育方针草案提了出来,始对南京国民

---

①《江苏省立教育学院的始末》,见《人民教育家俞庆棠与江苏省立教育学院》,江苏省立教育学院校友会丛刊第一辑。
②中央教育科学研究所教育史研究室:《中国现代教育大事记》,教育科学出版社,1988,第115—116页。
③中山大学学报编辑部:《许崇清教育论文集》,中山大学出版社,1981,第99页。
④此处为笔者根据文献资料提出来的观点。当事人汤茂如认为"民众教育"一词成为教育专门名词,应为1928年1月。他在《民众教育的使命与前途》一文中说:"民众教育这个名词,是民国17年1月,国立中央大学区扩充教育处处长俞庆棠先生,约茂如到宁协助创办民众教育学院时正式产生。"(《民众教育论文选》第202页,河北省教育厅1935年5月印行)或许为汤茂如撰是文时未见许崇清文之故。
⑤中央教育科学研究所教育史研究室:《中国现代教育大事记》,教育科学出版社,1988,第134页。

政府官员产生影响。此时的俞庆棠,正担任江苏大学区扩充教育处处长,一方面由于孙中山遗嘱的启示,一方面与她的教育基本观点一致,也因有国民政府教育方针草案的依据,更坚定了她对民众教育的信仰,她深入系统地进行研究,形成了民众教育理论,并通过实验进行推行,最终演化为民众教育思潮与民众教育活动。

(二)民众教育的特质

民众教育是现代教育的产物,是与传统教育在本质上有着诸多不同的新的教育形式。它从酝酿、形成到推广的时间不长,对其特质、内在精蕴、定义未能做充分的讨论。强烈的社会责任感、使命感与忧患意识,驱使民众教育家一门心思研究民众教育的推展工作,理论、概念不得不在推展过程中体悟探索。

俞庆棠为了实现以教育来唤起民众的理想,计划首先办一所学校来培养教育劳苦大众的师资。先后受聘到江苏省立教育学院的教育专家有傅葆琛、李蒸、雷沛鸿、董渭川、甘豫源、孟宪承、陈大白、许公鉴、赵冕、陈礼江、徐锡龄等人,可谓网罗了一大批全国一流专家,真是群星璀璨。俞庆棠创办并主编了《教育与民众》月刊,是专门研究民众教育理论的园地。研究有素的教育专家们在民众教育推展实践活动中发现了问题,积累了经验,纷纷围绕着民众教育问题著书立说,探索民众教育的特质,阐释民众教育的蕴含。各家民众教育学说,彼此间互有借鉴吸收,也有排除离异之处,既有渗透,也有扬弃。俞庆棠的民众教育思想在碰撞过程中,放射出真理、智慧的光芒。

李蒸在《民众教育目标研究》一文中,通过考察民众教育的需求,揭示了民众教育的部分特质。他认为,民众教育的特质有三:一为生活的,从物质层面审察,包括衣、食、住、行和印刷五种;从精神层面考察,包括社交、娱乐、宗教、文化四种。二为社会的,包括科学的建设、合理的组织、合作的精神。三为民众的,民众有六大特征:一是科学常识缺乏;二是言行习惯不良;三是经济能力薄弱;四是身体素质羸弱;五是国家观念淡薄;六是无团体生活训练。[①]

董渭川将民众教育划分为三个层面:其一,对中国民众而言,它是基本的与继续的教育。相对于普及教育或义务教育而言,它只是其中一个组成部分——成

[①]《民众教育文选》,河北省教育厅1935年5月印行,第210—214页。

年义务教育。因为中国当时学龄儿童多数不能入学,只有"利用某一种环境或设备,自动或被动地教育自己"——是为民众教育的要义之一。如果再站高些看,民众"不光应该受基本的教育,还应该终身受教育"①。其二,对中国社会而言,它是社会改造的教育。改造社会的主导力量无疑应该是政治,但政治是一种强制力,要想从根本上感化人,非教育不为功。因而:

> 就教育的使命说,不但把一个个的人教育成好人,教育成有用的人就算完事,并且要把集合许多人在一起的团体改造好,教育好。②

民众教育的特质正是"以全体民众作对象,以整个社会作学校的"③。其三,对中华民族而言,它是民族自救的教育。中国自戊戌变法以来,革命运动风起云涌,但最终以失败告终,其原因即未能"唤起民众"。他指出,民族自救的教育可分为三个层面:一、"培养民族意识";二、解决生计问题;三、"促进地方自治"。

邰爽秋在1933年春创设大夏大学民众教育实验区。通过其创设动机、实验要旨、实验原则,可以窥视到他对民众教育特质的理解。邰爽秋创办民众教育实验的动机,"实因看透了已往教育的三大弊害,这三大弊害就是:(1)提高民众消费;(2)推销外国货物;(3)养成士大夫"④。他确立的实验要旨为:"试行民主本位教育,提倡土货服用,推行社会节约,发展农村经济,改进村民生活,协谋中华民族之复兴。"⑤他拟订了民众教育实验原则八条:

> (1)以全区为整个教育场所,取消学校形式,并打破家庭、学校、社会三种教育分立制度。(2)以民众教育之对象,施行混合式之教育,打破儿童教育、成人教育分立的传统观念。(3)寓一切教育于经济建设之中,就社会实际需要,随时随地施行有形或无形之教育,所有按时上课下课、寒假暑假及学期学年等办法,一概废除。(4)以本区社会上直接或间接的经验活动为基础,制为大单元设计,贯穿各种教育。文字教育仅居辅助地位。所有班级制度、科目制度,一概废除。(5)指导民众互教互学,无所谓先生,亦无所谓学

---

① ② ③ 董渭川:《民众教育是什么》,载《民国日报》1933年8月。
④ 邰爽秋:《目前中国农村的三大弊祸》,见《乡村教育之理论与实际》,上海教育编辑馆,1935,第1—2页。
⑤ 徐国屏等:《念二年度金家巷农村念二社实验报告》,载《生活教育》第一卷第1期,1934年2月16日。

生。(6)经济逐渐由本区民众负担。(7)设备务以有裨于民生者为先,并力求适合一般国民的经济状况。(8)以民众为活动之主体,随时就地培植人才,担负本地方之改进事业。①

邰爽秋虽然是对民众教育实验问题作探讨,但似乎是"歪打正着",对民众教育的特质及内在精蕴多有揭示阐发。

俞庆棠对民众教育特质的界定,还深受江苏省立教育学院院长高践四的影响。在他看来,民众教育有社会、民众和生活三要素。以其三要素为依据,对历来有关民众教育的不同理解,剖析了"民众教育就是识字教育""就是成年补习教育""就是补充教育""是成年教育","是平民教育、大众教育"等观点后,分析了各主张的优劣得失,断言:"欲知民众的正确意义,第一当从他的来源看。民众教育的来源,由于救国运动、民族自救运动。"②其"真义"为:

> 民众教育须就实地生活需要培起全民(至少大多数人民)力量,运用团体、根据理性,以解决一切社会问题。③

陈礼江通过对民众教育功用的研究,对民众教育的特质有所揭示。他认为,当时中国存在着贫、弱、愚、私、散五种"社会病",酿成之因有帝国主义侵略、国内政治不良、天灾、生产条件差等。要建立自由平等的社会,必须相应达到"富、强、智、公、群"的理想境界。他认为:

> (1)教育是社会活动之一种,它本身虽不免受社会的影响,但同时对于社会亦有相当的功用。(2)中国是在社会改造过渡时代,故须要运用教育力量,使大多数民众参加此项改造运动。(3)使大多数民众参加的方法,唯有提倡民众教育以唤起民众、指导民众教育。(4)民众教育不过是许多工具之一,当与别的动力合作;既不可视为万能,亦不必视为无用。(5)工具可以为好,亦可以为恶;民众教育既以民众为号召,我们当处处从民众需要着想,以民众为本位。④

---

① 徐国屏等:《念二年度金家巷农村念二社实验报告》,载《生活教育》第一卷第1期,1934年2月16日。
② 高践四:《民众教育》,商务印书馆,1934,第9页。
③ 高践四:《民众教育》,商务印书馆,1934,第19页。
④ 陈礼江:《民众教育》,商务印书馆,1935,第70页。

雷沛鸿对民众教育特质的探讨,给俞庆棠以深刻影响。雷沛鸿通过对吴稚晖的民众教育存有谬误的论辩,初步阐明了对民众教育特质的认识。吴稚晖在《最近三十年之中国教育·三十五年来之音符运动》中说:

> 所谓民众教育,大约就是指大学、中学、小学等正式学校以外的一切社会教育。先只讲正式学校的观念,可以尽误苍生。……单讲到民众教育,其实在目前的中国,分什么正式、非正式,总而言之,统而言之,还是全般教育过于衰败。尤其是民众教育第一紧要。应该拿十分的财力,一半花在民众教育上,另一半,方花到所谓正式教育。现在注重教育的人,止晓得拼命地把全力用在正式教育,分小小余沥敷衍民众教育。而民众教育的自身,也受了正式教育的毒,大都模仿正式教育,直趋贵族式的把戏,甘心做正式教育的附属品。

总之,吴稚晖把教育分为正式与非正式两类,民众教育为非正式的教育。雷沛鸿对吴稚晖之论提出了两句疑问:"第一,教育当真有正式及非正式的区别吗?第二,教育究竟应有生产及非生产的分野吗?"显然对是论不予苟同。他诘问道:"民众教育果为非正式的教育吗?大学、中学、小学果能昂然自命为正式的学校吗?复能安然自居于正式的地位吗?"这一命题稍一思考便陷入自相矛盾的窘境。譬如,有人在目下先后对大、中、小学生发问:"你是不是中国民众呢?"肯定瞠目结舌,无言以对。雷沛鸿进一步指出:

> ……何以一经受大中小学的教育,他们便要离开民众队里,而变成正式学校的学生?又同是民众何以一经受着民众教育,他们虽则尚能保留民众的本来面目,然而却被称为非正式学校的学生?如其不然,一般大中小学生究竟是什么东西?[①]

他推究这种正式学校观念渊源在于中国的传统思想及外国的输入思想。他的结论是:

> 民众教育在较早或较迟间,必要努力于大众化现行学校系统中之制度教育(例如幼稚园、小学、中学、大学等等制度),而在目前却以设立及推广

----

① 雷沛鸿:《现代中国教育的两宗疑案》(上),载《教育与民众》第三卷第2号,1931年。

学校系统外之制度教育(例如民众学校、平民学校、半日学校、半夜学校、民众教育馆、农民教育馆,以至人民大学等制度)为企图。同时,民众教育运动复不能忘却人与环境教育的密切关系,以及教育与社会的密切关系,乃特别注意及努力于家庭教育、民社教育、国家教育及民族教育(在此地让我补充一句,这样注意及努力就是教育,比之现行学校教育,能较胜一等之处)。因此之故,民众教育在如此际会之下,固然不单纯是"定式教育",仍然不单纯是"非定式教育"。严格地说,它兼二者而有之。①

总之,民众教育不可一概而论,它是一种教育运动,并要造成一种社会运动,它"以大众化中国全国的教育为职志","以平等化中国的社会而相助建设新社会秩序于中华民族为归宿"②。

以上各家从不同的侧面、不同的角度,对民众教育的本质与内在精蕴有所揭示和阐述,有的对俞庆棠的民众教育本质论产生了明显影响,有的给她以一些启发。为了避免理论上纠缠不清、实践上无法操作等问题,她把民众教育做了划分,说:"民众教育事业,学校式的,就称为民众学校教育;社会式的,就称为民众社会教育"③。从而了结了"正式教育"与"非正式教育"之争的陈年旧账。在"二者兼而有之"的前提下,俞庆棠形成了对民众教育本质的见解。她说:

> 民众教育是失学的儿童、青年、成人的基础教育。也是已受基础教育的儿童、青年、成人的继续教育和进修。民众教育的最高理想,是全民众在整个社会生活中,知能道德的前进和向上。它的方式不限于"教育机关"或"学校",凡改变群众行为,授予知识技能理想而改进其个人团体生活的工作(如合作社、乡村改进会、保甲会议、农业推广等),都是它有效的方式。④

俞庆棠用极为洗练简洁的语言对民众教育的本质、内含、功用、发展趋势以及组织形式进行了科学概括。尽管她对民众教育本质诸问题的深刻揭示受雷沛鸿、董渭川、李蒸、高践四、陈礼江等人的影响很大,但其中也饱浸了她深入研究

---

①② 雷宾南:《现代中国教育的两宗疑案》(上),载《教育与民众》第三卷第2号,1931年。
③ 俞庆棠:《民众社会教育谈》,载《民众教育月刊》第三卷第3、6期,1931年。
④ 俞庆棠:《民众教育》,正中书局,1935,第3页。

的艰苦劳动、深入实践的切身体悟、锐意开拓创新的精神。正如她所言:"民众教育是中国新创的名词,也是中国最需要的教育……民众教育在学制上没有占到地位以前,应当非把它造成科学化的教学不可。不过,民众教育在中国还只有二年的努力,当然还在潜伏幼稚时期,距离科学的途程尚远,靠我们去奋斗了。"①

民众教育在较短的时期内,要构建起理论体系、推行上的整体构架,实非易事,其艰难处境可想而知,不集众贤之力实难大功告成,施惠于民。得出如此结论,受同仁启发颇多,但启发毕竟不能代替自己劳动与研究创造。在同仁们的激励之下,她做了大量艰苦的研究工作。她曾说:"要研究民众教育,先须搜集已有的事实和已有的需要,而且社会中之势力、顺序、群居的生活状态、社会习惯、政治经济的情况、教育的趋势,以及社会的背景,均须加以注意,以为根据,而从事研究中国化的新教育。"②

她研究民众教育本质诸问题,正是经过了这样复杂的去伪存真、由表及里、沙里淘金的劳动过程,最后提炼出来的。

俞庆棠如是把握民众教育特质,与她的人生受教育过程有密切关系。她认为,生活是整个的,社会是整个的,教育是整个的,不宜划分什么阶段,但"为利起见"可分为三:"教育失学的儿童、青年和成人",这是民众教育的第一阶段。这一阶段要竭尽全力救济失学群众。第二阶段是"使已受基础教育的儿童、青年和成人受继续教育和进修"。她指出:

> 在传统的教育系统里,小学毕业后,就有升入中学、大学的需要。就有形的民众教育而论,民众学校毕业以后,就由初级升入高级民校及补习学校,转瞬更有升学民众高等学校和民众大学的必要。民众教育与学校教育如能打成一片,更易奏效。这里应特别注意的有二点:甲、在实施有形的教育时,应培植与发展公民的道德、生产的技能、组织的能力和集体的生活。乙、应使学校教育与社会生活打成一片;应使课程与教材自民众实际生活出发;以注意于实际社会活动之指导为方法,以整个生活改善为目的。③

---

①②俞庆棠:《民众社会教育谈》,载《民众教育月刊》第三卷第3、6期,1931年。
③俞庆棠:《民众教育》,正中书局,1935,第3—4页。

因前两个阶段完成之故,第三阶段以民众智能道德的前进和向上,整个社会的进步和愉快为民众教育的理想。此期的教育,除书本知识外,还兼顾儿童体格的健康、品性的修养、道德的健全、艺术兴趣的培植、职业智能的养成、团体生活的训练等,将把"最优良的教育,扩充于整个社会,普及于人人"。民众教育前面总是悬有一个理想的,"倘使民众教育中的基础教育,普及于全民族的失学者;继续教育和进修,普及于大多数的民众;整个社会生活的指导与进步,普遍于我们民族中重要的社会组织和活动,也近乎理想了"[①]。俞庆棠对第三阶段的民众教育进行了粗犷的勾勒:

> 到了那个阶段,民众自由利用的教育设施,如图书馆和博物馆等,比今日欧美文化最发达的国家更普遍,从事于生产者及生产量,比工业最先进的国家更众多,公民团体精神和民族意识,比政治最隆盛的国家更深挚。[②]

俞庆棠民众教育阶段的划分,是对她为民众教育特质下的定义的注释、补充,将二者对照起来,更便于准确理解其民众教育之精义。非但如此,还有两点意义:一是分阶段对不同时期民众教育进行了科学界说。生活是发展的,社会是发展的,教育也是发展的,民众教育在不同时期量上不变化,质上也有变异,因而便于对不同时期民众教育本质的把握,便于把握其发展动向、走势;二是便于推行。不同时期的本质特点有所不同,唯其明于此,在推展上才便于次第铺开,有条不紊,收到宏效。

[①][②] 俞庆棠:《民众教育》,正中书局,1935,第4页。

第二节　民教发轫与演进

民众教育同任何一件新生事物一样,它是历史演变的结果,绝不是偶然地在旧的环境里孕育生长的。而一件新的事物出现后,它的内部更孕育着一种尚未表现出的阶段性。俞庆棠将民众教育辗转绵延而成的"一部不能割断的生活史"划分为四个时期。

(一)简易识字学塾时期

民众教育是近代工业社会的产物,是西方科学民主思潮与新教育作用于中国社会的结果。它的起源可以上溯到简易识字学塾时期。

简易识字学塾的产生,有其特定的背景。俞庆棠 1935 年在江苏省立教育学院和广东省社会教育讲习会的演讲中,分析其背景说:"自产业革命以后,引起了人类生活和思想上的剧变。随着外国的过剩的商品生产,巨量的资本蓄积,必然的引申到市场的争夺和殖民地的开拓。吾人虽欲闭关自守,到底受不住工业化的政治和经济的势力的进攻。"①就在这一背景下,一场场战争惊醒了蜷伏于专制政体下的一部分有识之士,他们奋起反抗,形成了戊戌政变、辛丑兴学、预备立宪等一场接一场的民族自救运动。

简易识字学塾的产生,还因为人们对社会教育、成人教育有足够的认识。人们认识到,"吾国大多数人民,对于个人与国家社会密切之关系,茫然懵然,以致不能为国家社会之健全分子……当今建设事业中之根本建设,莫如增添教育机会,增高教育效率,使教育精神,弥漫于全社会内"。人们认识到了教育的经济价值,"无论青年、成人、妇女之以农为业者,倘能得充分之职业指导,相当之教育陶冶,生产力即可骤加,农产品即可增添"②。

---

① 俞庆棠:《民众教育》,正中书局,1935,第 57 页。
② 俞庆棠:《中央大学区扩充教育概况·序》,见《中央大学区扩充教育概况》,1939 年 4 月。

民众教育的践履者俞庆棠

1908年,《宪政编查馆会奏遵议宪法大纲暨议院选举各法并逐年筹备事宜折》,制订了关于简易识字学塾进行的计划,计划是年编辑简易识字课本及国民必读课本,到光绪四十二年(1916年),人民识字者须达1/20。到1909年11月,学部公布《简易识字学塾章程》,为上年计划的具体措施。俞庆棠认为:"此种计划,虽属粗枝大叶,然而期能见到民众教育与立宪之关系,而订出整个的计划实施民众教育,其意义是深长的。"①

《简易识字学塾章程》颁布后,又经修订,对入学资格、课程、毕业年限等都提出了要求。在执行的三年时间内,效果是较好的。全国16省设学塾29 000所以上,有3省报告学生数为373 993人。此外,还有许多关于民众教育的实际活动。各省藏书楼、报馆、陈列馆、宣讲所之设,禁妇女缠足、改正戏曲歌谣、创造及出版官话合声字母等,均说明成绩可观。

俞庆棠认为,清季民众教育在草创期便成绩斐然,说明大有发展前途。唯其如此,才能对民众教育产生明显影响,她指出:

> 因着外力之压迫与筹备立宪,清政府遂举行宣讲并筹办简易识字学塾,同时亦因外力之压迫与内部之棼乱,先觉分子则作倡办报纸等事业。由于前者,潜伏了后来民众教育发展的种子;由于后者,促进了后来民教发展、维新运动与辛亥革命。如果欲寻出民众教育在社会上略有体系的表现,吾人得言肇端于此时。②

(二)通俗教育时期

民国改元,临时政府内阁成立。蔡元培出任教育总长,在教育部特设社会教育司,与普通教育诸司平立,自此,民众教育在行政组织上占有一席之地。1915年,教育部设立通俗教育研究会,公布通俗教育演讲所规程、通俗讲演规则、图书馆规程及通俗图书馆规程。通俗教育研究会的成立,伍博纯、吴敬恒、黄炎培、马君武、袁希涛等出力尤多。该会的宗旨为:"本会组织之宗旨,以民国虽经成

---

① 俞庆棠:《民众教育》,正中书局,1935,第58页。
② 俞庆棠:《民众教育》,正中书局,1935,第61—62页。

立,而国民常识缺乏,危险万状,亟应促进国民程度,收革新之成效。"①宣布"对于改良社会自责无旁贷,唯本会此后当有二种目的,一引起国民之自动力,一激发国民之爱国心是也"②。伍博纯提出国家观念、公众道德、谋生、卫生四项为施行通俗教育的条件,对推展方法也进行了研究,主张以报馆、图书馆、补习学校、剧场、说书场、活动影剧馆、影灯美术馆、常识博物馆、动物园、共进会、公园、运动场、体育会等为直接传布机关,还周详地规划了宣讲、演剧、说书、图画、刊物、幻灯及活动影片使用等。

各省也积极行动起来,湖南、江西、江苏、浙江、湖北、直隶及北京、武汉、上海等省市,先后议决或设办通俗教育研究会、宣讲会、夜学校、半日学校、贫民学校、白话报、通俗教育学校、通俗图书馆、通俗教育讲演所、巡回演讲团、巡回文库、博物馆。据26省市统计,全国通俗教育会共233处,会员12 289人;图书馆107所以上;通俗图书馆286所,阅报所1825处,巡回文库259组,博物馆13所,演讲所1881所,巡行演讲团942团,公共补习学校82所,简易识字学校4067校。相对于清末,发展是十分明显的,方式方法上也多有创新。俞庆棠等教育家在20世纪二三十年代推展民众教育的方法手段,大多可溯源于兹。

通俗教育时期在民众教育发展史上最为突出的有两点,俞庆棠给予了充分肯定:

> 这一期归纳之,可有两种含义:一是通俗教育会含有现在民众教育馆的意义,亦可说民众教育馆是脱颖于通俗教育会的。一是民众教育在中央教育行政组织中第一次有法令上的根据。③

(三)平民教育时期

平民教育始于欧战时期。其时中国派出20万劳工赴欧从事战地筑路掘壕和运输等工作。由于华工知识甚低,习惯不同,在欧屡肇事端,便组织了旨在使华工有正当娱乐的华工青年会。当时中国留美学生晏阳初和傅葆琛也在战地为华

---

① 俞庆棠:《民众教育》,正中书局,1935,第63页。
② 《通俗教育研究会会长代梁次长代表汤总长训词》,见《中国近代教育史资料汇编·教育行政机构及教育团体》,上海教育出版社,1993,第370页。
③ 俞庆棠:《民众教育》,正中书局,1935,第64页。

工服务。他们与华工朝夕相处,深感华工受痛苦的原因是不识字,于是将所管华工加以编排,分组学习,由识字班的学生分别教导始学者。开始的35位新教员,立即活跃于工营。晏阳初后来回忆说:"1920年,我回到中国,在各地推行识字运动,教学的基本原则大致上本之于在法国所实验的。此法后称为'导生制',意思是以学生引导学生。"①教华工们生活中最常用的字、最需要的字,"就地取材",从生活中吸取素材。未数月,华工竟可以写简短家书,读军营通告。有一位华工来信说读了晏阳初办的《周报》,"天下事我都知道了。但是,您的报卖得太便宜了,只十个生丁,恐怕不久要关门。我现在捐出我三年的积蓄,三百六十五个法郎"②。晏阳初十分感动,说:"我在法国,原是想教育华工,没想到他们竟教育了我。"③他立志不做官,也不发财,"为这革命而出家",决心回国从事平民教育,做"除文盲,作新民"的工作。

平民教育兴起的另一原因是五四运动及民治主义思潮兴起。山东问题激起了学生运动,各地学生深深地觉得大多数民众未受教育,对于国家内政外交一无所知,这个原因促使各地平民学校发展。恰值此时,杜威来华,使民治主义弥漫全国。因而平民教育发展,是多因一果。

1920年,晏阳初回国,先后在长沙、烟台、杭州等地进行大规模识字运动的试验,为一时盛世。他"深信平民教育是最经济最科学而最有效力的民众教育",掀起了全国大规模平民教育运动。1923年6月,熊朱其慧、陶行知等首先在南京设立平民教育促进会。不久,武汉也成立平民教育促进会。接着各省闻风兴起,平民教育声浪哄传全国。8月,平民教育总会在北京成立。

总会成立后,主要工作是编纂各种书报读物,仅商务印书馆及青年协会所编的《平民千字课》销量就达300万册。国内其他民众读本不下数十种。总会还选定定县为实验区。1929年以后,"集中大部分的精神、人力和金钱做最彻底的研究实验工作"。

五四时期各种思潮涌动,国内工人教育亦已萌芽。职工教育讲习所、职工学

---

① 晏阳初:《九十自述》,见《晏阳初全集》第二卷,湖南教育出版社,1992,第535页。
②③ 晏阳初:《九十自述》,见《晏阳初全集》第二卷,湖南教育出版社,1992,第541—542页。

校、职工夜校、补习夜校等,如同雨后春笋,破土而出。

俞庆棠认为,民众教育与平民教育在本质上有着更多的脉承关系。它不仅"引起了各地民众与学者对民众教育发生了相当的注意与兴趣",也不仅在识字教育上有充量贡献,更重要的是"平民教育学术之研究实验,以及国民政府统一南北后之努力民众教育,未尝不导源于此时"①。它解决了许多民众教育的理论问题,且为民众教育推展积累了经验。

(四)民众教育时期

1928年大学拟订了中央民众教育委员会组织大纲,中央大学区有扩充教育处之设,接着有江苏省立教育学院之别。1928年5月,全国第一次教育会议召开,会上议决了实施民众教育及确定社会教育经费案。社会教育组梁俊章有《拟请大学院颁布民众学校规程督饬实施以期早日减除文盲完成国民革命案》,审查会大会通过;陈剑修有《全国应设民众阅报处以资推广社会教育案》,审查会大会通过;内政部和柳报青、戴修骏都有提案,均获通过;大会提案预备委员会还有《请大学院提交国民政府议决以明令颁布分期施行民众教育案》:

> ……窃思唤起民众的根本方法,莫过于民众教育,否则以不识不知的民众,而欲达到彻底的国民革命,于其事理为不可能。……然民国建设的基础,在健全的民众,而健全的民众,非教育不能养成。吾国教育素不发达,在今日不读书,不识字者,约百分之八十以上,故非从速施行民众教育不足以巩固民国建设的基础。②

此足见全国第一次教育会对民众教育重视之一斑。该会在民众教育方面取得丰硕成果,为以后民众教育的研究、实验、推展,奠定了政策法规保障基础,又以舆论开通了航道。对民众教育而言,具有历史意义。1929年颁布民众学校办法大纲及识字运动宣传大纲。1930年,第二次全国教育会议决定实施成年补习教育初步计划及改进社会教育计划,随后一大批社会教育、民众教育机关成立及会

---

① 俞庆棠:《民众教育》,正中书局,1935,第67页。
② 《全国教育会议报告》乙编,"社会教育组",第395—396页。

议召开。先后组织国语注音推广会、劳工设计教育委员会等;公布的法规有:劳工教育实施办法大纲、民众教育馆暂行规程、民众教育实施途径、民众学校规程、劳工教育实验区组织规程,及修正民众教育馆暂行规程等;设计的民众教育推行机关有:1931年1月,教育部令各省、市筹设社会教育或民众教育人员之训练机关一所(或就各省市原有之教育学院、师范学校设立专系或专科),嗣后河北省立民众教育实验学校、山东省乡村建设研究院、广西普及国民基础教育研究院设立。民众教育发展到此时,不仅有了政策法规保障,还有了民众教育经费、民众教育机构保障。

这些推进民众教育的机关之下,均设研究与实验民众教育的学术机关。1932年12月,中国社会教育社成立,该社以"揭橥研究社会教育学术,促进社会教育事业"为宗旨,俞庆棠为干事长,整个工作实际由她主持。全社社员1000余人,分布于21省市及欧、美、日各国。这是"全国社会教育的综合机关,除介绍社会教育服务人才,协助各社会机关设计规划而外,并供政府咨询"[①]。所以成立后不久,便创办社会教育刊物,传递消息,介绍理论。每年召开年会,讨论通过了《救国教育方案》《实施社会教育应以由乡村建设以复兴民族为要旨案》《社会本位的教育系统》《由乡村建设以复兴民族之实施要点》等。该社与河南教育厅、洛阳县政府合设洛阳实验区一处,试行征学制,试图以最经济之人力与物力,运用政治力量,以普及国民基础教育;为适应实际需要,增进教育效率,创行导生传习制,弥补征学制,遗补失学民众之不足。洛阳的实验,国内诸家颇为注意。有的民众教育组织还筹设中国社会教育图书馆等。这些足以说明民众教育事业日趋科学化、生活化、社会化。

[①]俞庆棠:《民众教育》,正中书局,1935,第71页。

第三节 民众教育的比照

俞庆棠的民众教育理论博采众长，成一家之说，成为中国近现代独树一帜的教育理论之一，是近现代繁花似锦的教育理论园地中的一朵奇葩。

民众教育理论的繁荣滋长，是从当时丰富肥沃的教育理论园地中吸收了营养，因而与相关学科理论有着千丝万缕的联系。同时，由于俞庆棠的研究、实验、创造，又与各家理论存在迥异之处。

（一）民众教育与社会教育异同

民众教育在教育对象、教育方法、教育内容诸方面，与社会教育有很大一部分"重合"之处或类通部分。因而，关于二者异同的分歧，主要集中在范围大小上，是谁大谁小、谁包括谁的问题。

民众教育专家，曾担任国民政府教育部社会教育司司长的李蒸，在中央广播无线电台报告全国社会教育设施概况时说："社会教育，包含的范围很大，在学校系统以外的教育，都可以包括在内，所以在大学院时代，社会教育司名做校外教育组。"他在讲述"重要的几件事"时，分列了社教经费、民众教育、注音符号、图书馆、民教馆、古物文献之保存、艺术教育、推行国历、筹办中央教育馆等。[①]显然是将民众教育作为社会教育的一部分。这当然不是广播讲话"时间关系"所致。在国民政府全国第一次教育会议上，刘树杞的提案中便有"至较民众教育范围更广之教育，究应名为'社会教育'或'扩充教育'，应交大学院科学名词审查会讨论"[②]之类的话，说明此认识广泛存在。

范围上的分歧，影响远不在"范围"之内，实际上是对民众教育特质的认识问题，并且还将对实验、推行带来一系列影响。所以，俞庆棠在《民众教育》中作

[①] 李蒸：《全国社教设施概况》，载《中央日报》，1931年3月4日。
[②] 《全国教育会议报告》乙编，"社会教育组"，第383页。

了专门辨析。她征引吉田熊次《社会教育的设施及理论》第一章中社会教育的定义说①：

> 社会教育，是家庭教育、学校教育以外一般的教育作用的总称，以备有多样的教养训练的设施及机关，使一般国民自由选择利用为主旨。上述的社会教育机关，包含可以作为自己的教育手段而继续均等利用的一切设施，如图书馆、博物馆、动植物园、各种展览会、演讲会、讲习会等的诸设施，自然属之；其他如以宗教、艺术、道德、知识、技能、体育运动等为目的的结社、协会、团体，亦包含在内。②

她认为，这个定义不符合社会教育、民众教育理论自身的实际。在她看来，认为二者不存在部分包容关系是不对的，二者在范围上存在一定的包容关系是不容否认的事实。她认为，二者不相干不仅有悖理论逻辑，于推展也极为不便。没有必要于社会教育以外另生出一个制度系统来，造成浪费。

俞庆棠也不同意以社会教育全部包容民众教育的说法。其时教育部社会教育司所掌理的事务，主要包括：一是公民教育（政治训练）；二是民众教育（即民众学校、民众教育馆、农工补习教育）；三是博物馆、图书馆、文献保存、美育等；四是公共体育、低能残废教育等。根据社教司职掌划分看，"民众教育确是属于社会教育的行政范围之内的"。这样看来，民众教育无疑是社会教育的一部分。对此，俞庆棠认为从广义的社会教育方面言之，是没有问题的。她解释广义的社会教育说："什么是广义的社会教育？广义的社会教育就是全民教育，以社会全体民众为对象，启发人民向着光明的路上走，不分男女老少、贫富贵贱，或间接或直接，均须受社会教育的洗礼，使社会日益改革，日益进步；人民的求知欲，日益增加。关于社会教育的事业，我们可以说，广义的社会教育，是永久的事业，无止境的教育，也可以说是未完了的教育。"不像学校教育有年限的限制。③与广义

---

①俞庆棠注云：日本教育著述中始将社会教育与学校教育对立，欧美多指关于群体生活、公民道德一类的教育，并不指学校以外所施教育。
②俞庆棠：《民众教育》，正中书局，1935，第5页。
③俞庆棠：《民众社会教育谈》，载《民众教育月刊》第三卷第3、6期，1931年。

教育相对的是狭义的社会教育。狭义的社会教育指失学青年的基本补充教育。她说:"现在的民众教育,也可以说是社会教育的一部分。""现在的民众教育"指什么? 指民众教育初始时期进行的失学青年补习教育。她认为这也属于社会教育的范畴。

但俞庆棠认为民众教育范围不止于此,因而到底是社会教育包括民众教育,还是民众教育包括社会教育,"却不能一概而论"。她说:"社会教育的事业,有学校式的,就称为民众学校教育;社会式的,就称为民众社会教育。"①前者不属于社会教育,后者则属于社会教育。故笼统地说社会教育包括民众教育,是不准确、不科学的。反过来,说民众教育外延比社会教育更广,则是有根据的。正是在这个意义上说,俞庆棠赞成江苏省教育学院研究实验部副主任甘豫源的看法。甘豫源说:

> 社会教育,在习惯上以至在教育法规上包括民众教育。但在社会教育的意义,通常只包括学校教育以外的教育,而民众教育有学校教育与社会教育二种。民众教育的范围,解释起来,可以大于社会教育。②

之所以俞庆棠持此说,是因为民众教育承担了部分国民基础教育的任务,千万不可把它归并到社会教育中而丢掉了"嗷嗷待哺"的失学儿童。问题的关键就在这里。所以,她强调说:

> 我们要认识到,民众教育的第一阶段是全国民众教育的基础教育,它的施行绝不能限于"可以作为自己的教育手段而继续均等利用的"一般社会教育机关,而必得还要有特设的学校——现在所称的民众学校,所以可说民众教育兼包学校教育与社会教育。照现行教育法规,为失学民众所特设的学校,这时除民众学校而外,还有短期小学。前者属社会教育事业的范围,

---

① 俞庆棠:《民众社会教育谈》,载《民众教育月刊》第三卷第3、6期,1931年。
② 俞庆棠:《民众教育》,正中书局,1935,第6页。

后者即属学校教育事业范围。可见这划分完全只是教育行政上处置的便利,理论上,它们却同是民众教育的重要机关。①

既然范围上有不同,质上有不同也是显而易见的。

(二)民众教育与成人教育的异同

20世纪二三十年代,成人教育虽为时髦语,却同社会教育一样,没有公认的定义。俞庆棠以德国爱德堡(Erdberg)的定义对民众教育进行比较研究。爱德堡说:

> 成人教育,包括以加广加深成年个人的经验和知识生活为目的的一切教育活动。……任何国家的成人教育,不能与他的全部学校系统分离开来看,因为成人教育的目标、内容以至方法,是受全部学校系统的影响的。它的范围和程度,先就决定于国家所施于青年的教育程度,例如一个国家里,文盲还很众多,成人教育便得包括识字与读写的教育;或者,青年职业训练还很缺乏,成人教育也得从事生计教学的设施,至于在青年的中等教育,已经发达的国家里,则成人教育,自然可以注力于高等教育程度的事业了。②

很显然,成人教育有十分明显的标志,这就是"成人",不包括青年和儿童在内。民众教育与成人教育从理论到实践均有着天然的联系。在成人阶段,二者大致可以合二为一,其教育内容、教育对象、教育形式与教育方式方法,都有一致性。

有人把民众教育简单地理解为"成人补习教育",将民众教育与成人教育等同起来。这种观点如果在欧洲教育普及的地区是站得住脚的。因为欧洲大多数国家和美国实行强迫教育,小学、中学已经普及于全国的青年。这些国家中等教育比较发达,即使未能进入中等职业学校,但同时还要求有一部分时间补习学校教育的强迫的规定。因此,这些国家的成人教育,能够"注力于高等教育程度的事业"。在教育发达的国家,因二者完全等同,故民众教育没有单独提倡的必

---

① 俞庆棠:《民众教育》,正中书局,1935,第6页。
② 俞庆棠:《民众教育》,正中书局,1935,第7页。

要。但是,在中国情况却有不同,不可拿发达国家成人教育的观念来解释中国的成人教育,中国成人之前的青年儿童的教育与之相比有天壤之别。因为中国不要说学校教育不发达,连儿童学校教育还远没有普及。如果把民众教育当作成人教育来办,就等于把失学儿童、青年驱逐出学校大门,那么成人扫盲识字教育将永远没有尽头,无疑永远得"疲于奔命"。所以,俞庆棠主持的民众学校,儿童与青年踊跃入学,她除了感到成人与儿童在一个班级里教学有困难以外,没有别的理由强行拒绝他们来学。所以,俞庆棠强调:

> 我们尽量以成人为施教的对象,可是我们的期愿,即在于解除这全民众失学的痛苦,今日的儿童和青年,来日又是成人了。搁开的他们的需要,徒然不断地在补充那失学的大群,这民众基础教育的问题,岂非终于无从解决?所以,中国民众教育之不能限于成人的范围,是事理之最显然的了。①

按当时法规规定,民众学校招收15—50岁的男女失学者,实质是把民众教育当作成人教育。但义务教育无法实施,短期小学尚未普设,民众教育如拒收16岁以下儿童青年失学者,实在是有违发展教育提高民众素质初衷的。因而俞庆棠指出:"在民众教育的理论上,则以全民众为对象,力之所及,'有教无类',到底不能以成人教育自限呢。"②从教育对象上审视民众教育和成人教育,二者同异判然。

(三)民众教育与生活教育的异同

俞庆棠受杜威实用主义教育思想较深,杜威"教育即生活"的教育理论对俞庆棠的民众教育影响很大。杜威的中国弟子陶行知,结合中国教育实际和社会实际,对杜威"教育即生活"进行翻新改造,提出生活教育的主张,对俞庆棠的民众教育也产生了较大影响。

民众教育理论的重要基石之一,是杜威的"教育即生活""社会即学校"等。俞庆棠曾说:

---

① 俞庆棠:《民众教育》,正中书局,1935,第8页。
② 俞庆棠:《民众教育》,正中书局,1935,第8—9页。

> 十八世纪时的教育理论是"教育即生活之预备"。十九世纪末的理论是"教育即生活",然仅表现于学校之中。二十世纪教育即生活的理论,要实现于整个生活之中,整个社会环境之中。环境的刺激由学校环境扩大至整个社会环境。经验的改造由儿童及青年在学校中的经验,扩充至整个人生的经验。教育的领域实从来未有之广大。此种议论,绝非徒唱高调。实为教育理论之伦理的结果。民众教育希望在新教育领域里完成教育的理论,使整个社会有意识的指导。期望社会进步,文化向上,人类愉快。①

她的另一篇重要论著《如何使学校社会化》受杜威"教育即生活"的影响明显。

陶行知倡导的生活教育,其理论本身对民众教育理论形成影响颇大,而生活教育的方式如"小先生制""即知即传""连环教学法"等,直接成为民众教育的推展方法。可见他们之间的联系彰明较著。

但是俞庆棠的民众教育与生活教育之间亦存在明显的离异之处,这主要表现在:

第一,她认为,杜威的"教育即生活"仅限于学校之中,即"所谓以学校为社会生活的雏形而已",而实际上"学校生活还不过是生活的一阶段,经验继续不断地改造,绝不限于学校时期。现行的学校教育,决不能代表终身的过程"。主张将整个人生教育化,整个人生都是"经验继续不断改造"的过程。这一点,她在《民众教育》中阐述得十分清楚:

> "教育即生活"的理论,要实现于整个生活之中,整个社会环境之中。环境的刺激,由学校环境扩大至整个社会环境。经验的改造,由儿童及青年在学校中的经验,扩充至整个人生之经验;这样教育的领域才得到从来未有之广大,而也是新教育理论的必然的结果。教育的最大功能,只有将整个生活继续地予以指导。民众有教育机会,社会愈有进步,民众的教育机会愈普遍。②

第二,陶行知的生活教育明显流露出"学校消亡论"的倾向,而俞庆棠却自始

---

① 俞庆棠:《民众教育理论的探讨》,载《教育与民众》第六卷第9期,1935年。
② 俞庆棠:《民众教育》,正中书局,1935,第2页。

至终没有放弃"学校式的"民众教育。俞庆棠曾说:"现在所称的民众教育,可说民众教育兼包学校教育与社会教育。"①按当时的教育规章,为失学民众所特设的学校,除民众学校外,还有短期小学。当时法规规定民众学校不招收"年满十足岁至十六足岁之年长失学儿童",有"一律入短期小学一年的另文规定"。其原因是将"短期小学又是放在短期义务教育计划之中"。在上面看来,令下则行,义务教育和短期小学的一蹴而就,会一下子解决掉十六岁以前失学年长儿童的教育问题。而在俞庆棠看来,四年义务教育离目标还相差甚远,短期小学更可想而知,故"在人口并不密集的地方,为经济上的必要,民众学校恐怕还是不能拒收十六岁以下的儿童和青年失学者"②。她和陶行知的重要差别正在于此,学校始终是民众教育的重要依托。

第三,民众教育的教学内容、课程有学校化的倾向,生活教育则明显地生活化和社会化。陶行知指出,过什么生活便是什么教育。

> 过健康的生活便是受健康的教育,过科学的生活,便是受科学的教育……过艺术的生活便是受艺术的教育;过社会革命的生活便是受社会革命的教育。③

又说:

> 过好的生活,便是受好的教育;过坏的生活,便是受坏的教育;过有目的的生活,便是受有目的的教育;过糊里糊涂的生活,便是受糊里糊涂的教育;过有组织的生活,便是受有组织的教育;过一盘散沙的生活,便是受一盘散沙的教育;过有计划的生活,便是受有计划的教育;过乱七八糟的生活,便是受乱七八糟的教育。④

陶行知猛烈抨击以文字、书本为中心的洋化教育和传统教育,认为文字、书

---

① 俞庆棠:《民众教育》,正中书局,1935,第6页。
② 俞庆棠:《民众教育》,正中书局,1935,第8页。
③ 陶行知:《教学做合一下之教科书》,见《陶行知全集》(第二卷),湖南教育出版社,1985,第288页。
④ 陶行知:《生活教育》,见《陶行知全集》(第二卷),湖南教育出版社,1985,第634页。

本为中心的洋化教育和传统教育，并不是生活本身，教育来源于生活，由生活产生，故不可喧宾夺主，而文字、书本只是生活的工具。"过的是少爷生活，虽天天读劳动的书籍，不算是受着劳动教育；过的是迷信生活，虽天天听科学的演讲，不算是受着科学教育；过的是随地吐痰的生活，虽天天写卫生的笔记，不算是受着卫生的教育……"①生活与教育内容课程水乳交融。

而俞庆棠的民众教育内容以生活教育理论为出发点，但并不将生活直接等同于或代替教学内容和教材。她曾说："民校教材极丰富，根据生活即教育之理论，则举凡与民众生活有关之政治、经济、文化等，皆得为民校之教材。"她强调要以生活教育原则编写教材。她强调：

> 编辑民众读本颇为不易，至少应顾及下列三原则：甲、应适应民众实际生活的需要；乙、须能引起民族意识、自治精神，并能与现代生活相适应；丙、应适应民众之心理。唯民校学生受教之时间甚短，而文化与生活又甚复杂，若一一学习为势所不能，故只是抽取一般人共同必需的基本知识为教学之材料；此外则应临时就"当地生活取材"以补充之。②

根据这些原则，民众学校编写和开出了下列教材与课程。如1934年开有国语、算术、乐歌、体育及关于职业之科目，并编订了各级科目分量之比（见表2-1）。

表2-1　民众学校各级科目分量分配表

各科百分比＼级别	国语	算术	乐歌	体育	职业科目
初级	66%	18%	8%	8%	
高级	50%	12%	8%	8%	22%

相比之下，其差异是显而易见的。

---

①陶行知：《生活教育》，见《陶行知全集》（第二卷），湖南教育出版社，1985，第634页。
②俞庆棠：《民众教育》，正中书局，1935，第122页。

第三章

高瞻远瞩　植基民教
——民众教育的目的论

民众教育的践履者俞庆棠

教育目的是教育运动的出发点和依据,也是教育运动的归宿,它对教育制度的建立、教育内容的确定和教育方法的选择都起着决定的作用。教育的目的受制于社会的政治、经济,亦受制于社会生产力的发展水平。俞庆棠推行民众教育,一开始就有目的性,寄托着她的教育理想、追求、社会改造价值以及对劳苦民众的同情。她穷毕生之力不辍耕耘于民众教育,是有的放矢,而不是灵机一动的转瞬之念。

第一节 民众教育目的观的形成

俞庆棠的民众教育目的观,在中国近现代教育家中独树一帜。之所以如此,与俞庆棠的思想基础与思想品质有密切的关系。究其民众教育目的观形成之因,主要有三个方面:

(一)对民众的同情怜悯

献身于民众教育,必以对民众有强烈的爱心为基础。首先,她为广大劳动民众失去受教育机会表示同情与关注。从美国回来后,俞庆棠任江苏第二师范学校教师和上海大厦大学教授,但她心系社会,念念不忘与受教育无缘的劳动民众。她曾说:

> 中国的教育,只顾到一部分学龄儿童。踏进学校大门的,在城市大都是中产以上的子弟;在乡村大都是地主的子弟。至于劳苦大众和他们的子女,绝大多数被拒于学校大门之外。①

因此,俞庆棠下定决心,一定要创造条件,为劳苦大众能接受教育寻求机会。这成为她的一桩夙愿。

---

① 茅仲英:《俞庆棠》,见《中国现代教育家传》第四卷,湖南教育出版社,1987,第160页。

其次,俞庆棠对劳苦民众的悲惨境遇寄予极大同情。20世纪二三十年代下层民众,尤其是乡村民众,他们在耕田严重不足的状况下,承受着无法想象的沉重的苛捐杂税及层层盘剥,生活无以维系,简直是在生死的夹缝里挣扎着,根本谈不到什么生活程度、生活水平线。她推行民众教育,是要为民众"谋解决穷的问题"。在她看来,谋求拯救民众,一定不可采用施舍加恩的方式,如发放一些稻米及救济款之类的救济方法,这样只是扬汤止沸的权宜之策,不可能从根本上治愈民众的穷。她指出:"民众教育要披露经济危机的事实和民众疾苦的真相,这就要引起大家的觉悟,集合大众的智慧、热情、意志和努力,以促成整个国家经济制度的改造。这是教育领域里的一个重大改革。"①因此,她要通过推行民众教育探索从根本上改善劳苦民众悲惨生活的途径与办法。

最后,对广大民众之"愚",俞庆棠给予了较大的同情。曾经在江苏省立教育学院任教,与俞庆棠同事的傅葆琛博士说过,民众"一百个里头有八九十个都是'目不识丁'的'睁眼瞎子'。因为他们不识字,信、账既不会写,报纸也不会看,世情不懂得,国事也不晓得,把别人说的话当作新闻,是非真假全弄不清楚,遇着那些土豪劣绅,受了欺骗,还把他们当作好人。你说可怜不可怜!这样用耳朵代眼睛的人,几同五官不全。不识字的害处,真是说不胜说"②。俞庆棠认为,民众的这种"愚",在海禁未开闭关自守的时代,或者还可以苟安一时,但在知识竞争极为激烈的时代,这"愚"非攻破不可。

对劳苦民众强烈的爱心、同情怜悯心,是俞庆棠民众教育目的观形成的重要原因之一。

(二)愤世感时的使命感

留学时,美国发达的工商业、持续发展的经济、安居乐业的城乡民众,给青年俞庆棠以深刻的印象。而当时的中国战祸连年、城市萧条、农村凋敝、危机四伏、满目疮痍。中国与发达国家存在着的重大差距,并没有使她气馁、怨天尤人、消

---

① 茅仲英:《俞庆棠》,见《中国现代教育家传》第四卷,湖南教育出版社,1987,第161页。
② 傅葆琛:《为什么要办乡村平民教育》,见《乡村平民教育的理论与实际》,江苏省立教育学院研究实验部1931年8月印行。

沉隐遁，而是产生了日益强烈的忧患意识和使命感、社会责任感，更加坚定了她植根民众教育、献身民众教育、报效祖国、报效民众的决心。

俞庆棠将中国与西方发达国家进行比较，认为中国落后之因，就在于占全体人口80%以上的乡村民众未能接受教育。欲使中华民族立于世界不败民族之林，就要从民众教育开始做起。

她指出：

> 吾国农民占全国人口百分之八十，为最大多数谋最大利益计，莫若注重农村教育。无论青年、成人、妇女之以农为业者，倘能得充分之职业指导，相当之教育陶冶，生产力即可骤加，农产品即可增添。原料既丰富，工业自然因之发达，机器自然逐渐采用。迨至农工业出品丰富，商业自然兴盛，国际贸易亦自然获得优越之地位。故欲增进国家与个人之经济能力，是更有待于民众教育之提倡推行也。①

她对当时各团体为振兴国运弃本逐末的做法不以为然，感慨良多。她觉得他们许多举措与要达到的目的，的确是南辕北辙。她直言不讳地说：

> 回顾吾国之社会教育，根基肤浅，成绩幼稚；且不识字之人民，约计三万万二千万人，对于社会教育之困难，吾国实千百倍于他国；对于社会教育之努力，他国实百倍于吾人。吾国人民之教育程度，与他国相较，势将愈趋愈远。呜呼！吾人若不增高国民之教育程度，而望增高吾国在国际上之地位，其可得乎？②

俞庆棠进而还认识到，"民众教育可以促进世界和平"，稳定社会正常秩序："现代的科学发达，兵器锐利，争权夺利，国际的战争不免，残杀人类，自鸣得意，演成惨无人道的战争，所以有识之士，鉴于以往战争的恶果，而提倡教育，提高人类的知识，避免一切无谓的战争。同时，提倡成人教育，使全国男女老幼的国

---

①②俞庆棠：《中央大学区扩充教育概况·序》，1929年4月印行。

民,均有知识、有道德,自然可以减少社会上的罪恶。"①在俞庆棠看来,救国救民,奋起直追谋求富强,建设国泰民安、长治久安的社会,必须从民众教育铺下第一块起步石。

无疑,感时忧世、忧国忧民、寻觅中华民族富强的路径,是俞庆棠民众教育目的观形成的原因之一。

(三)历代名家的启示

俞庆棠虽为女流,却是中国近现代中西饱学之士。她对中外各家各派教育理论、重要教育观点如数家珍,灵活运用,其教育目的观的形成与提出,便是从西方历代教育家那里汲取营养,从他们教育目的论中受到启迪所致。

俞庆棠考察分析了西方历代著名教育家的教育目的观,分析其特质,把握其走向,审视其对教育目的的见解,并一一列举进行比照:

(1)苏格拉底:教育目的,在去除过失,发明真理。

(2)柏拉图:教育目的,在给身体与精神达到完满的境界,使天赋才能有充分的发展。

(3)亚里士多德:教育目的,在从完满的道德,而能得到真的愉快。

(4)哥密纽司:教育目的是全人的发展。

(5)洛克:教育目的,是健全的精神寓于健康的身体中。

(6)卢骚:教育目的,是养成习惯。

(7)裴司泰洛齐②:教育目的,是使人类各种能力有自然的进取、系统的发展。

---

① 俞庆棠:《民众社会教育谈》,载《民众教育月刊》第三卷第3、6期,1931年。
② 现译为裴斯泰洛齐。

(8)福禄培尔：教育目的,是培养人原有的神性,使其能在自己的生活中,从有限中体现出无限,从暂时中体现出永恒,从人间体现出天上,从人性中体现出神性。

(9)海尔巴脱：教育目的,是生产平行及多方的兴趣。

(10)詹姆斯：教育目的,是组织已成习惯和动作的趋势。

(11)杜威：教育目的,学校是一个社会的机关,教育是社会的历程,学校是拿社会生活带进学校,使儿童充分利用种族的遗产,使儿童的力量达到社会的目的,所以教育是生活,并非预备将来的生活。教育是从继续不断改造的经验,或者说,教育的出发点,即从民众现在所有经验和知识,使其继续改造,逐渐进步的,而社会的进化决不能静止。①

从西方各教育家的教育目的观点中,俞庆棠准确地把握住了教育目的观的走向。她说:"从前的教育学说,注重个人的发展,而现在的教育,却注意到社会的进化。"

考察西方教育目的论发展历程,俞庆棠明确地体察到,教育必然向着全民化道路进发,民众教育是其必经的路径。她极其深刻地指出：

有人说教育即"变迁",唯有变迁,始有优劣之分。所以教育非有真正的途径不可。所以社会教育的途径,是向着全民教育的路上走。不过现在所要走的路,乃是民众教育,而民众教育是训练民众获得生活的常识,造就健全的公民,这是它的唯一的使命。②

因此,俞庆棠坚定了对民众教育功用的信念,咬定民众教育不放松,竭尽全力去推行。

---

①② 俞庆棠：《民众社会教育谈》,载《民众教育月刊》第三卷第3、6期,1931年。

(四)唤醒民众的使命

孙中山在临终嘱咐中强调"唤醒民众",这成为俞庆棠民众教育目的论形成的直接原因。间接原因与丹麦民众教育目的观有较密切的关系。

俞庆棠的同学孟宪承翻译了《丹麦民众学校与农村》一书,对丹麦民众教育的目的多有涉及。从书中很容易把握住:丹麦民众教育极为重视唤醒民众,使之精神能够觉醒,书中第41页记述说:

> 特别是在乡村社会里,民众学校有很大的力量。它和人民实际生活,虽有这般密切的相关,但它的教学却始终着力于文化的传播,以觉醒一般人底精神生活,而培养他们的友爱,并没有施行过职业的训练。①

当有人问到民众教育的原理与方法时,回答是"民众学校底目的,只是教人爱上帝,爱邻人,爱丹麦"。梁漱溟看了《丹麦民众学校与农村》,认为"本书处处都能表达他们这教育里面的根本精神",使"农村底青年男女在学校里,精神给觉醒了,思想给开展了,努力底热忱给鼓动了;丹麦农业底挽救,便是这种教育与文化运动底实效"②。令梁漱溟"明豁而又精彩"的,便是:

> 民众高等学校目的,是以历史和诗歌为媒介,而唤起民族精神的觉醒,刺激能力的发展。精神的觉醒,能促社会和经济的进步……③

俞庆棠对欧美民众教育十分谙熟,还曾亲行考察丹麦等国民众教育、社会教育,对丹麦民众教育评价极高,认为其民众学校是"以文化陶冶、精神感发为主旨的一种学校,丹麦农业的复兴,以此为一个原动力,其影响是十分重大的"④。丹麦民众教育成为俞庆棠效法的模式,也构成其民众教育目的观形成的原因之一。

---

① 宋恩荣编:《梁漱溟教育文集》,江苏教育出版社,1987,第62页。
②③ 宋恩荣编:《梁漱溟教育文集》,江苏教育出版社,1987,第63页。
④ 俞庆棠:《民众教育》,正中书局,1935,第78页。

民众教育的践履者俞庆棠

第二节 拯救凋敝的乡村

20世纪二三十年代，中国占人口80%以上的乡村劳苦民众，生活在水深火热之中，在生与死的夹缝中挣扎。天灾人祸不断。天灾使农民减少产量，地方不靖，产品滞销，价值因以低落，捐赋繁重，使"农民之困苦日深，大多数已濒于破产"①。乡村的凋敝，经济的破产，使各地酿成抢米风潮。1931年无锡发生了抢米风潮。此风潮到底是如何产生的呢？最大的原因只有一个字——饿！1931年6月6、7日《人报》《野风日记》分析说：

> 那么，为什么现在一起饿了起来呢？……第一，钱粮税捐一年比一年加重，可是怎样才能保护和指导农民生产增加，没有人管，此其一。洋火、煤油、洋布、肥皂、手巾、洋袜，这些哪一样不是外国货，哪一样不是叫老百姓出钱的？从前，老百姓自己家里制造出来的土碱、土布、豆油没人买了，此其二。……说到近因，当然是受稻麦虫灾和蚕丝之害了。②

比较富裕的江南鱼米之乡尚且如此，其他各地农村农民生活情形可以类推。离乡背井，卖妻鬻女者，不在少数。据上海《民国日报》载，绥远"所有土著灾民，未能远去，不得不茹苦忍痛，卖妻鬻女，以图苟活。综计包头县共卖出三万余口，固阳县共卖出五千余口，萨县共卖出一万余口，武川县共卖出八千不等，归绥县共卖出五千余口，其他各县，均各卖出二千余口不等，约计全省可达十万口之多。为伶为娼者，触目皆是。……尤可惨叹者，其中十三四岁之幼女，买到后即行合房，此弱小之女同胞，无辜被摧残污辱，诚天下之最伤心事。现在调查全省人口，男性占十分之九，女性占十分之一，将来人口繁衍上，实受重大影响也"③。

李景汉在调查定县农民生活状况后说：

---

① 上海华商纱厂联合会《中国棉产改进统计会议专利》，1931年版。
② 李珩：《无锡的抢米风潮》，载《新创造》第二卷第1、2期，1932年7月。
③ 《民国日报》1929年11月14日。

第三章 高瞻远瞩 植基民教

自民国十年以来,定县人民认清了凿井灌田的好处,在十几年内竟能凿井六万之多,旱灾问题大致解决。又因定县教育发达,人民知识较高,关于良好籽种的选择、病虫害的免除、波支猪的喂养、合作社的组织等种种改进方法,都能逐渐采用推广。即以生产而论,至少较往增加1/3。无论在物质方面,在精神方面,定县都有显著进步。按说定县人民应该享福了,即或不能达到安居乐业、家给人足的地步,亦可以达到饱食暖衣,比以前的日子宽裕些了。可是,事实告诉我们,近二年来人民大量地移往县外谋生了。定县也不得不随着一般农村经济破产的潮流转变了。①

1924—1933年,定县外出谋生者达18 000余人,去东北者约10 000人。而且九一八事变后,移往东北者不但没有减少,反而空前增加,如果不是经济破产,生活无以维持,哪能有如此咄咄怪事!

总之,20世纪二三十年代中国整个乡村,一片萧条,生产凋敝,经济濒临崩溃倒闭的边缘。

农村经济何以衰落到如此地步?乡村民众何以不能休养生息?俞庆棠亲行到乡村进行实地考察,认为导致农村衰落的原因主要有十三点:

(1)捐税苛重。政府的种种苛捐杂税,大多取之于农民。各种税项名目繁多,农民的油汁,几被榨取干净。

(2)耕田不足。耕地分配不均。在人口繁密的乡村,竟有耕者无其田的事情!

(3)人口繁密。因政府无开垦政策,繁密的乡村,人口不能散布均匀,是为田地分配不均的原因之一。

(4)利率过高。因收入甚微,赋税颇重,入不敷出,必须举债作本,俟收获后偿还,但因借债利率过高,血汗钱被放债人剥夺殆尽。

---

①李景汉:《定县人民出外谋生的调查》,载《民间》半月刊第一卷第7期,1934年。

(5)资本缺乏。农民倾所有收入维持生计尚有食不果腹之忧,何谈发展!

(6)农具不良。资本匮乏,农具不能改进,不能提高生产力,只能维持简单再生产。

(7)买卖不公。农民将农产品拿到城市求售,奸商故意跌落市价;农民急需资金,不得不忍气吞声贱价出售。而向商店购买所需物品时,则受高价剥削。

(8)副业不增。农民的副业为豢养牲畜,因农作物收入降低,牲畜饲料无处张罗,所以副业呈萎缩之状。

(9)灾害频仍。水灾、旱灾、虫灾不期光顾农家,兵灾、匪祸结伴而来。这些灾害为农村衰落的重要原因,约占70%以上。

(10)土豪劣绅的压迫。土豪劣绅利用高利率地租及债权剥削民众。民众只要与他们发生经济关系,便算是恶魔缠身,不得解脱。

(11)迷信的靡费。乡村的迎神赛会与求神课命,是增加农民无谓的消费。

(12)交通不便。农业不发达,虽由于物产不丰,但交通不便,阻碍农产品运销。

(13)缺少教育机会。俞庆棠指出:"农民对国家所尽义务最多,而所享的国家权利最少,他们连受国民应受的教育机会也没有,天下之不平事,莫过于此。因为他们没有受过教育,所以他们不能想方法来挽回已衰落的农村,而造成繁荣的乡村。"[①]

如此众多的原因,大致可以划分为两方面,一是社会制度,一是农民自身的缺点。推行民众教育,必以拯救凋敝的乡村为首要目的,因为"吾国是以农立国,而农民又占全国人口的最多数,所以中国农村衰落与农村经济的崩溃,就是全

[①] 俞庆棠:《中国农村衰落的原因和救济方法》,载《申报月刊》第一卷第4号,1932年。

国经济的崩溃"①。对于造成农村经济凋敝的两大原因,俞庆棠主张从行政入手:

> 要救济农村衰落与经济崩溃,要从行政上着手。行政分为普通行政与教育行政。在普通行政方面,我希望裁撤一切苛捐杂税,与发展交通、建设水利等。至于教育行政方面,不是仅指在城市为有钱的子弟所办的教育而言。希望此后政府注重乡村教育,增进农业教育,实行劳动教育,使个个农民都受教育,使个个学生都劳动化。②

同陶行知"要筹一百万元基金,征集一百万位同志,提倡一百万所学校,改造一百万个乡村"③一样,俞庆棠强调:

> 我更希望一般智识界的分子,应该觉悟起来,共同扶助农民,尤紧要的在教育上去扶助农民;如果有一百万人以上的同志,能够个个都到乡村里,那么,全国二三十万的乡村,在有智识者的领导下,尽量可以增进他们的生产,改善他们的生活。因为智识界的思想及其学问,与农民的经验及其美德,通力合作起来,一定可以收获极好的效果。④

她希望民众教育工作者"从民众现实生活出发,从小处着手",在"国际问题国内情况严重到生死关头",不仅要埋头苦干,还要"抬头看一看四周恶劣的环境和不利于发展生产的实际情形,再侧了头,想一想出路在哪里"⑤,总结经验,不达目的,誓不罢休。她建议民众教育工作者与知识界携起手来,到乡村去,扎根民众,从以下四个方面开展工作:

> (一)注意民众的疾苦,传达心理的交通。(二)介绍科学的方法。(三)设法增加生产,改善农民生活。(四)增进农民组织能力等等。我想农村里的农民,大多数并无恶习,若经多方劝导,必能循循善诱,得到良好结果。⑥

她相信,如此一来,一定能使乡村振兴起来,逐渐出现勃勃生机。

---

①②俞庆棠:《中国农村衰落的原因和救济方法》,载《申报月刊》第一卷第4号,1932年。

③《中华教育改进社改造全国乡村教育宣言书》,见《陶行知全集》(第一卷),湖南教育出版社,1984,第646页。

④⑤俞庆棠:《中国农村衰落的原因和救济方法》,载《申报月刊》第一卷第4号,1932年。

⑥俞庆棠:《民众教育者对于发展社会生产应有的新知识》,载《申报周刊》第一卷第2期,1936年。

第三节　寻觅工人的出路

20世纪二三十年代工人生活状况，与农民相比，不相上下，其区别可谓是五十步与百步之差。中国现代工业有如下特点：其一，现代制造业集中在沿海省份，尤其是通商口岸城市和满洲（九一八后），其中外资工厂占很大比重。其二，除满洲外，工厂中消费资料部门占突出地位。1933年，在工厂净增值中，生产资料部门只占25%。最大的工业部门依其产值排序为：棉纺、面粉加工、卷烟和油料加工业。其三，工厂的平均规模小，而且技术落后。其四，华资工厂赖以生存的社会关系，在很大程度上仍是"传统的"社会关系。

1933年统计，全国工厂工人超过100万，"但这根本不是一支训练有素的、稳定的和有纪律的劳动大军"，"许多工人保持着与农村的关系，当初他们为了以工厂工资补贴贫乏的农业收入，不得已离开农村，青年女工和童工尤其是这样"。据调查，2435家工厂共有493 257名工人，其中男工202 762人，女工243 435人，童工47 060人。《剑桥中华民国史》指出：

> 由于劳动力并不终身受雇于一家工厂，由于从农民中可以招到大量工人，因而按国际标准衡量，中国工人的工资低，劳动时间长。1937年以前，华资纺织厂通行每班12小时的两班工作制，日资工厂每班通常是11小时。……低工资制的普遍实行，使劳动力不断大量轮换的现象持久存在，使工人不愿割断与农村的联系，以便在工业出现衰退时能够回到农村这个避难场所。……普遍的低工资阻碍着劳动生产率的提高，而劳动生产率低反过来使工资进一步下降。①

工人悲惨生活形成之因，俞庆棠作过深入的思考与分析。她认为，其原因之一，是帝国主义的经济侵略，将中国作为商品倾销市场，挤垮了中国的民族工业。1931年进口指数为127，出口为105；1932年进口97，出口57。1934年外货进

---

① 费正清主编，章建刚等译：《剑桥中华民国史》（第一部），上海人民出版社，1991，第70—71页。

口额为 102 900 万元,出口货仅值 53 500 万元。①

原因之二,是外国金融势力的侵入。俞庆棠估计,各国在华投资竟达 324 000 万元,使中国工业衰落。她指出:

> 外国金融势力的侵入中国,一方面固由于武力的优越,同时他们又有巩固的经济基础。他们在中国设立工厂,以利用廉价的原料和劳力,作更深的经济侵略;设立银行以吸收存款,再营商业,作更深的剥削;投资交通事业使经济侵略之力量,长驱直进,深入内地。此种危机,我们倘唤起民众以整个国家的力量来应付,尚且不易为力,况且全靠枝节而分散的力量,又如何能图补救呢?②

原因之三,国家没有保障工人利益的得力措施。武汉政府反动前,有些工人利益保障办法,尚可对资本家有所约束;之后,尽管有一些政策出台,实际上是纯属摆设,鞭打责骂、克扣工资、延长工时、招收童工、随意开除,甚至私设公堂等,听之任之,睁一只眼闭一只眼。

原因之四,工人缺乏普通知识、专门技能,以及公民的基本训练,看不到自身的力量,不知联合进行合理合法斗争。

俞庆棠推行民众教育,其民众包括乡村民众和城市工人。城市工人教育的旨趣,在于改善工人生活的环境,提高工人的物质待遇,巩固工人的权利,给他们以普通知识、专门技能训练。为了实现这一目的,俞庆棠采取如下措施:

第一,指导工人成立合作社,逐渐使各合作社联合起来,来抵抗帝国主义的经济侵略和资本家的盘剥。

第二,建立新的生产关系或机构。工厂倒闭,工人失业,"如俎上的鱼肉……被宰割,被支配,被吮吸,以至血尽膏枯",主因是没建立正常的生产关系或机构。

---

① 俞庆棠:《民众教育》,正中书局,1935。
② 俞庆棠:《民众教育》,正中书局,1935,第 78 页。

她要求尽管"民族工业一蹶不振,并陷于奄奄一息的机遇",但是:

> 从事民众教育工作的同人,千万不要灰心……首须对问题有正确的认识,再以教育的力量来组织民众,训练民众,把一切障碍破除,布置出一个正常的生产安排,建立出一个正常的生产关系或生产机构,这样,社会生产事业,自然会发芽滋长了。①

第三,增进职业技能。这是提高工人地位与待遇,改善工人生活条件的重要措施之一。她充分认识到:

> 增进职业智能就是使民众从文字上获得的知识和他们的职业发生密切的联系;使他们的工作效率提高,生产量增加,生产品质改良。非但能做,并且能想;非但能做,并且能做得好;非但能维持现有的职业,并且能改进职业。使教育与生产真正打成一片。②

俞庆棠注意工人的基础教育,认为工人受了基础教育可以增添后劲,发展其潜在能力。她说:"基础教育的目的不仅在于向学生传授知识和技能,使之得以谋生,而且在于发展他们的潜在能力,改善和丰富他们的生活。"③欲抵抗帝国主义的经济侵略,从长远的眼光看,要从知识上着手。

第四,提高政治意识。俞庆棠认为,从军事、经济、文化方面抵抗帝国主义的侵略,提高城市民众的政治意识为当务之急。她指出:

> 务使施教的对象,每一个民众能自治,能自卫,能卫国,成为民族解放斗争中有力的战士。我并不是说他们个个是战场上的战士。我觉得个个应当是全中华民族抵抗日本帝国主义侵略战争中忠勇的战斗者。他们绝不是"不识

---

① 俞庆棠:《民众教育者对于发展社会生产应有的新知识》,载《申报周刊》第一卷第2期,1936年。
② 俞庆棠:《在抗战建国期中民众教育者的任务》,载《社友通讯》第七卷第2期,1938年。
③ 俞庆棠著,唐孝纯译:《上海实验民众学校鸟瞰》。

不知,顺天之则"的愚民。他们是不妥协、不屈服、不投降的硬汉;他们是愿意把每一丝一毫的力量贡献给国家,谋民族的自由、解放、独立和平等的爱国者。中华的儿女,达到这个程度,中华民族才有深厚的希望、远大的前途。①

第五,进行工商补习教育。1929年1月,工商部编订《工人教育计划纲要》,第一项就提出"改良劳动者之生活状况",倡导教育机会均等,及世界劳动运动之"三八制"——教育、休息、八小时工作;全国教育联合会议决议实施劳工教育案。这说明国人已注意到工商补习教育,而且正谋实施推行。俞庆棠认为,中国工商教育不发达,多学非所用;一般工人商人更是没有相应的知识技术,袭用旧法,不知改良,她说:

> 所以兴办工商补习教育的唯一理由,就是工人和小商人的生活太苦了,对于自己的职业,不能够乐事,何以创业适业呢!所谓三八制的工作,中国的工人和小商人,没有享受的权利。一般人都以为工作时间延长,即可成就更多的工作,这个见解,适和理论相反。英国某工业家曾谓:世界的文明进化,是看人类的能力,是否可以减少劳动量,而增加劳心的工作量来判断。由此可知脑力较劳力为要。工人假若不觉工作吃力而能增加工作的兴趣,则其效率增加,商人若不失其商业上的信用,明了钱币与信用的关系,则前途光明。②

为了寻觅工人的出路,实现城市民众教育的目的,俞庆棠在工人集中生活条件极差的蓬户区设立实验区,孜孜不倦地开展实验工作。

---

① 俞庆棠:《在抗战建国期中民众教育者的任务》,载《社友通讯》第七卷第2期,1938年。
② 俞庆棠:《民众社会教育读》,载《民众教育月刊》第三卷第3、6期,1931年。

民众教育的践履者俞庆棠

第四节　培植自治的基础

自治是中国近现代知识分子的理想，是在封建专制独裁压迫下产生的反抗的一种形式。中国"清朝以前很久，合理的官僚模式已使所有的行政管理工作标准化，取消了地方政治独立的政策，绝对拒绝给予任何地区自治的权力（除了非汉族人的边境地区）"①。中国数千年的封建统治，从未有过近代民主意义上的地方自治。但是，到了晚清，随着社会的发展和经济的成长，尤其是各种政治革新力量的冲击，基层社会明显发生分化，社会秩序趋于失控。这不仅给传统的官僚体系提出严峻的挑战，而且使皇权政治的基础发生动摇。对此清廷不得不加以正视。在新兴资产阶级普遍要求实行地方自治的情势下，为了加强对地方政权的控制，达到稳固君权的政治目的，清廷被迫接过欧美资产阶级初期为反对封建专制、争取参政权力而打出的地方自治的旗号，承认"地方自治为立宪之根本"②。

民国改元后，地方自治思想没有蛰伏，反而演化为一个社会政治思潮——"联省自治"。由于中国幅员广大，各省情况复杂，政治、经济发展不平衡，因此采用由美国联邦制演变而来的联省自治制，颇受各界拥护。此制在反对北洋军阀的专制主义方面，有一定积极意义。但很快成为大小军阀政治纷争的一种口实，也成为地方军阀反对革命、实行封建割据的骗人把戏。

南京国民政府成立后，善良的知识分子仍然一如既往地信仰地方自治，尽管他们也看清了地方自治被严重地利用了、扭曲了、变味了，但他们并未对地方自治本身产生怀疑，只是认为政府当局忽视了地方自治的民众基础，它不应是自

---

① 吉尔伯特·罗兹曼主编：《中国的现代化》，上海人民出版社，1989，第78页。
② 章开沅、罗福惠主编：《比较中的审视·中国早期现代化教育研究》，浙江人民出版社，1993，第373页。

第三章 高瞻远瞩 植基民教

上而下地颁布条例了事,而应脚踏实地地到民众中去培植自治的基础。俞庆棠就是这一类善良知识分子的代表之一。正如江问渔先生所言:

> 农村自治,是农村改进的目的……真正的农村自治,一定要百分之八十以上的农民,个个皆能自给自立;百分之五十以上的农民,个个皆能自治,这当然不是可以一蹴而就的。如何使个人生计充裕,如何使公民常识丰富,如何使具有组织能力,自非经过相当的教导训练不为功。倘未备上列三项资格,而贸然令其办理自治,则是假自治,而非真自治。真自治何由成,则应以改进工作为阶梯,为津渡。①

推行民众教育的目的之一是实现乡村自治。俞庆棠认为,如果地方不能实现自治,中国农村问题,民主的基础——民众问题,便永远没有解决的希望。政派、军阀、兵勇对民众可以肆意蹂躏践踏,随心所欲地发号施令,民众将永远在水深火热之中生活。如果民众有了自治能力,也就能自觉抵制无知疆吏的野蛮干涉,较好地解决自身的问题。所以,俞庆棠在中国社会教育社在开封召开的年会上,对乡村建设提的第一点意见就是注意民众自觉自动,以"达自立自治之目的"。

值得注意的是,俞庆棠所言的"自治",与其他有所不同。其自治是要"把乡村造成一个有机的社会;其活动包括普及教育,改进生产,乃至卫生、交通、自卫、自治等多方面的,则有所谓乡村改进运动。而自治当然是最后的理想,也就是有机体的社会生活的条件了"②。就个体而言,要80%以上的民众生计充裕,人人都能自治。只有人人能自治的社会,才是一个"有机的社会"。所以,俞庆棠主持的实验,所进行的经济组织、经济建设、农村教育、农村自卫等改良与建设工作,说到底是自治的基础。

何以实现自治?俞庆棠除了在实验区设立自治协助处外,还指导成立民众组织,让民众在各种组织中受到自觉自动的锻炼,收到众擎易举之效。她还曾专门设计了三种办法,说:

---

①②俞庆棠:《民众教育》,正中书局,1935,第158页。

（1）民众愈少知识基础，愈受环境压迫，愈度困难生活，其要求改善生活之勇气与情绪愈缺乏。实施民众教育者，首先应施以人格感化，精神陶练，使觉悟生活之需要改善，与改善之可能，进而使自觉国民之责任、国家之危机，以达自动自治之目的。（2）民教表面工作，以及引诱民众参加活动之方法，流弊极多，应竭力避免之。感化、劝导、示范，为有效方法。（3）各种民教事业，以领导启发为始，使民众能自动自治为归。①

俞庆棠受美国地方分权自治及中国现代自治思潮影响，形成并提出其民众教育自治目的论。其自治的目的最终虽无以实现，不了了之，但她为实现此目的大力推广民众教育，使民众蒙受了许多实惠，她的愿望是真诚的，以其真诚之心办了许多实事，与那些口惠而实不至以美丽的空话来阻挡革命潮流的政客，应当区别开来。

---

① 俞庆棠：《对讨论乡村建设具体方案的意见》，载《教育与民众》第六卷第1期，1934年。

第三章　高瞻远瞩　植基民教

第五节　进行根本的建设

什么是根本的建设？它不是农业建设，不是修桥铺路的建设，乃是指人的建设。一个国家欲进行现代化建设，前提是人的现代化。没有人的现代化，其他一切都无从谈及。根据欧美现代化的历史经验，俞庆棠把人的建设作为推行民众教育的目的之一。

俞庆棠民众教育的这一目的的择定，在一定程度上说，是受平民教育思潮影响与启发形成的。她从"民国"之"民"字入手，看到了"民"的重要性。什么叫做"民国"？意思是说中国是"民"的国。为"民"而立的国，也是"民"所立的国。用西方的话说，即"民有""民享""民治"之意。"民"者为谁？就是中国的"老百姓"。但是，这些占人口绝大多数的"老百姓"在什么地方呢？正如乡村教育博士傅葆琛所言：

> 你们都知道中国有四万万同胞，这四万万人里头，只有六七千万人在城市里住，其余的都住在乡村里。就是说中国一百个人里头，有八十多个人都是做庄稼活。中国乡村的人既是这样多，他们担负的责任自然也很大，所以中国的前途，还要靠这大多数乡村的人民。他们强，中国也就强；他们富，中国也就富；他们弱，中国也就弱；他们穷，中国也就穷。①

晏阳初也认为对全体国民的教育，是国家的根本建设，是"基础之基础"，认为"我国人口号称四万万，十二岁以上不识字的人占二万万余。我们可以想象对这些不识字的民众施行公民教育，正如没有基础，就要建筑房屋，势不可能，这是显而易见的"②。他又说："人若不先识字，连名字都不会写，那么关于种种公民活动，如怎样选举，怎样参与政治，是万不可能的。"在地方进行一切建设，"必须

---

① 傅葆琛：《为什么要办乡村平民教育》，见《乡村平民教育的理论与实际》，江苏省立教育学院研究实验部，1931年8月印。
② 晏阳初：《"平民"的公民教育之我见》，见《晏阳初全集》（第一卷），湖南教育出版社，1989，第64页。

从根本上入手"。中华民族全体民众基本素质提高了,就会"随心所欲不逾矩"。否则,整个民族就会"弱不禁风",稍有天灾人祸,便万劫不复。所以,俞庆棠从根本上认识到,中华民族命运前途乍看像由拥兵自重、执掌政府的军人、首脑控制,实际上是由普通民众决定的。

综括俞庆棠的各种观点,她所言的根本建设,就是普及教育,实现教育机会均等。在她看来,一个教育不普及、文盲充斥的国家,什么谋求建设、现代化、抵御外侮、组成民主国家,都是无稽之谈,痴人梦呓。1935年国民政府教育部统计的在学人数如下:总计10 375 000人,其中受初等教育者10 000 000人,受中等教育者341 000人。当时人口按4亿算,在学人数仅占1/40,她说:

> 观察了这个统计,引起我们许多的疑问:现在在校的人数这般少,曾经进过学校的有多少人?没有进过学校而能阅读写作通达事理的有多少人?文盲有多少?进一步讲,国际形势、民族环境、经济危机转变得这样快,从前受过了三年、五年或十年的教育如不加继续学习,能不能适应现代社会的需求?在国际侵略和国内扰乱的局面之下,试问以大多数没有受过教育的民众组织成的国家,如何能表现全民的力量,来谋民族的复兴?我们需要一种更切实用、更普遍,且于民族更有贡献的教育。①

她明确地指出:"一个民族的文化不仅由少数人所造成,文化的真正基础是建筑在大多数人的知识能力情绪之上的。"她总结近代从1898年维新变法以来的革命运动经验教训,感到痛心疾首,以为血的教训即是忽视了普及教育的根本性建设。仁人志士发动一场又一场自上而下的革命,抛头颅洒热血精神可嘉,但忽视普及教育问题也是很可悲的,总归饮恨而终。她指出:"从戊戌变法三十余年以来,各种革新的努力,不论其标榜的为何种主张,号称代表的是何种民众,实际上只不过是少数知识分子所发纵指使。换言之,一切革新运动只不过为上层运动,与下层民众无关。基础不固,建设无力,岁月迁延,而民族日即于危殆,今后必须使下层大多数民众觉醒,行其权能,献其心力,而后民族得复兴可致。"②说到底是"基础不固",所以"建设无成"。

---

①②俞庆棠:《民众教育理论的探讨》,载《教育与民众》第六卷第9期,1935年。

第三章 高瞻远瞩 植基民教

在她看来,"吾国百分之八十的民众居于乡村",而乡村"经济又急速崩溃下来,更使社会基础根本动摇,有岌岌不可终日的险象",所以普及教育"至今还是纸上的空谈"①。因而"民众教育事业应趋重于乡村",弥补义务教育及过去所造成的众多文盲的教育问题。毋庸置喙,在某种意义上说,民众教育是一种特殊形式的义务教育,它以普及教育为旨归。这一观点,俞庆棠在《民众教育理论的探讨》一文中说得极为明白。她说,中国,外有国际的侵略和压迫,以致民族的独立常受威胁;内有传统政治势力的残余,以致民主的政治未能确立;加之民族工业不能发达,农村经济急速崩溃,"在这情形之下,要以固定的方式、现成的制度,来谋教育的普及,其为空谈,自不必说"。她还直截了当地指出:

> 无锡江苏省立教育学院所施行的区单位普及教育实验,以及工人教育蓬户教育的实验和民众学校及小学兼办民众教育的实验,缩短义务教育年限的实验,洛阳实验区的征学制,无非想采用不固定的学校式教育,使大多数失学民众有受教育机会的尝试。②

俞庆棠将普及教育提高到国家根本建设的高度来认识,并以此为民众教育目的,切实努力地为之奋斗,的确是难能可贵的。

---

① 俞庆棠:《普及教育与民众教育》,载《教育杂志》第二、五卷第3号,1935年。
② 俞庆棠:《民众教育理论的探讨》,载《教育与民众》第六卷第9期,1935年。

民众教育的践履者俞庆棠

第六节　奠定复兴的根基

一部中国近代史，就是一部屈辱史，也是一部中国人民奋斗史。鸦片战争后，帝国主义在坚船利炮的掩护下，进行经济、文化侵略，威胁中国的主权，救亡图存成为时代的主题。一个拥有4亿民众的泱泱大国，何以竟受蕞尔小国的百般凌辱？这是一代知识分子深入思考的问题。如何使中华民族结束屈辱的历史，立定复兴的不拔之基，使中华民族永远立于不败民族之林，这是萦绕于近现代知识分子脑际，令他们殚思竭虑的问题。

俞庆棠是一位爱国主义教育家，她以中华民族的利益为最高利益。中国主权和领土完整受到威胁乃至被践踏，使她感到蒙受了奇耻大辱。她遵循孙中山"唤醒民众"的嘱咐，矢志不渝地推行民众教育，正说明她认为民众教育是报仇雪恨、复兴民族的重要手段；反过来说，她择定民众教育，目的是借以奠定复兴民族的基础。她在阐述"近来从事民众教育之感想"时，便揭示了这一观点。她说：

> 近来的民众教育甚嚣尘上，如雨后春笋而暴发，其经过之情形，有专著记载，而办理其事业的性质，则有公私团体的分别。溯其发端，为少数私人团体，愤中国人民多为愚蠢，与国家的事业文化都有关系，以致国乱民贫，乃奋起努力提倡民众教育，引得各地人士的同情，风起云涌，真是一时之盛。不过，后来因为经费与人才缺乏的缘故，以致事业停顿。现在大家认识到民众教育为立国之本，始注意及之。①

她认为，进行民众教育是奠定复兴民族基础的捷径，更便于使广大民众了解个人生活与民族存亡的密切关系，使民众相信自身力量的伟大，从而组织起来，团结起来，抵御外侮，保持中国主权和领土完整。九一八以后，她主持的各研究实验事业单位，都增加了抗日救亡的政治教育内容。她在《申报月刊》召开的"今

---
① 俞庆棠：《民众社会教育谈》，载《民众教育月刊》第三卷第3、6期，1931年。

日青年的烦闷与出路"座谈会上,痛陈"外侮不御,内战不息,政府对民众屡失信用,怪不得青年们因不满政治而烦闷"①。俞庆棠认识到实行奠定复兴民族根基的民众教育,"陶铸民族意识,激发爱国热忱,坚定救国意志——这正是复兴民族的根基"。

为什么俞庆棠主张复兴民族对民众教育要有所依重呢?这是由民众教育在复兴民族方面的功用所决定的。她认为,欲提高中国的国际地位,非依重民众教育不可。一个国家没有经济实力,就不会有国际地位。推行民众教育可增进国与家的经济实力,因而是提高中国地位的重要方法。她指出:"无论青年、成人、妇女之以农为业者,倘能得充分之职业指导,相当之教育陶冶,生产力即可骤加,农产品即可增添。""原料既丰富,工业自然因之发达,机器自然逐渐采用。迨至农工业出品丰富,商业自然兴盛,国际贸易亦自然获得优越之地位。故欲增进国家与个人之经济能力,是更有待于民众教育之提倡与推行也。"②她还认为,国民受教育程度是国家国际地位的表征,舍民众教育,无以提高国家的国际地位。她说:"若不增高国民之教育程度,而望增高吾国在国际上之地位,其可得乎?"

民族复兴必须使政治、经济、社会生活打成一片,使民族复兴的基础"真正建筑于民众现实生活之上"。俞庆棠认为,民众教育以改革社会及教育制度为目的,是达民族复兴目的之津梁。全民参与民族复兴工作之日,亦即复兴民族大业竣工之时。民众教育在使民众共负国家的责任,复兴民族不可没有民众教育。她曾指出:"凡我们实验机关所指导的组织,如合作社、乡村改进会、民众学校毕业同学会等都希望逐渐联合,逐渐扩大其组织,使民众有参加较大团体生活之体验与能力,始能共负国家的责任,达民族复兴的目的。"③民众是抗战救亡的生力军,以复兴民族为目的的民众教育,能使民众"学到真理、正义、公理和人道主义,并学到达到这些理想的方法","意识到流血和敌人的残暴"④,就能爆发出爱国热忱,使国家之舟,驶向平安。俞庆棠进行民众教育实验,注意民众的公民意

---

① 俞庆棠:《今日青年的烦闷与出路》,载《申报月刊》第二卷第1号,1933年。
② 俞庆棠:《中央大学区扩充教育概况·序》,1929年。
③ 俞庆棠:《普及教育与民众教育》,载《教育杂志》第二、五卷第3号,1935年。
④ 俞庆棠著,唐孝纯译:《中国的成人教育》。原系俞庆棠1933年赴欧考察丹麦、荷兰、英、德、法、奥、意等国成人教育的英文演讲稿。

识、政治意识、责任意识培养,这正是培植民族复兴的基础。抗战爆发后,她在重庆市战时民众学校督导员教员训练班上,作了《在抗战建国期中民众教育者的任务》的演讲,她强调民众教育务使每一民众能自治、自卫、卫国,"成为民族解放斗争中有力的战士",成为"全中华民族抵抗日本帝国主义侵略战争中忠勇的战斗者","是不妥协、不屈服、不投降的硬汉","是愿意把每一丝一毫的力量贡献给国家,谋民族的自由、解放、独立和平等的爱国者"①。如果中华民族民众达到这一程度,那么,以此克敌,则无往而不胜;以此攻城,则无坚而不摧。正如她所言:"中华的儿女,达到这个程度,中华民族,才有深厚的希望,远大的前途。"②达到了这一程度,便是立定了复兴民族的不拔之基。

民众教育以奠定民族复兴根基为目的的确定,表现出俞庆棠作为一位爱国主义教育家所特有的社会责任感、强烈的忧患意识,也让她成为中国近现代教育家的一个光辉典范。

---

① 《社友通讯》第七卷第 2 期,1935 年。
② 俞庆棠:《在抗战建国期中民众教育者的任务》,载《社友通讯》第七卷第 2 期,1938 年。

第四章

结合实际　构建体系
——民众教育的内容论

凡创造一种新的教育、教学形式,除了有独异的教育旨趣、教育目标、教育对象等以外,还必须有独特的教育内容设计,否则,这种新的教育、教学组织形式便会丧失其特质,与传统的教育形式混为一体,没有独立存在的必要,而成为纯粹的追逐时髦、玩弄新的名词术语的把戏。俞庆棠在首创民众教育、民众学校新的组织形式的同时,提出了她的民众教育内容观,以后在实践中逐步修正补充,形成了颇具特色的民众教育内容体系。

第一节 内容鸟瞰

俞庆棠作为一位反传统教育的教育家,她提出了与传统教育截然不同的教育内容观。她的教育内容观受杜威影响较大。杜威在其代表性著作中指出:

> 我认为儿童的社会生活是一切训练或生长的集中或相互联系的基础。社会生活给予他一切努力和一切成就的无意识的统一性和背景。……我认为学校科目相互联系的真正中心不是科学,不是文学,不是历史,不是地理,而是儿童本身的社会活动。[①]

杜威的教育内容以社会生活为中心,他认为"在理想的学校课程中,各门科目并不是先后连贯的"[②]。因此,其教育内容明显地缺乏系统性,有着以生活为轴心运转、零敲碎打的特点。俞庆棠与杜威的教育内容观之间有着明显的继承关系,但她不是生吞活剥地囫囵吞枣,而是结合中国民众生活、民众教育的实际,对杜威教育内容观进行创造,最终实现了创造性的继承与转换,做到了既有所借鉴,又进行了改造,有所扬弃,有所吸收。她对杜威重视社会生活这一点,奉为

[①] 杜威:《我的教育信条》,见《学校与社会·明日之学校》,人民教育出版社,1994,第9页。
[②] 杜威:《我的教育信条》,见《学校与社会·明日之学校》,人民教育出版社,1994,第11页。

第四章　结合实际　构建体系

至理,而对杜威忽视系统知识传授的观点,却有所保留,并不是将杜威的只言片语奉为经典。

正因如此,俞庆棠民众教育内容观与杜威在某些方面有着惊人的一致之处。这一点,朱若溪的回忆大致可窥其端倪:

> ……民众教育,则打破了教育的科目与教材的限制,凡是人民生活中所需要的知识,都在教学的范围以内,其内容则因人、因地、因时而异,没有固定的课本,诸凡演讲、示范、直观、宣传等等,都是教育,其内容也就是教材,即使民众学校,有一定的课本,这是为着识字而采用的,而其内容仍然来源于生活,以生活上的需要作为题材的,并不一成不变。江苏省立教育学院根据人们的生活及社会活动,把民众教育的内容分为识字教育、生计教育、公民教育、健康教育、家事教育、休闲教育六大类,这都是符合人民大众实际生活的,至于具体的内容与教材,则由施教者创造性地选取与采用,其目的在于增进人民知识,改善人民的生活,唤起人民的醒觉。这样,把教育的内容大大地扩大了。所以也可以说:民众教育是生活教育。[①]

因此,俞庆棠教育内容观形成的背景或底色是杜威的"教育即生活""学校即社会"理论。但是,强调从民众教育、民众生活实际出发,具有创造精神的俞庆棠并不满足于杜威的无系统的、零碎的教育内容,而是苦心孤诣地构建民众教育内容理论系统。为此,她对课程内容的概念进行了新的诠释,认为课程的概念"包含人生的经验或活动"。她构建民众教育内容理论系统即从这概念出发,构筑其基础。她的理论基础除杜威的以外,还有巴比特、庞锡尔等。她指出:

> 巴比特曾下两个界说:甲、课程为全部的经验,不论其有无指导,要有关于个人能力之发展;乙、此为一套特意调制之有指导的训练经验,学校用之以补充及完成其启发之功者。庞锡尔以为课程是包括整个的人生,不仅包括过去之经验,而更注意于现在之需要与将来事业或活动的确定目标与计

[①] 杜若溪:《民众教育谱写教育新章》,见《人民教育家俞庆棠与江苏省立教育学院》,江苏省立教育学院校友会丛刊第一辑,第87—88页。

划。他曾谓:"课程有两种根源:一是现代生活必应从事或所应从事的经验,与人类从事此等活动后的经验的结果。人类的经验,凡足阐释或辅助吾人适应需要或解决问题者,课程中皆应搜罗之。一是存在现在的具有需要与目的的活动,吾人平日触发的意旨问题与需要以及对于将来事业或活动的确定目标与计划。……"①

她得出的民众教育课程内容概念为:"课程的内容是整个人生与社会的活动,而且是荟聚过去、现在和未来三个时代的有价值的活动。"从这一概念出发,俞庆棠将民众教育与民众学校定为两个既有联系又有区别的内容系统。第一,民众学校内容系统。1929年课程有识字、三民主义、常识、珠算或笔算、乐歌等。此外,兼授历史、地理、自然、卫生等浅近读物。并酌量地方情形,加设关于农业或工商业等应用科目。1934年的课程有国语(含公民及常识)、算术(珠算或笔算)、乐歌、体育等科;高级班为国语(包括公民及常识)、算术、乐歌、体育及关于职业的科目。与杜威的内容观比照,既有"活"的特色,又明显形成了体系,二者的区别迥然。第二,民众社会教育内容系统。这一系统的构建,俞庆棠进行了艰苦的探索。中国近现代社会外在表现是纷乱不堪,无序可言。俞庆棠透过现象看本质,认为内在的还是有序可寻的。她围绕着民众生活,提出语文、公民、生计、健康、艺术五大教育内容②。这一系统是在民众实际生活需要基础上提出的。朱若溪言俞庆棠民众教育内容为六大教育,即识字、生计、公民、健康、家事、休闲;李若培亦言六大教育,文字表达与朱若溪基本相同。这说明俞庆棠的民众社会教育内容亦基本形成体系,并不是变幻莫测,而是有相对的稳定性。

俞庆棠构建的民众教育内容体系,有其独特之处,其最显著的特点是"活"。虽然有相对稳定的科目与较为具体的内容,但其间无处不洋溢着"动""活"的精神。她有一段话便是很好的说明,她说,民众教育的内容:

编制是不能再蹈传统教育所订之学校课程的窠臼,而必须因人、因事、

---

① 俞庆棠:《民众教育》,正中书局,1935,第119页。
② "五大教育内容"是俞庆棠在《民众教育》一书中提出来的,该院毕业生、及门弟子多谓"六大教育",有时她也说"七大教育",不同处在"家事"上。另外称谓也有不同,语文教育主要是识字扫盲教育,本书第九章作了专门论述,本章不赘。

因地、因时以制宜。不能再视课程为死的、呆板的、固定的。约言之,课程得采用动的编排。唯其如是,吾人须明了二事:甲、识字和计算等基本能力的训练不能全靠活动,还须有几种简易的科目;乙、活动的编排,固然根据预定的目标,但民众自发活动,更要多多利用。关于前者,现阶段尚无正式民校课程标准;关于后者,编排时无法可以预拟。前已言及:办理民校时得因人、因地、因时、因事以制宜。①

---

① 俞庆棠:《民众教育》,正中书局,1935,第119—120页。

第二节　生计教育

生计教育是民众教育的重头戏,决定着民众教育的成败。所以,俞庆棠在讨论民众教育问题时,将生计教育列诸第一。她指出:"第一,要注意民众的生计,因为社会教育的对象是以社会为主体,一般民众的经济力不足,怎能施教?何况今日的国民,消费之不合理日甚一日……"①衣食足而知礼节,仓廪实而知荣辱。物质生活是第一位的,精神生活是第二位的。人们的一切活动首先是满足衣食住行等物质生活的需要。这是十分朴素的道理,也是很过硬的道理。

俞庆棠推展民众教育,将生计教育摆在首位。在她看来,解决民众的生计问题,当务之急是解决民众面临的实际社会问题。譬如,乡村民众在生计方面的主要问题有土地问题、农业生产、农业技能等,实施民众教育"应自民众实际生活出发,从民众日常生活,认清社会问题,迎头干去,切实解决。如农民耕地不足,无以养家,而促成垦荒殖边等事实;如因苛捐杂税,无以谋生,而实现减租与监督田赋用途等事实;又如因土豪、劣绅、奸商等压迫,而组织各种合作社等事项,均为迎头解决实际社会问题之一例"②。

俞庆棠提醒民众教育工作者和实验区人员,解决生计问题应注意发展生产,而发展生产应注意直接生产者。民众是直接生产者;增进生产能力,要从直接生产者入手。民众生计教育,"应建筑于直接生产之需要上"。她说:"要耕地面积扩大,荒地面积减少,需要直接生产者的努力;要种烟面积改成农作物面积,需要直接生产者的觉悟;要对灾荒能防御,需要直接生产者的智慧;要民食中最重要的米和麦的产量增加,需要直接生产者生产效率增加。"③民众教育工作者的工作就在于引发、诱导直接生产者。

改进民众的生计,必须依重科学。科学是第一生产力,科学是驾驭自然之利

---

① 俞庆棠:《民众社会教育谈》,载《民众教育月刊》第三卷第3期,1931年。
② 俞庆棠:《民众社会教育谈》,载《民众教育月刊》第三卷第6期,1931年。
③ 俞庆棠:《民众社会教育谈》,载《民众教育月刊》第三卷第3、6期,1931年。

器,生产力水准提高了,生计问题也就迎刃而解。所以俞庆棠在 1934 年中国社会教育社开封年会上,针对该会编制乡村建设具体方案讨论的中心问题发表了意见,她强调说:

  尽量应用科学,驾驭自然,以达改进生活,改造社会之目的。1.庤水之应用机器,作物园艺之选择优良品种,施肥种植之应用科学方法,皆农村需要科学之实例。2.根据社会调查,举办社会事业,增加农工生产,改进交通方法,均有社会科学及自然科学之含义。①

  随着生产教育、生计教育的推进,要注意在保持固有的生产能力和习惯的同时,增进劳动民众的知识和技术,使他们了解、接收、运用农业科学知识。俞庆棠向民众介绍苏州稻作试验场的木樨球稻种和"金大二十六号"小麦种取得了成绩,刺激了民众的积极性,对农业科学知识由不信到将信将疑,又由将信将疑到毫不怀疑,以致"对于从未见过的除虫菊和甘蓝菜,也肯不惮长期的试行栽种"。秋天种菜发现了猿叶虫,也虚心地接受实验区工作人员指导,制成石油剂等杀虫药品去施用。②民众接受了农业科学知识与技术,无异于生计问题的解决出现了曙光。

  俞庆棠还注意到,解决生计问题应注意提倡农村小工业和副业及农产品加工。她指出:"从民众生活方面来说,有工业的地方,人民的生计比较宽裕;有了经济的条件,教育及其他社会事业也容易发达。"农村手工业、副业与农产品加工业有个得天独厚的优势,这就是大规模的工业区易受侵略者的毁坏,分散于农村的小工业易于保全③。因为农村有忙闲之分,发展农村农产品加工和副业便有条件和必要。俞庆棠强调说,农产品加工业和副业"必须应用科学方法,方使生产效率与生产量得以增加",要求各实验机关提倡藤工、竹工、草席、地毯等农村手工艺,利用农隙创造一笔财富,于生计将不无小补。她还制订了一个发展农村副业的计划:"第一年对于城市民众及乡村农民之副业,须尽力提倡与指导。第

---

  ①俞庆棠:《对讨论乡村建设具体方案的意见》,载《教育与民众》月刊第六卷第 1 期,1934 年。
  ②俞庆棠:《普及教育与民众教育》,载《教育杂志》第二十五卷第 3 号,1935 年。
  ③俞庆棠:《民众教育》,正中书局,1935,第 190 页。

民众教育的践履者俞庆棠

二年须使基本设施教区之住户,凡原有职业之收入,不足以供支出者,每家至少有一种以上之副业。"①

俞庆棠为提高乡村民众生活水平,推行生计教育,绞尽脑汁,苦心孤诣,使实验区的劳苦民众在一定程度上得到了一些实惠。但是,问题并不能从根本上得到解决。俞庆棠所推行的生计教育,只不过是扬汤止沸。对此,她后来也明显地意识到了。她说:

> 我们看了经济危机的背景,再看了现在民众教育在经济建设上的工作,实在觉得种种危急的问题,不是少数人的呼吁奔走、民众教育有限的同人在各处工作范围内的努力所能奏效的。要有效地敏速地应付现实问题,我们更觉得国家需要整个经济的政策或计划。②

她的这一认识后来更明朗、清晰,明确地说自己推行的生计教育逃不脱失败的命运。她指出:"社会生产的基本条件:土地、资本、人工都遭遇严重的障碍,这种障碍不先驱除,我们是无法去谈发展社会生产事业的,民众教育机关辛辛苦苦努力得来的些微的成效,哪里能抵御得住这种破坏力的千万分之一呢?"③

---

① 俞庆棠:《民众教育》,正中书局,1935,第136页。
② 俞庆棠:《民众教育理论的探讨》,载《教育与民众》第六卷第9期,1935年。
③ 俞庆棠:《民众教育者对于发展社会生产应有的新运识》,载《申报》周刊1936年第一卷第2期。

第三节　公民教育

公民教育是五四运动前后兴起的一种教育思潮。1919年，全国教育会联合会提出了"凡属国民自应具有公民知识"的主张。1926年江苏教育会组织公民讲习会，制定出发展自治能力、养成互助精神、崇尚公平竞争、遵守公共秩序、履行法定义务、尊重公有财产、注意公众卫生、培养国际同情的"公民信条"。中国近现代教育家均极为重视公民教育。譬如，晏阳初试图通过公民教育养成民众的公共心与合作精神，训练其团结力，唤醒他们的民族意识。他说：

> 激起人民的道德观念，施以良好的公民训练，使他们有公共心、团结力，有最低限度的公民常识、政治道德，以立地方自治的基础。我们办教育，固然要注意文艺、生计、卫生，但是我们不要忘记了根本的根本，就是人与人的问题，大家要都是自私自利，国家就根本不能有办法，他没有复兴的希望。所以我们办公民教育……施以公民道德的训练，使每一个分子，了解一个人与社会的关系，以发扬他们公共心的观念。①

俞庆棠在公民教育问题上，与晏阳初所见略同。她重视生计、自卫、健康、休闲教育，但并不止于此，养成合格公民为国服务才是民众教育的重要目标。

为什么俞庆棠对公民教育尤为注重呢？这是因为，她极为同情民众的境遇和悲惨命运，但不因爱而隐其恶，她看到了民众的劣根性，她曾指出："我国有五千年历史，当然有民族的优点。不过，近数十年来，受了物质文明的侵略，更受专制遗毒的思想所困，所以民族性一蹶不振，愚的、私的、懒的、不肯负责的、依赖的、因循的、私利的，种种劣根性都呈现出来。"②她在一篇文章中将民众的缺点概括为四，她说：

---

① 晏阳初：《晏阳初全集》（第一卷），长沙：湖南教育出版社，1992年版，第248页。
② 俞庆棠：《民众社会教育谈》，载《民众教育月刊》第三卷第3、6期，1931年。

> 至于中国农民本身的缺点约有四点：(一)缺乏智识与技能。……以全国人口统计，农民不识字者平均占百分之九十。所以传统的、守旧的经验与技能，怎能与科学昌明的时代并存？(二)缺乏心理的交通。心理的交通，与物质的交通，二者是同一重要的。心理的交通，就是智识的交换、消息的传递。譬如吾人阅读报章杂志，新出书籍，习以为常，一年半载不阅报章新书，则思想落伍，农民五年十年不阅报，一生一世不看书，知识便永远闭塞。(三)缺乏组织能力。农民缺乏政治组织与经济组织的能力；我所讲的政治组织，不是组织政治，乃是组织乡村自治机关，或其他乡村改进会等类似机关。至于经济组织，当然是合作社等。(四)缺乏创造的精神。我国历代的传统观念，深印农民脑中。一切墨守旧法，无创造的精神。①

俞庆棠分析民众的劣根性，不是为了揭短，家丑外扬，而是为了民众教育工作者对民众教育艰巨性有充分估计，为了使公民教育对症下药，做社会的良医。

正因为对民众的劣根性有透彻的分析，俞庆棠开出了医治它们的药方。她主张公民教育应侧重民族历史，以"唤起民众之爱国心"，发扬民族的优点，长中国人民的志气。她指出，中国民众有九大优点，即：

> (一)忠实。依我个人的成见而论，我国农民平日最重视忠实二字。(二)勤俭。我国农民勤俭之风，为他国所无，譬如富家子弟，一餐动辄数十金，而农民连半文钱不肯随便浪费。(三)耐劳。农民每天深夜挑农产品往城市求售，至次日下午七时回来睡觉，这种耐劳的精神，也是我国农民的特点。(四)公正和平。农民富有公平和平的性格，不若城市中人的刁滑。(五)富于有价值的经验。农民观察天文，预测风雨的经验，以及选种的常识，是颇有价值的；有专门技术的气象学家与天文学家，恐怕还及不来农民的准确呢？(六)富有我国古有的美德。农民始终肯保守着孝悌、礼让、敦本、劝善等美德。(七)有民族精神。如淞沪战事发生，在城市之人民，踊跃输将，而乡村的农民，亦非常慷慨激昂，其热忱不在城市人民之下。(八)具有生产能力。农民是真正的生产者，人民的食粮，工业的原料，商人的货物，列一不

---

① 俞庆棠：《中国农村衰落的原因和救济方法》，载《申报月刊》第一卷第4号，1932年。

取自农村里的农民。(九)农民为国家服务之处甚多,而一般人均不甚注意。①

民众的这些优点,因受物质文明的侵袭和专制余毒之害,被蒙蔽起来。俞庆棠倡导公民教育,正是为了把这些优点光大发扬。

公民教育是组织民众、训练民众、养成民众集体的思想、集体的活动以及集体的生活习惯的重要教育形式。俞庆棠设计的实验区的标准工作之第一条便是公民教育,要求基本设施教区的公民教育"以培养民众组织为中心工作,基本施教区内十六岁以上、五十岁以下之民众,须有过半数能参加团体生活,并能运用团体力量,解决生活上迫切需要之问题"②。要通过推行公民教育,实施集团训练,"指导民众乡镇改进会、青年励志团、妇女会等团体,以培养民众自治自卫能力、兴趣与习惯。并利用纪念节日或民众余暇,讨论有关地方实施生活需要之问题。讲演政治常识、科学常识、卫生常识、公民道德及重要新闻等"③。

借推行公民教育培养民众良好的行为道德习惯,养成民众整齐、清洁、简单、朴素、节约等良好生活习惯,并组织劳动服务团,养成民众习劳耐苦之美德。④同时改掉那些聚赌、吸烟、满口诮语诨言的不良习惯。改掉坏习惯,养成良好品性,都不是一日之功,因而公民教育是一项长期而艰巨的任务。

进行公民教育的方式很多,可以通过民众学校及普通学校,也可以通过社会讲授及讲演政治常识、公民道德和国际国内大事等,这些均为推展公民教育的途径。俞庆棠还十分看重通过民间文学灌输公民常识,进行公民教育。她从丹麦公民教育举措中受到很大启发。丹麦浪漫派的、经典派的文学曾经盛极一时,造成丹麦民众不重实用的人生观。自从庶民高等学校创办后,第一课就唱一首民间文学的校歌,使丹麦公民教育大为改观。丹麦成功的事例使俞庆棠认识到,"民间文学是有口皆碑地相传下来,由人民自己的情感造出来的文学,感动人民

---

① 俞庆棠:《中国农村衰落的原因和救济方法》,载《申报月刊》第一卷第 4 号,1932 年。
②③ 俞庆棠:《民众教育》,正中书局,1935,第 134 页。
④ 俞庆棠:《民众教育》,正中书局,1935,第 135 页。

才深刻"①。民间文学以民众喜闻乐见的形式,对民众的影响如春风化雨,潜移默化地使之发扬民族精神,遵守公民道德,自觉改掉不良品行,形成良好的言行习惯。所以,俞庆棠主张进行公民教育,要求:"第一,提倡民间文学,从民间来的全民族合作的,并且为大多数人所修正而乐于传诵的文学,以启发民族的精神。第二,编辑民众读物,因为民众读物是民众的导师,可以影响民众的行为,现在的著作家能够从事编辑合于国家的情况、民众所需要的读物真是功德无量。第三,更需注重宣传。口头的宣传,或者文字的宣传,均须切实办理,应该多方面联络起来进行,收效更易。"②

堵述初曾经说过:"公民教育,在一定意义上,是平教会的思想教育,是渗透在其他各种教育之中的。"③在一定意义上说,公民教育也是俞庆棠的思想教育。俞庆棠公民教育的推行,并不是生硬灌输,板着面孔说教,指手画脚地训斥,而是渗透到实验区的各种教育之中,因而收到较好的效果。实验区里诉讼之事、民事纠纷明显减少,可见公民教育效果之一斑。俞庆棠推行公民教育的方式方法,很值得重视。

---

① 俞庆棠:《民众社会教育谈》,载《民众教育月刊》第三卷第3期,1931年。
② 俞庆棠:《民众社会教育谈》,载《民众教育月刊》第三卷第6期,1931年。
③ 堵述初:《平民教育在定县》,《河北文史资料》1983年第11期。

第四章　结合实际　构建体系

第四节　自治自卫

民众教育工作者是来启发、诱导劳动民众自己救自己、自己保卫自己的。因此，民众教育的一项重要内容是自治自卫，以养成民众自治自卫的能力，任凭世事如何变化，终以不变应万变，都能防御抵抗，使自己的利益不受侵害。

江苏省立教育学院研究实验部建立起实验区后，实验的重要项目之一便是指导乡村自治自卫。俞庆棠在《民众教育》一书中，介绍了民众教育的实验事业，她将之概括为普及教育、农业和合作指导及乡村自治三部分，自治自卫在实验中的重要性，一目了然。她不仅在自己主持的实验区重视自治自卫，而且还试图通过自己主要负责的中国社会教育社将自治自卫教育推向全国。经她多方努力，中国社会教育社第四届年会的中心议题定为"助成地方自治，促进社会生产"，并向全体社友征集意见，希望对于民众自治作深入的研究。

俞庆棠之所以极力强调自治自卫教育，是因为她看到，当时的农村社会纷乱不堪，备受政派斗争的蹂躏、兵勇的肆意践踏，老实巴交的劳苦民众敢怒不敢言，无以抵抗，任人宰割。乡村的乡、村、保等组织涣散，几乎形同虚设，无以保护劳苦民众的利益；即使乡村政权组织没有垮掉，也不以保护民众生命财产为务，相反还鱼肉村里，武断乡曲，盘剥搜刮民脂民膏。因此，必须建立起民众自治组织，来保护自身的利益，否则农村危机将进一步加剧，导致民变四起，百姓苦不堪言。1935年以后，华北局势日趋紧张，日本帝国主义侵略中国的野心日益彰明较著，俞庆棠更加觉得推行民众自治自卫教育已迫在眉睫。她说，只有在教育民众、组织民众、训练民众上努力，才能够产生各省各地抵抗敌人的生力军。"敌人有武力的侵略，我们有自卫的力量；敌人有经济的侵略，我们有经济的壁垒；敌人有文化的侵略，我们有坚强的意志、抵抗的决心。我们大家在各省各地苦干，也就是走向民众自救的大道"[①]。她强烈的责任感、紧迫感、忧患意识跃然纸上。

---

① 俞庆棠：《愿望全国整个社会教育事业进步》，见《中国社会教育社第四届年会纪念册》，1936年。

民众教育的践履者俞庆棠

在一盘散沙、缺乏自治自卫基础与意识的中国近现代乡村,自治自卫教育应如何着手呢?俞庆棠开始以供学生实习的乡村实习区、黄巷实验区、高长岸实验民众教育馆、社桥村实验民众教育馆为依托,向民众介绍乡村自治自卫的重要意义、自治自卫知识及措施办法,取得一定成绩。1933年设立乡村自治协助处,"到各农村巡回工作,与当地民众洽商并指导应兴应革事宜,辅导各合作社及乡村改进会开展工作,解决出现的问题"①。

自治自卫教育的实施,主要是成立自治自卫组织与团体,发展自治自卫热心的会员,借集体之力推行。俞庆棠在《民众教育》一书中指出:"乡村自治——组织称为乡村改进会或自治协进会,以村中热心公益的成年人为委员,作推动地方事业的中心力量,也就是办理地方自治的协助机关。"②民众教育工作者的重要任务也就在"指导民众乡镇改进会、青年励志团、妇女会等团体,以培养民众自治自卫之能力、兴趣与习惯"③。俞庆棠希望凡是实验机关指导的诸如合作社、乡村改进会、民众学校毕业同学会等"逐渐联合,逐渐扩大组织,使民众有参加扩大团体生活之经验与能力"④,进而扩大自治自卫的范围,在更大的层面上实现自治自卫,实行联治联卫,以便更强有力地抵御飞来横祸,更有效地组织生产自救。

---

① 朱若溪:《乡村民众教育实施方法的探索》,见《无锡文史资料》(第25辑),政协无锡市文史资料委员会,1991,第69—70页。
② 俞庆棠:《民众教育》,正中书局,1935,第166页。
③ 俞庆棠:《民众教育》,正中书局,1935,第135页。
④ 俞庆棠:《民众教育》,正中书局,1935,第164页。

第四章　结合实际　构建体系

第五节　健康卫生

健康卫生教育是要培养人民的强健体魄。20 世纪二三十年代,中国农村健康卫生状况极差,简直不堪入目,"一个村子四面具有多数的死水坑,村里的粪便没有适当的处置,不问而知夏天传病的蚊蝇一定是很多的。又水井与厕所接近,且井口低洼,周围无圈,不问而知夏天肠胃传染病一定流行"。人们没有良好的清洁习惯,蓬头垢面,用满是污垢的手揉眼睛、拧鼻子,甚至抠牙齿,"一般小孩平常在街中游戏,耳鼻两手往往都带许多灰土;洗澡是一种稀奇事,洗脸最多不过每日一次。许多小孩在冬季鼻涕流在嘴唇上,把上唇都烂破了,还没有洗下去。头上长虱子,皮肤上长脓疮的也随地可以发现"①。当时劳动民众普遍"清洁习惯不良""环境卫生不良""医药状况不良""妇婴卫生不良""传染病处置不良"。无锡周围的农民青年或中年而夭者,或正当风华正茂之年便百病缠身、体弱多病、弱不禁风者,比比皆是。身体状况若此,怎么可以使生计发生转机呢?心有余而力不足啊!

俞庆棠在无锡等地建起实验区后,对健康卫生教育倍加重视。首先是改变卫生环境,重点是改造蓬户居民的卫生条件。以前,他们屋前屋后,一家一茅坑,粪便缺乏管理,成为疾病之源。俞庆棠来到这里,率众填平茅坑,种上花卉蔬菜;集中建修一个大粪池,一个大垃圾箱,以集中管理,改变了卫生条件,堵塞了疾病流行的重要发源地。

俞庆棠又设计了以医务所为卫生健康教育依托的模式。她将乡村的医师组织起来,集中教育培养,到各村开办医务所,成为乡村健康卫生教育的中心场所。又利用民众教育馆推行健康卫生教育。譬如,南门实验民众教育馆培养了"蓬户区几个妇女学习医药卫生知识,发动群众建筑了两间草房作为医务所,医治居民的一些小毛病,并及时注射伤寒霍乱等预防针"②。

---

① 陈志潜:《如何敲击农民的健康问题》,载《教育与民众》第四卷第 8 期。
② 宋廷栋、茅仲英:《城市民众教育事业的实验》,见《无锡文史资料》(第 25 辑),政协无锡市文史资料委员会,1991,第 76 页。

俞庆棠认为,健康卫生教育应从儿童抓起,应重视优生优育问题,低能或智障或有洋白头的人,若与人结婚,生育的儿女常带有其根性,最好不与他人结婚。根据1911年瑞典万国卫生展览会目录看,人类主要遗传的疾病及异常性的如近视、色盲、母斑、聋哑、鳞癣、神经病、肺病等50多种病,都有遗传性;人类异常性及遗传,有酒精性、犯罪性、懦弱性等。她指出,"优生学和遗传学和生人"是有关系的,提醒当局及社会个体予以注意。对儿童健康问题,她将婴儿周岁死亡率做了比较,中国之比为166‰。这是1931年的统计数据,在全世界倒数第五名。清华大学教授陈达估计婴孩死亡率为275‰。潘光旦丧一女孩,《申报月刊》编者前去慰问他,他沉痛地说:"中国人家里所生的婴儿,恐怕平均只有半数能长大吧!"①之所以如此,是因为不讲究婴儿卫生之故,有很多是成人无卫生知识导致的。俞庆棠说:"小孩的许多疾病如天花、白喉、猩红热等,都只要成人有了卫生知识都可以免除的。"儿童健康问题的解决,需要家长、医师、老师联络携手,方可收宏效。她指出:

> 大概医药卫生方面,初生婴儿与学龄前儿童有赖于公共卫生医师护士及知识之家长,注意卫生设施及卫生教育,以保护他们的生命与健康。至于学龄儿童之健康,则与学校卫生,关系尤切。儿童之卫生习惯、防病、除病、环境卫生等均甚重要。倘家长、教师与医生能联络注意儿童的健康,收效最宏。②

她认为:"中国的儿童卫生很不讲究,学龄儿童的卫生,应该由学校多负一点责任。"③但学校也有其难言之隐,在"一般的学校里,并不一定有校医以及体格检查和预防注射等事项",因而导致儿童健康问题得不到解决,形成恶性循环。

在改善卫生医疗条件的同时,俞庆棠还注重开展民众体育,增强民众体质。将"医"与"质"二者比较,她更加重视"质"。她说:"民族之实力,不仅以人口之多寡为准,尤须视民众之健康程度而定。忽视人口之质的陶炼问题,是吾国民族很大的缺点。"④提高"质"之法,是提倡公共体育。体育在俞庆棠健康卫生教育中占极为重要的地位。她在民众社会教育问题的专题讨论中,专门讨论了提倡公共体

---

①②③俞庆棠:《儿童年的儿童问题》,载《申报月刊》第四卷第1号,1935年。
④俞庆棠:《民众教育》,正中书局,1935,第145页。

育问题,对体育的地位与作用做了充分肯定:

> 西谚有云,健全的精神,寓于康健的身体中。有位体育家也说过,体育是人格教育的实验。由这两句话看来,即知体育之重要。体育与人生的关系,不必尽述。不过体育的目的,分析言之,有健身者,可以使身体强健;有教育者,可以使德、智、美并进,的确体育是重要的。就个人说,没有强健的身体,怎能耐劳去做事,虽有学富五车的知识、详尽的计划,也不能达到最后的目的。就国际说,全国民众的体魄强健,可以表现民族的精神。①

有鉴于此,俞庆棠在实验区大力提供公共体育。以前由于条件不及,提倡不力,体育实际仅"停止于学校以内,对于广大之民众体育,尚难于顾及"②。她要求一洗此陋习,吁请每省每县设立公共体育场,奖励民众运动;举行民众公开的运动会,并继续举行中校联合运动会,大力提供公共体育。她主张体育不仅要走出学校,还要面向并普及于全民,她说:"民众体育是一般应受而未受学校体育的青年和成人,及受过不正当的或不充分的体育训练的青年和成人,应该受的体育。"③使全体民众的整体素质明显提高,实现民众体育六大功能或目标:

> (一)锻炼民众强壮体力。(二)改进民众休闲生活。(三)补充民众公共卫生常识。(四)增进民众公共道德。(五)训练民众体育知识。(六)陶冶民族意识,发扬民族精神。④

把民众体育当作民众教育的重要内容之一,并千方百计地去做推行普及工作,是俞庆棠教育思想的重要特色之一。

---

① 俞庆棠:《民众社会教育谈》,见浙江《民众教育月刊》第三卷第3、6期,1931年。
②③④ 俞庆棠:《民众教育》,正中书局,1935,第145页。

第六节　休闲教育

休闲教育本来是西方工业社会出现后随之出现的新的教育现象。实际上中国前工业社会也同样存在进行休闲教育的必要。对此，俞庆棠很早就发现休闲教育并非工业社会的专利品，也许在中国社会更加需要。因此，在中国近现代教育家中，她不仅是较早认识到这一问题的教育家，而且是较早从事休闲教育理论研究并躬亲推行的教育家。

何谓休闲教育？俞庆棠曾经做过颇为精当的解释，迄今为止，她的诠释仍不失为具有参考价值的一种。她解释说："休闲的意思原来是合乎理智的运用闲暇，使生活向上而丰富，并含艺术陶冶的意义。这好像是属于个人的事了，实际上也有重要的社会性。"①

基于对休闲教育的这一认识，俞庆棠认为劳苦民众何尝不需要合乎理智地运用闲暇时间呢？他们急切需要进行艺术熏陶，提高其生活的档次，使其生活充满生机，蓬勃向上，丰富充实。劳苦民众自身深藏的"愚的、私的、懒的、不肯负责的、依赖的、因循的、私利的种种的劣根性"②，不是慢慢在消除、减轻，而是在急剧膨胀，必须通过闲暇时间进行道德情操陶冶，以改造这些民族的劣根性。再者，劳苦民众需要高尚的娱乐。他们过去的闲暇时间打发以及其娱乐方式，问题成堆，充满了迷信、凶杀故事、艳情故事、武侠故事以及一些低级趣味的东西。的确，乡村社会除了这些，再也没有别的健康内容的东西。对此，俞庆棠一针见血地指出："我国有些人的娱乐方法，吸烟、喝酒、赌、嫖，消磨有用的光阴，直接可以影响个人的身家，间接可以影响社会的安宁，所以应当提倡娱乐。"③推行民众教育，如果允许如此娱乐方式继续存在，民众教育不但难以大功告成，反而要受其连累。所以，必须用新的娱乐方式予以取代。如此种种"娱乐"，取缔是不可能

---

①俞庆棠：《如何使学校社会化》，载《教育与民众》第八卷第4期，1936年。
②俞庆棠：《民众社会教育谈》，载《民众教育月刊》第三卷第3、6期，1931年。
③俞庆棠：《民众社会教育谈》，载《民众教育月刊》第三卷第3、6期，1931年。

的,只能用高尚的娱乐去战胜它,去将它占去的阵地夺来。

俞庆棠把人生活动需要剖为三大部分,即求学、做工和娱乐,每一个正常人于此三者"缺一不可"。她极为深刻地指出:"我国一般民众能够享受求学、做工、娱乐的很少,现在不必谈民众生活的痛苦,应该谈如何规划改良民众的娱乐而转移风化。"①在她看来,推行休闲教育,首先要做三个方面的工作:

> 第一,应当宣传不正当娱乐的害处,使民众有所警惕。第二,应改良民众艺术、娱乐的方法,破除烟、酒、赌博等不良的嗜好。第三,应聘请音乐家,从事研究,怎样可以改良中国的乐器,创造新的乐器。②

休闲教育的推行方式,因人因时因地而异。譬如,工学会的方式为在冬季农暇的时候,通过游览名胜、高山大川,或举行音乐演奏会等活动,提倡农村正常的娱乐。其二,可以通过提倡民间文学推进休闲教育。著作家们要深入民间,编写出合于国家情况、民众需要、乐于传诵、感动民众肺腑的民间文学作品,供民众利用闲暇阅读,占领民众的闲暇时间。其三,通过提倡音乐艺术来推行休闲教育。音乐艺术离开了民众,固有的熏陶作用就会没有寄托。因为提倡艺术须有很多经费,可以以民众教育馆为中心,作为提倡音乐艺术的机关,"一方面经济,一方面可望收获"。其四,借娱乐时间,民众正在兴致上,或娱乐结束,民众兴犹未尽之时,"演讲卫生常识、时事报告,在潜移默化中,使民众的思想、行为两方面,都受了一种新的洗礼,成为一个良好的国民"。其五,举行民众同乐会。江苏省立教育学院每星期六晚上,在大礼堂举行民众同乐会,表演戏剧,演奏音乐,放映电影及幻灯。该院第二届毕业生朱若溪回忆说,每周六之夜,"附近民众,届时扶老携幼,前来观看,熙熙攘攘,热闹非凡。最受民众欢迎的为放映电影,农民们平时少或根本没有看到过电影,故电影最易引起他们的兴趣。放映时,礼堂常人满为患,有时不得不改在大操场上放映"③。在这放电影或文娱活动节目中,注意插入各种生活方面的新知识,寓教育于娱乐之中。民众在心旷神怡的心态下,受到了高雅文化的影响,也学到了一些生活方面的知识,休闲教育收到明显效果,是

---

①② 俞庆棠:《民众社会教育谈》,载《民众教育月刊》第三卷第3、6期,1931年。
③ 朱若溪:《乡村民众教育实施方法的探索》,见《无锡文史资料》(第25辑),政协无锡市文史资料委员会,1991,第63页。

很显然的。

  俞庆棠民众教育的内容,抓住了20世纪二三十年代乡村的主要矛盾,这些都是与民众生活关系至为密切、至关重大的问题,然后脚踏实地、扎扎实实地去逐一推行落实解决,初见成效者不在少数。她的这些尝试,都是极有价值的。

第五章

尊重传统　跨越传统
——民众教育的学校论

民众教育的践履者俞庆棠

在中国近现代,尤其是五四运动、实用主义教育思想得到广泛传播以后,传统的学校与新学校产生了剧烈冲突,以俞庆棠、陶行知、晏阳初、梁漱溟等为代表的教育家,对传统学校的现代价值进行了重新评估,对传统学校的弊害进行了清算,吸收了传统学校的某些合理因素,借鉴了西方进步主义教育运动以来学校改革的成果,提出了与传统学校迥然不同的新学校理论,并在教育改革实践中大力推行,产生了深远影响。

第一节　传统的学校

19世纪末20世纪初,美国为适应资本主义工业化、都市化兴起了一场进步教育运动。所谓"进步教育",泛指以各种改革传统教育为宗旨的新学校、新教育制度和方法。其主要原则渊源于卢梭、裴斯泰洛齐、福禄培尔等人的教育思想,反对形式主义教育和严酷的学校纪律,强调教育从儿童的兴趣和需要出发,促使儿童自由、自然地发展。到20世纪初,杜威称之为"进步主义教育"的运动进一步发展,出现了名目繁多的"进步学校"和教学制度,如有机教育学校、乔治少年共和国、小红星学校以及文纳特卡制、道尔顿制、设计教学法等,五光十色,令人目不暇接。俞庆棠在哥伦比亚大学师范学院留学时,美国进步主义教育家于1919年成立了进步教育协会,创办了《进步教育杂志》,公布了进步教育七条原则。自此,进步教育运动进入了一个新阶段。俞庆棠的学校观受其影响十分明显,她以"进步主义教育"的学校观作指导来审视中外传统学校。

(一)学校与社会严重脱节

传统的学校与社会两不沾边,学校自学校,社会自社会,学校关起门来培养人,社会自行运营不干预学校,两千年来,一成不变。汉代首开经学教育的先河,自此以后,与社会完全不相闻问的经学教育一直长盛不衰,即使是鸦片战争爆发后,国门洞开,西方传教士纷至沓来,"西学东渐",给古老的中国带来异域之风,但是传统的学校仍然"我行我素",还在看科举制度的"脸色"行事。咸丰二年(1825)修纂《钦定科场条例》规定:(1)乡会试题,第一场"四书"制义题三,五方八韵诗题一;第二场"五经"制义题各一;第三场策问五。(2)"四书"题,首《论语》,次《中庸》,次《孟子》。(3)"五经"题,首《易经》,次《书经》,次《诗经》,次《春秋》,次《礼记》。社会格局发生了天崩地裂一般的变化,学校则像在世外桃源,仍然在把读书人导向"两千年一贯制"的故纸堆。正如董渭川所指出的,学校与生活不挨边,"小而言之,是和一人一家的各种生活不相干;大而言之,是和国家社会的建设事业不相干"①。非但如此,还"与社会尽量隔离":

> 不光是整日整年关在课堂里,是和社会隔离的表现,考试专重书本,不从学生由社会获得的认识与经验考量,更不是从学校周围所处社会的进步探测,这不是彻尾的和社会隔离吗?这种一贯的隔离作风,是多么荒谬?②

传统的学校要能在现代社会重新焕发青春,英姿勃发地参与中国的现代化建设,非进行改造不可。

西方传统学校相较于中国,也是五十步笑百步。统治西方教育达数百年之久的是僧院学校。僧院对自幼进入的修行者进行简单的识字、读《圣经》及写字方面的初步训练,为他们终生修道,抄写经书和祈祷文做些准备。其教师由僧侣充当,维护教会的权威和神学思想的绝对统治地位。

在整个中世纪,僧院学校纠缠不休地讨论着诸如"老鼠吃了圣餐怎么办""上帝能不能创造他自己举不起来的石头""一个针头上能站几个天使"之类的问题。12世纪初巴黎神学教师阿伯拉德(1079—1142)提出了158个问题,如:

> 信仰应否基于理性?
> 上帝是否是唯一的?
> 上帝是实体,还是相反?

---

①②董渭川:《旧教育批判》,中华书局,1949,第24页。

民众教育的践履者俞庆棠

> 上帝是否万能？
> 上帝能否随心所欲？
> ……①

正如恩格斯所言："中世纪是从粗野的原始状态发展而来的。它把文明、古代哲学、政治和法律一扫而光，以便一切都从头做起。它从没落了的古代世界承受下来的唯一事物，就是基督教和一些残破不全而且失掉文明的城市。其结果正如一切原始发展阶段中的情形一样，僧侣们获得了知识教育的垄断地位，因而教育本身也渗透了神学的性质。"②

学校本产生于社会生活，开始二者是相依为命的，但为什么后来严重脱节呢？俞庆棠对学校社会生活脱节的过程与原因做了令人信服的分析。她说：

> 在学校的历史发展上，虽是人们为了教育社会成员才有学校，但到了文化的总量增加、社会的分工严密以后，能够受学校教育的人数就反而减少。一般社会的成员很早就要从事生产上的劳作，才能维持他们的生活，学校变成生活较优裕者的子女所能享受的一种组织了。到了这时，学校更渐渐和一般社会生活脱离关系了。③

学校与社会生活水乳交融时，曾经是社会发展的强大推动力；后来二者分道扬镳，学校则使社会发展滞慢，成为社会发展的阻力。通过对学校与社会发展关系史的考察，俞庆棠认识到，学校必须进行返璞归真的改造，才能有益于社会。

（二）学校培养目标审视

学校培养目标就是学生所努力的趋势，说到底是把学生培养成一个什么样

---

① E.P.克伯雷选编，任宝祥、任钟印主译：《外国教育史料》，华中师范大学出版社，1991，第155页。
② 恩格斯：《德国农民战争》，见《马克思恩格斯全集》（第7卷），人民出版社，1998，第400页。
③ 俞庆棠：《如何使学校社会化》，载《教育与民众》第八卷第4期，1936年。

的人的问题。传统学校因与社会生活脱离关系,所"培养、教导、训练的,尽是'治国平天下'的人才,或尽是教会里的僧侣"。先秦时期,先圣先贤提出学校教育的"修身,齐家,治国,平天下"的目标,一直到清末,仍然强调"达则兼济天下,穷则独善其身"。鸦片战争后,教育家、办学者虽有忧国忧民的高尚情怀与忧患意识,寄希望于通过学校培养出"心性疏通有器局,可任大事者"的拯国救民的人才,但未能如愿以偿。如鸦片战争时享有盛名的学海堂,一直到19世纪六七十年代,仍是紧闭校门培养"济世救民"人才。西方"声光电化"已经传了进来,而学海堂并未予吸纳,其"课业"中仍是老掉牙的东西。同治丙寅年(1866)续刻的《学海堂志》中载曰:

> 多士或习经传,导疏义于宋齐;或解文字,考故训于《苍》《雅》;或析道理,守晦庵之正传;或讨史志,求深宁之家法;或且规矩汉晋,熟精萧选;师法唐宋,各得诗笔。

要求"治经必始笺疏,读史宜录汉魏"。他们始终在传统学校兜圈子,在故纸堆中讨生活。不打开学校的大门,使学校与社会生活连通一气,怎么能培养出经世致用的人才呢?其结果是他们翘首盼望的人才没有培养出来,却培养出了一大堆借他们开办的学校攀缘,达到自己升官发财,做"人上人"的人。所以,不打开学校的大门,不加强学校与社会的联系,而想利用传统的学校来改造当下社会,其结果非但没有触及社会劣性的一根毫毛,反而为社会劣性培植了根基,使它更难改造了。其道理十分简单:未能社会化的学校,培养出的是未能社会化的人,而希望这种未社会化的人去"化"社会,当然是事与愿违,替要改造的对象帮忙。董渭川的分析是很中肯的:

> 一是要改造我们的教育,而社会给它作强有力的保镖。……二是要改造我们的社会,而教育在加强社会的顽固性。就前一问题看,教育的问题在乎社会;而就后一问题看,社会的问题又在乎教育,至少是一部分在乎教育。教育是一种力量,可能用在正面,也可能用在反面。教育继续不断地制造

"人上人",只有加强社会的封建性;所制造的"人上人",同时是买办阶段,也就同时加深半殖民地的悲哀。①

那么,什么样的学校才能培养出改造社会的人才呢?俞庆棠认为,社会化的学校才能培养出社会化的人才,这种学校"不复是少数生活优裕者独占的一种教育机关,而是全国人民所培养、教导、训练的一种共同组织"②。言下之意,所指当然就是民众学校。

(三)传统学校是实施英才教育的机关

自古以来,绝大多数人被挤在学校的大门之外,被视为"朽木不可雕也",而在传统学校里肄习的,被称作所谓"英才""栋梁之才",传统学校因之美其名曰英才教育机关。其实,所谓英才,实不过是其家有"殷实之财"而已,有钱有权方可冠以英才。结果,传统学校培养出一个"英才",实际是以牺牲千百人学习权利与机会为代价的。

培养"英才"的传统学校体制,有七个特点:

(1)以"学校"为主——要受教育只有进学校。

(2)"班级"为主——将学生按相同的程度编成"班",再按不同的程度区分"年级"。

(3)有一个步步高升的系统——自6岁开始破蒙,直到进研究院,算爬到了顶点。

(4)整齐划一——学校、班级、系统三者,由国家制订法令,通行全国各地,连开学放假的日期也一致。

---

① 董渭川:《旧教育批判》,中华书局,1949,第46—47页。
② 俞庆棠:《如何使学校社会化》,载《教育与民众》第八卷第4期,1936年。

（5）以公立为主——这是清末废科举兴学堂确定的一个原则；私人设学必须取得核准。

（6）在制度上限定所受教育程度之高低与所费钱财之多少成比例。

（7）此系统的每一等级代表不同的身份地位。

这七个特点带来十分严重的问题：

其一，培养了"英才"，断绝了穷人受教育的机会。穷人不光缺乏金钱，同时还缺乏系统的时间。别说受高等教育、中等教育，就是国民学校，因无钱为子女买书籍、文具以至于童子军服等，又因为子女年龄稍大，便要在家中帮助生产劳动，哪里有4—6年的整块时间来学习呢？

其二，剥夺了成人受教育的机会。许多跌落到教育圈子以外的成人，家穷幼年失学；有的年长家境稍好些，想入学了，可是传统学校却因其年龄大了不许他进校门。虽然有民众学校之设，但民众学校是不被看作正式学校的。

其三，与昔日的科举制度并无二致。以前的科举是用考试叫人一级一级往上爬，学校也为"英才"们构筑了一级一级向上爬的阶梯。

其四，压制或反对自学。不进学校，即使满腹经纶，学富五车，看的书汗牛充栋，也不承认有学问；干什么都首先论资格，验文凭；拿不出文凭就不许做某事，或者降低其薪水、降低其等级。

其五，削足适履，不顾及地方差异。中国幅员辽阔，各地气候、物产、风俗、人口疏密、经济条件……差异性很大，但学校则要求整齐划一。

其六，单纯作金钱的选择。都市中的国民学校要考且不提它，升初中、升高中、升大学都要考。所谓考试，作用是选择。所选者是什么呢？口头上喋喋不休的是"才力",实际上是选择"财力"。

在俞庆棠看来,传统学校带有如此之多的"胎病",是推行普及教育、提高全体国民的文化素质、实现国家现代化的天敌。学校何以有助于兹呢?曰:出路只有学校社会化一条。

(四)传统学校是保守的

因为学校把校门、教室门关得紧紧的,一丝风也不透,学生"两耳不闻窗外事,一心只读圣贤书",窗外发生了什么,教师和学生一概不知。因为割断了学校与外界的联系,所以,传统的学校一直是滞后的、保守的、落伍的。它从来就没有站在时代的前沿阵地上当排头兵,做时代的弄潮儿。

俞庆棠还认为,传统学校的功用,决定了传统学校是保守的。她说:

> 然而学校从来是保守的,因为它的功用就是保守的。所以近代政治、经济、文化,已经发生很急剧的变化,而学校总是落在后头。以欧美来说,例如在政治上,已经是民主主义的国家了;在文化上,已经是科学和应用科学的技术的时代了;而在学校里,保守着旧的政治传统、经济观念、宗教信仰,总之,保守着一切旧的文化典型。往往社会变化愈急,学校的保守愈坚。他们反对教育上任何变动,反对课程上、方法上任何变动。但是这种反对,是无效的,因为社会是已经变动了。①

学校既然存在上面所指出的四个方面的严重痼疾,如果任其继续繁衍,听其自生自灭,就等于把国家、民族推向火坑。非但如此,传统学校也是最先尝到由它自己酿出的苦酒者。俞庆棠指出:

> 学校社会生活脱离关系的情形,是不能长久下去的。如果真的长久下去,那么,社会便由落后、退化而灭亡;社会灭亡了,还有什么学校?在那学校与社会生活脱离关系的情形下,首先给予学校以打击的,便是学校以外

---

① 俞庆棠:《如何使学校社会化》,载《教育与民众》第八卷第4期,1936年。

的各种社会组织了。例如学校教出来的是书呆子,工厂便不接受了;教出来的是僧侣,科学和文化团体便不接受了;教出来的尽做"治国平天下"的士大夫,国不治,天下也不平了。在一般教育家中间,先知先觉的,原不等到这时候,早已感觉到学校非配合着社会的变动而变动不成;后知后觉的,到这时候,也就深悟学校长是落在时代后头不可。[①]

传统的学校到了山穷水尽时,是不是要推翻旧有的学校制度,废弃传统学校呢? 不是,是改造,而不是废弃,是用"学校社会化"为指导思想,来改造传统学校,使传统学校与社会生活打成一片,成为促进社会发展的一支生力军。

[①] 俞庆棠:《如何使学校社会化》,载《教育与民众》第八卷第4期,1936年。

第二节 学校社会化

学校的出路何在？传统学校如何改造？俞庆棠在认真细致考察中外学校发展历史、借鉴东西方教育改革历史经验的基础上，提出了"学校社会化"。她说，传统学校在重重困厄中不能动弹，怎么办？"大家就异口同声一唱百和地喊出了响亮的'学校社会化'的口号来了"。

（一）学校名称的现代诠释

何谓学校？这在一般的人听来似乎是荒唐的问题，但事实上不同的时代不同的教育观点在不同的社会环境之下的解释是大相径庭的。《辞海》释"学校"一词说，学校是"有计划、有组织进行系统教育的机构。起源于奴隶社会。中国古代一般称'学'。清末兴办近代教育，在1902年（光绪二十八年）的《钦定学堂章程》中称为学堂。1912年的'壬子学制'中改称学校"。

《中国大百科全书·教育》，对"学校"一词未列专条，但在"教育"条目中附带作了说明："狭义的教育，主要指学校教育，其含义是教育者根据一定社会（或阶级）的要求，有目的、有计划、有组织地对受教育者的身心施加影响，把他们培养成为一定社会（或阶级）所需要的人的活动。"[①]

以上两者对学校的解释，基本是一致的。两者都强调学校"有目的、有计划、有组织"三个特点。这实际上是对传统学校或曰"正规"学校的解释，或者说是对"全日制"的小学、中学、大学之类的学校的阐释。

再来看看西方传统的观点。夸美纽斯在《泛智学校》第一部分"泛智学校的

[①] 中国大百科全书总编辑委员会：《中国大百科全书·教育》，中国大百科全书出版社，1985，第1页。

轮廓"中提的第一个问题是"一般说来,学校是什么"?他理解的一般意义的学校是:"根据词的通常用法,'学校'这个词,既可理解为'房屋',又可理解为'会址'。人们在这里为获得对事物的认识,为理解和运用各种技能而学习。"①赫尔巴特在《教育学讲授纲要》第二章"关于学校"第339条中指出:

> 学校事业及其一方面同地区当局的联系,另一方面同国家政府的联系,形成了一个庞大而困难的课题。这一事业不仅仅依赖教育学原则,而且也以巩固学到的知识、传播有用的知识、训练不可缺少的技艺为目的……②

他们都从不同的侧面说明了学校的某些特点,譬如有固定的地址,以传播知识与技能为主旨。为了达到传播知识与技能的目的,学校几乎是进行封闭型教学,形成了这样几个大特点:一是规规矩矩的课堂教学,这是学生获取知识与技能的主要途径,一切来自课堂,一切从老师的口中吐出。二是分班授课及严格的学级区分。班级是传播知识、经验、技能的主要方式,年级与年级之间有泾渭分明的级别畛域。三是整齐划一的标准。同类的学校,同一的年级,讲授的内容、使用的教材、授课对象的年龄、授课的进度、开学放假的时间、考试的试题,甚至是学生的作业等,都是不可越雷池一步。

俞庆棠认为,学校自诞生到现在,历史悠久,对人类文明和社会发展产生过很大作用。进入现代社会后,考察西方学校与社会进步的关系,十分清楚地看出,学校是推进社会发展的极为重要的方式与组织。但欲使学校能发挥作用,学校必须社会化。为了使人们习惯并接受新的学校观念,她对新学校的特质做了新的诠释。她在《如何使学校社会化》一文中,开宗明义地指出:"学校是社会里的一种组织,其自身即是社会的一部分。正如家庭、工厂、商店、健康、娱乐等等的团体,以及更巨大的政治、经济、文化等等的机构一样,是整个复杂的社会所由合成。"学校既是社会中的一个部分,怎么又生出"社会化"的问题来呢?原因

---

① 任钟印主编:《世界教育名著通览》,湖北教育出版社,1994,第315页。
② 任钟印主编:《世界教育名著通览》,湖北教育出版社,1994,第721—722页。

是学校虽立于社会,却未把自己当作社会中的一员,关起门来办学,使自己与社会产生了隔膜。

俞庆棠对新学校特质的界定,既尊重传统又不囿于传统。说她尊重传统,主要是指尊重传统学校的组织形式而言。她说:"学校组织,又绝对不能打破,这是因为文化愈发达,愈需分业专政。"①说她不囿于传统,是指她把学校理解成"整个复杂的社会",与复杂的社会有着千丝万缕的联系,从而为她要进行的学校目标的社会化、课程的社会化、训育的社会化、教学法的社会化等,做了很好的铺垫。

(二)学校社会化的理论渊源

俞庆棠"学校社会化"的观点提出于20世纪30年代前期,但追溯其理论渊源或理论背景,却可寻根于20世纪20年代。1919年上半年,俞庆棠还未去美留学前,杜威已在上海、北京等大都市演讲宣传其实用主义教育思想,给死水一潭的中国教育界带来一阵清新之风,随即"教育即生活""学校即社会""做中学"等教育思想在中国教育界广泛传播开来,哄传各地。"学校社会化"的理论渊源就是此时喧嚣一时的杜威"学校即社会"的主张。俞庆棠接受了杜威的这一观点。到哥伦比亚大学师范学院留学后,她系统地阅读了杜威教育学理论著作,还与同学孟宪承合译了杜威的重要教育论著《思维与教学》,还合译了杜威的得意门生克伯屈的重要著作《教育方法原论》。受杜威教育思想影响之深,于兹可见一斑。

杜威是美国进步主义教育思想最有代表性的教育家,他对欧洲以赫尔巴特为代表的传统教育思想进行了猛烈批判,提出了新的学校观点,即"学校即社会"。他认为:

> 学校本身必须是一种社会生活,具有社会生活的全部含义。社会的知觉和社会的兴趣,只有在一个真正的社会环境中才能发展。在这种社会环境里,彼此平等相处,建立共同的经验。任何人先已和别人有过足够的交往,

---

① 俞庆棠:《民众教育理论的探讨》,载《教育与民众》第六卷第9期,1935年。

学会了语言文字,他就能在相对孤立的情况下,获得有关事物的知识性的陈述。但是,要了解语言符号的意义,完全是另一回事。要了解它的意义,就必须通过和别人共同工作和游戏。……要求通过继续不断地建造活动进行教育,所根据的事实,就是这种活动能提供社会的气氛。我们的学校不再是脱离生活,专为学习功课的场所,而是一个雏形的社会团体。在这个团体里,学习和生长是现在共同参与活动的副产品。运动场、商店、工场、实验室,不但能指导青年的自然的能动倾向,并且包含交往、交流和合作——所有这一切都扩大对各种联系的认识。①

俞庆棠还援引了杜威《民主主义与教育》一书中关于学校功用的论述,用以阐明她使学校社会化,旨在使学校发挥杜威所指出的这些功用。杜威说:

> 学校是一个特别环境。成人因有意的要控制教育,所以控制一种环境,使儿童在这环境里发生行动,于是发展思想与感情。但学校自然仍是特殊的环境去影响未成熟分子的心理与道德。

> 未成熟的分子,必须发生社会关系。要发生社会关系:(1)必须明了文字的记载,然此种记载,也许与现生活隔阂。(2)必须知道各种族的人和各地各国的事,然此种人和事未免渺茫。学校应负起这种责任,解决这种事项,所以学校的功用有下列三点:

> (1)复杂的文化必须使他简单化,始易学习。所以学校必须供给一简单化的环境。于是学校依学生的年龄和能力,分成等级。再把烦复的文化分成部分片段,使学习者循序渐进,易于吸收。而所选的材料必定是基本重要的。

> (2)学校选择优良的材料,"撷其精华,去其糟粕",其目标不仅求社会之继续存在,且使将来的社会改进。

---

① 赵祥麟、王承绪编译:《杜威教育论著选》,华东师范大学出版社,1981,第238页。

（3）学校的第三职能，是要使得社会里面种种要素，平衡一下，使得人人都有机会，逃出他所生的狭隘的社会环境，不受这种狭隘的环境所限制。①

杜威认定，学校是一个重要的社会组织，是一种典型的社会环境，它具有的特殊功能主要有三：

第一，学校可以将错综复杂的社会生活简单化、条理化，从而为青少年提供一个简化了的环境，使他们将分成若干部分的复杂社会文化逐步地、分阶段地加以吸收，不至于手忙脚乱，无所适从。

第二，因为学校的一切都是经过精心筛选过了的，所以，学校能尽量排除现实社会生活中无意义、无价值的东西，使儿童的心理习惯免受影响，永远保持其童贞。

第三，学校将社会的种种要素，做了平衡的工作，使每个人都有相同的机会，为每个人提供了一个不受社会团体限制的社会，从而为他们创造了一个全新的、广阔的学习环境。

杜威做出的结论是："个人参与公共生活到什么程度，即社会的环境有多少教育的效力。个人因为参与了公共的活动，他就把鼓励这种活动的目的，变成他自己的目的，又能熟悉进行这种活动的方法与材料，获得所需的技能，并受关于这种活动的感情所浸润。"②

按照杜威的理解，学校应办一个小型的或雏形的社会，学校要模拟社会上各式各样、形形色色的机关，使他们进入学校，就好像闯入了一个类似万花筒一般的社会。将来他们走出学校，来到真实的大的社会里，一点也不感到茫然不知所措，一下子就适应了社会。具体一点说，社会上有的，诸如卫生局、市政厅、公安局等，学校里也一应俱全，成为一个小型的社会。

杜威猛烈抨击了与世隔绝的传统经院式的学校，给学校注入了生动活泼、充满

---

①②俞庆棠：《民众教育理论的探讨》，载《教育与民众》第六卷第9期，1935年。

生机的气息，同时对学校的功能、学校与社会的关系等方面，做了理论上的探索，提出了令人耳目一新的见解，为人们提供了一个不落窠臼的全新的教育世界，在当时的确是惊世骇俗的，引起了广泛的注意，对美国教育的振衰起微、扭转积弊，发挥了十分积极的作用。五四时期，杜威实用主义教育思想传入中国，加之他本人来华讲学，在中国掀起一股实用主义教育思潮，对中国死气沉沉，与社会完全隔绝的学校给予了猛烈的冲击，对于荡涤中国传统教育的弊端，产生了积极作用。但杜威"学校即社会"的学校观，也是有很大局限性的。他的政治哲学观不适合中国国情且不讨论，其"学校即社会"观是美国工业社会中社会经济发展到一定阶段的产物。

俞庆棠提出学校社会化问题，受杜威的学校观念影响很深是不移的事实。从下面这一段话中，看得更清楚。她援引了杜威的几段言论后，说："我们看了杜先生这几段的学说，知道学校的功用更重要的是：教育的实现须有适当的环境；教育的真价值在个人参加集体生活时与人有相互关系的活动，此其一。教育的目的，不仅求社会之继续存在，且使将来之社会改进，此其二。"①但是，俞庆棠绝不是"杜家店"看门的伙计，对杜威的思想她并不是不假思索地生搬硬套。对杜威的教育思想，她吸收中有排拒，借鉴中有扬弃。譬如，正当杜威教育学说风靡全球，被奉为经典之时，她却提出杜威学说有很大局限性的观点。她在一段文章中，连珠炮般地提出了好多问题：

> "教育即生活"，是否限于学校生活？"教育是经验继续不断地改造"，是否限于学龄时期在学校中的经验？"教育应有适当的社会环境刺激学习者和反应"，是否限于学校环境？杜威"教育即生活"的学说，仅代表于学校之中，所谓以学校为社会生活的雏形而已。可是学校生活不过是生活的一个阶段。②

可见她对杜威的教育学说并不是盲从。而且，她在推行民众教育的过程中，对杜威的某些理论还进行了修正、补充、完善。她在《民众教育理论的探讨》一文

---

① 俞庆棠：《民众教育理论的探讨》，载《教育与民众》第六卷第9期，1935年。
② 茅仲英：《俞庆棠》，见《中国现代教育家传》（第四卷），湖南教育出版社，1987，第159页。

中指出,杜威说"教育即生活",教育是"经验继续不断的改造""教育是终身的过程",其实,"学校生活不过是生活的一阶段。经验继续不断的改造,绝不限于学校时期。学校教育决不能代表终身的过程。教育的最大功能,只能将整个生活继续地予以指导"。

但是,杜威的教育思想作为俞庆棠"学校社会化"改革思想的理论渊源与基石,其"学校社会化"主张明显打上了杜威教育思想的烙印。

(三)"学校社会化"释义

推行一项改革,对改革的对象、要达到的目标,必须有清晰的揭示。俞庆棠在《如何使学校社会化》的重要论著中对"学校社会化"做了简洁、准确的阐释。她指出:"所谓学校社会化,即'教育生活化',即要使学校教育与社会生活,不但不互相隔离,还要能够互相联系。"一言以蔽之,加强学校与社会生活的联系。

她提出"学校社会化",是受"学校适应社会生活需要"思潮的感召与推动,有感而发的。主张"学校适应社会生活需要"有两个赫赫有名的大教育家,一个是19世纪末到20世纪初的英国教育家斯宾塞(1820—1903),一个是人们早已熟知的杜威。

斯宾塞对英国男性儿童被教以十之八九无用的拉丁文和希腊文,女性儿童被授以舞蹈、弹琴、唱歌、绘画,旨在装饰门面的弊端,提出批评,要求改变这种粗糙与幼稚的教育状况,主张在人事纷繁的现实中,应力求将所有的时间与人的一切能力,统统用来做对人生社会有益的事。基于这一认识,他提出了这样的问题:"怎样运用我们的一切能力使自己对人最为有益,怎样去完满地生活?"他指出:

> 这个既是我们需要学的大事,当然也就是教育中应当教的大事。为我们的完满生活做准备是教育应尽的职责,而评判一门教学科目的唯一合理办法,就是看它对这个职责尽力到什么程度。[①]

[①] 斯宾塞:《教育论》,胡毅译,人民教育出版社,1962,第7页。

斯宾塞进一步说:"我们有责任把完满的生活作为要达到的目的摆在我们面前,而经常把它看清楚,以便我们在培养儿童时能慎重地针对这个目的来选择施教的科目和方法。"①接着,他按照生活的重要程度分成五类:

1.直接保全自己的活动。2.从获得生活必需品间接保全自己的活动。3.目的在抚养教育子女的活动。4.与维持正常社会政治关系的活动。5.在生活中的闲暇时间满足爱好和感情的各种活动。②

俞庆棠认为,斯宾塞是开启时代思潮的重要人物,对他提出的"教育是生活的预备"观点评价很高。俞庆棠的民众教育思想的形成、"学校社会化"主张的提出,从斯宾塞的教育思想中吸取了所需养分。她的"休闲教育"实源于此。

俞庆棠认为,斯宾塞"教育是生活的预备"主张,虽开"教育生活论"先河,但觉得把教育仅仅看作是生活的预备是有缺陷的,而这一缺陷,杜威进行了填补。她说:"有远见深识的杜威,却又进一步,他说'教育即生活,不只是生活的预备'。"③杜威基于实用主义的经验论,认定:"教育就是经验的改造或改组。这种改造或改组,既能增加经验的意义,又能提高后来经验进程的能力。"④杜威把教育看作经验不断积累的过程,所以,他深刻地指出:

我认为学校主要是一种社会组织。教育既然是一种社会过程,学校便是社会生活的一种形式。在这种社会生活的形式里,凡是最有效地培养儿童分享人类所继承下来的财富以及为了社会的目的而运用自己的能力的一切手段,都被集中起来。

因此,我认为教育是生活的过程,而不是将来生活的预备。

---

①斯宾塞:《教育论》,胡毅译,人民教育出版社,1962,第7页。
②斯宾塞:《教育论》,胡毅译,人民教育出版社,1962,第8页。
③这里的"不只是",今见各种版本均为"不是",存疑。
④赵祥麟、王承绪编译:《杜威教育论著选》,华东师范大学出版社,1981,第159页。

> 我认为学校必须呈现现在的生活——即对于儿童说来是真实而生气勃勃的生活。像他在家庭里、在邻里间、在运动场上所经历的生活那样。[①]

基于此,杜威提出了联系学校与社会生活的教育方法——"从做中学"。

俞庆棠正是受斯宾塞和杜威的教育理论启发而形成"学校社会化""教育生活化"的学校改革思路的。成人教育的生活化,问题要简单得多,因为"成人的生活,就是现实的社会生活;他们急需适应的,就是现实的社会需要"。因而在成人教育上,无可回避地对准着"学校社会化"问题;成人教育工作者也无可回避地要觅取"学校社会化"问题的解决途径。毫无疑问,"成人不要教育就罢了,如其要教育,必须是生活化的教育;成人不要学校就罢了,如其要学校,必须是社会化的学校"[②]。儿童教育生活化,问题则显得复杂一些。儿童的生活与成人的生活略有区别。成人的生活就是现实的生活,而儿童的生活则"是一个逐渐成长的连续的过程,说不出那一段是预备,那一段是预备的终了"。要叫儿童们预备适应,就应该从现在就开始。因为他们的生活是一个成长的连续过程,那么,也就应该"按着成长的程度,逐渐加广加深"。归根结底,儿童教育"须从儿童的社会生活出发"。她甚至说"很可以说儿童教育应该是成人社会生活的预备"。

俞庆棠的"学校社会化"主张,矛头所指,是中国与社会生活完全隔离的经院式、死气沉沉的旧学校。从这个意义上说,她的这一主张是有积极意义的。

(四)学校社会化的途径

学校社会化的途径,是要寻找学校与社会生活之间联系的纽带。他们之间是怎样发生联系的,联系的纽带在哪里,这是寻求学校社会化途径的关键所在。

关于学校与社会的相互联系,比俞庆棠稍早的教育家、社会学家曾做过一些研究工作。法国社会学者 E.迪尔凯姆曾进行过较系统的研究。他在 1922 年出版

[①] 杜威:《学校与社会·明日之学校》,赵祥麟、任钟印、吴志宏译,人民教育出版社,1994,第 6 页。
[②] 俞庆棠:《如何使学校社会化》,载《教育与民众》第六卷第 9 期,1935 年。

的《教育与社会学》一书中提出:"教育是年长的一代给未能适应社会生活的年青一代所施加的影响,其目的在于发展其生理、智慧和品德三类品质,使其适应政治社会和具体环境对个人提出的要求。"[①]美国教育家杜威在1899年出版的《学校与社会》中、德国社会学者P.纳托尔普在1899年出版的《社会教育学》中,对学校与社会的关系作过较为精辟的论述。

在19世纪末20世纪初,由于E.迪尔凯姆、杜威、P.纳托尔普等人的倡导并深入研究,社会上掀起了一个研究学校与社会生活关系的热潮,提出了许多值得重视的观点。归纳起来主要有如下七条:

(1)学校教育与社会政治经济发展的相互关系。

(2)社会阶层化对个人人格发展和学校教育的影响。

(3)教育与社会流动的关系。

(4)教育与社会文化结构的关系。

(5)教育在整个社会中的地位。

(6)学校教育与社会变迁的关系。

(7)学校、家庭和社会集体在人的社会化过程中的功能等。

这些讨论不仅没有得出什么可供俞庆棠借鉴的结论,而且从"怎样才能互相联系"的问题上切入的很少。俞庆棠结合杜威对学校与社会关系的论述,根据自己的实践与体悟,提出了"学校社会化""教育生活化"的两条根本途径。她说:"怎样才能够互相联系呢?不外乎:(1)学校要适应社会生活的需要;(2)学校能

[①]中国大百科全书总编辑委员会:《中国大百科全书·教育》,中国大百科全书出版社,1985,第464页。

成为社会生活的雏形。"①

学校怎样去适应社会生活的需要呢？俞庆棠举例做了具体说明：

> 工业革命以后，机器工业代替了手工业，就连农业生产也机械化了。旧时的徒弟制度的教育，既然不够，那么，学校应该赶紧担负起职业训练的这一任务来。这样，许许多多的新式学校——职业学校——兴起来了。不但如此，在一般学校甚至在小学里，手工劳作的课程也兴起来了。②

学校怎样才能成为社会生活的雏形呢？这就是学校"应当把现实的社会生活简化起来，缩小到一种雏形的状态"。怎样"简化"又怎样"缩小"？在俞庆棠看来，杜威在《学校与社会》中的一段文字很可参考。杜威说：

> 我们应注意关于学校采用各种不同形式的主动作业这一重大事情，通过它们，学校的整个精神得到新生。它使学校有可能与生活联系，成为儿童生长的地方；在那里，儿童通过直接生活进行学习，它不只是学习课文的地方，这些课文对于将来可能从事的生活来说，乃是抽象的和间接的东西。这样的学校有可能成为一个小型的社会，一个雏形的社会。③

这样俞庆棠找到了使学校成为社会生活的雏形的方式——学校的"主动作业"。

俞庆棠对"学校社会化""教育生活化"途径的寻觅，对研究学校与社会关系是不乏理论价值的，在今天也很有现实意义。但在当时即使找准了途径，也很难说走得通。譬如，果真可以使学校成为一个小型的社会、一个雏形的社会，那么，其"主动作业"的设施及经费从何而来？恐怕学校的"主动作业"很快会变成"主动造孽"！

(五)学校社会化的推进

俞庆棠将学校社会化分成若干个问题，然后分门别类研究推进方法，其中很多

---

①② 俞庆棠：《如何使学校社会化》，载《教育与民众》第八卷第4期，1936年。
③ 杜威：《学校与社会·明日之学校》，赵祥麟、任钟印、吴志宏译，人民教育出版社，1994，第34页。

问题是她首次涉及。

1. 目标的社会化

教育目的,反映着设置学校的重要旨趣。在俞庆棠看来,目标的社会化可从两个方面来看:第一,从心理学的观点看,目标的社会化是要"使个性得到尽量发展";第二,从社会学的观点看,目标的社会化"应适应社会需要,养成社会的有力分子"。此二者是紧密相连的,"从发展个性出发,也带着深深的社会意义;同时,在养成社会的有用分子时,也可使天才得到发展"。

她把目标分成健康、职业、公民、休闲(包括艺术陶冶)四大类,认为这四大类都属于个人的发展问题,而且都有极重要的社会性。健康决不能只看作个人的事,因为"个人无论如何健康也不能抵御不卫生的环境",所以近代社会已很注重公民卫生,从民族与社会的观点来注意个人的健康。职业效率的增进,必须适应社会之需要,而合作精神更是经济发展的要素。她打比方说,法学教授不仅教学习法律者成为自由职业中之一员,同时必须勉励他成为一个主张社会公义者。公民训练要把个人训练成公民,能参加团体活动与社会制裁与调节合作,其社会意义更是彰明较著的。休闲的意思是指合乎理智的运用闲暇时间使生活向上而丰富,这本身就包含有重要的社会性。因此,学校目标社会化的推行,说到底就是要使教育者个性得到尽量发展,成为社会的有力分子。

2. 课程的社会化

课程是实现目标的津梁,既然目标要以社会需要为依归,课程社会化便毋庸赘言了。譬如,教育要发展学生的个性,但他们参加社会上各种集体和组织时,这种集体事业均由各种不同的个体所组成,如果他们所习的课程不能社会化,他们就无从获得参加各种学校团体活动的经验,他们如何去适应社会呢?

课程如何社会化呢?俞庆棠认为在编订课程计划时应做到以下六点,即:

(1)课程应常适应生活的需要。

(2)在逐渐变革的过程,当社会情形与学校目标改变时,课程也应随之而改变。

(3)在逐渐发现学生新需要时,即逐渐将课程改进。

(4)昔时课程之改变,往往由于教育范围以外人员的力量,以后的改变,应尊重教育研究人员及实验人员的贡献。

(5)课程的改进需要教育专家及教育实际人员(如小学教员及民众学校教员等)之相互了解与合作。

(6)课程的改革,应顾到实用性与比较重要性与有前进的目光。①

俞庆棠对于课程社会化推进的设计,十分细致,其中许多观点富有真知灼见,思考比较深刻,对于加强学校与社会的联系、实行教育生活化,很值得借鉴。

3.训育的社会化

在中国现代,教育界把对学生进行思想道德教育、行为习惯训练以及品格的培养,合称为训育。当时有一些学者认为,训育与德育的关系,犹教学与智育的发展,非赖有优良的训导不可。这无异于将训育理解为德育的实施。毋庸置疑,训育具有很强的社会属性。在俞庆棠看来,教师虽然比学生更有学识,更有经验,负有形式上管理的职责,但社会对教师的希望是精神上的控制,不仅要求教师能训练学生的自治能力,而且还能协助控制社会。社会的要求,当然"更有民主精神,更灵敏,更远大",但与之结伴而来的问题是难于处理,难于操作。为什么形成这一局面?这是因为"个人有他的个性,与他人的性格和经验不同,而同时个人为社会团体的一分子,和他人属于同样的性质受同等的训练。且各种团体的目的与性质之不同几乎与个性之不同一样复杂"②。所以,"学校的训育应兼顾此二重观点"。

推进训育的社会化,她提出了三条基本性原则:(1)必与学校以外之社会理想调和。(2)必正面的与积极的,而非反面的与消极的。(3)必用间接的而非直接

---

①②俞庆棠:《如何使学校社会化》,载《教育与民众》第八卷第4期,1936年。

的方法。关于第一条原则,她认为:

> 欲求学校训育与社会理想协调,应以社会调查与学校调查为基础。根据社会调查以分析学校的社会环境,根据学校调查以分析学校本身的内部。训育之应合乎社会的实际与理想,实无异于学校组织课程内容及教育方法之合于社会的传统与理智。①

与此同时,学校要对教师的能力与时间,学生年龄分配,学生的体格、智慧、性格差异,他们在家庭与运动场得到的训练,入学前的情形,课外时间的利用等进行分析,这些"负学校训育之责者都应明了"。这样训育可"因材施教,因人制宜,并适应社会的趋势"②。第二条原则,无论"正面"还是"反面",都是必不可少的。正面的训育根据于"最好如此做",反面的训育则根据于"不准你如此做"。两种的功效不同,但两者社会都需要。她指出:

> 反面的训育禁止行动,正面的则养成优良的品性,并寻求行动上的适当习惯;一则仅获得一时的服从,一则能合社会悠久的需要。反面的训育可以立刻表现功效并禁止不良习惯,正面的训育非特阻止不规则之行动,且可养成有秩序、能互助及合理智的服从之习惯。反面的管理以权威为背景,正面的训育则以情感及人格感化为基础。③

二者各有千秋,不分轩轾,不可因此废彼,亦不可乐彼弃此。第三条原则,所谓直接的训育意为"以明显的方法运用制裁",是"有意的训育"。间接的训育为"潜移默化",即"以间接的方法,即在教师为有意的,而学生则于不知不觉之间受了影响"。二种权衡,俞庆棠以为间接的更为重要,更倾向于教师"以情动人"。她指出:

> 此种训育在学校中亲切有味的工作和活动中最易有效。个人参加社会各种活动时的反应,很容易反映出他昔日所受训育的性质,间接的方法易

---

①②③ 俞庆棠:《如何使学校社会化》,载《教育与民众》第八卷第 4 期,1936 年。

使学生乐于努力学校中艰难的工作,也使他将来易于肩任社会的艰巨使命。所以教师的精神感动和人格感化,最有悠久的效用。①

政治家看重简捷便当,教育家追求耳濡目染、细雨润物。这大概是俞庆棠作为一位教师、教育家的职业兴味决定的吧。

4.教学法的社会化

教学法是实现学校教育目标的桥梁。俞庆棠准确地把握住了二者的辩证关系,认为"教育的目的决定了教育的方法,教育的方法产生了教育的效果"。教学法的形成都以社会的材料、社会的感动和社会的目的为背景,不同的时代、不同的社会条件,教学法也就迥然有别。由于概念、判断、理解等心理过程也受着社会刺激的影响,而暗示、同情、传布、模仿,更有着它的社会关系,明乎此,也就明了为什么"昔日教学法偏重于个人的本能、动机和目的,今应兼注意于社会的本能、动机与目的,以得平衡"的道理。

教学法如何社会化?俞庆棠对这个问题进行了深入的思考。她认为,教学法以社会的材料、社会的感动、社会的目的为背景,但在此背景下,并不意味着教学法就实现了社会化。所以她指出:

> 社会化的教育法需要有训练、富热情的教师,来运用学生环境中的力量和学校刺激的力量形成一种学校精神,或名之曰校风。师生间的关系、学生与学生间的关系,以及学校与社会间的关系应成为一种大结合;而学生对于这伟大的合作,自愿贡献他们的热情与力量,个人社会化的性格最好在幼年就得发展。②

教学法社会化的极为重要特征,是以团体活动、组织团体的方法教育学生。在她看来,"教师如能运用此种团体精神,犹如大政治家之不肯放松民众兴奋的情绪,和军事领袖之善用士兵抗战精神,发挥之,使有更大的效用",能"发挥领

---

①②俞庆棠:《如何使学校社会化》,载《教育与民众》第八卷第4期,1936年。

袖人才和合作精神"。所以,她十分肯定地说:"这不仅是方法的科学化,更是学校的社会化。"

"学校社会化""教育生活化"是一个常研常新的问题。对这一问题的研究,有助于更好地发挥学校的功能,促进社会健康发展。显然,俞庆棠的研究与探讨是有价值的,尽管她没有提供圆满的答案——她也不可能提供完满的答案,但她的研究,足以给后来者以良多启发。

第三节 社会化学校

一个受教育者在学校接受的教育是有限的,在学校受教育的时间也是有限的,到了一定的时间,他或她必然要走进社会。如果社会乌七八糟,非但不能在社会中接受良好的教育,反而可能会与社会上的坏分子同流合污,或为社会恶势力所吞噬。古语云:"虽有天下易生之物也,一日暴之,十日寒之,未有能生者也。"[①]学生在学校"一日暴之",在社会"十日寒之",将在学校受教育留下的印迹,全都冲刷得干干净净,因而俞庆棠不得不考虑研究"社会化学校"的问题。

(一)学校教育的有限性

任何学校,无论其管理是如何完善,但它的缺陷是无法弥补的。这就是它对受教育者的教育虽从破蒙开始,但不是到进棺材才终止。学生出学校的情形如何,它是不管的,也是管不上的,这是因为"个人在校就学期间,无论如何延长,总有限制"[②]。而且,"八岁至十四岁的儿童,一小时在校,五小时在外",他们在学习期间,每天8小时在校,16小时在社会,除掉8小时间睡觉,还有8小时,加之节假日,在社会的时间更长。这说明,学校生活并不能等于学生终身过程的全部。所以,俞庆棠指出:"学校生活不过是生活的一阶段,经验继续不断的改造,绝不限于学校时期。学校教育绝不能代表终身的过程。"[③]

既然学校生活仅为社会生活中的一部分,仅为人生旅途中的一小段,尽管这一部分、这一小段很重要,但至少教育工作者不能丢弃另一大部分不管。反过来说,将人生的大部分旅程弃置一旁,对学校生活结束后的社会生活不去设法干预,学校生活也绝不会像意想中的那样风平浪静、一帆风顺地到达目的地,社会生活或者将学校生活重重围困起来,使学校生活一筹莫展;或者直接搅和学校,使学校鸡犬不宁。俞庆棠深谙此理,对社会化的教育、社会化的学校展开了深入的研究。

[①] 孟子:《孟子》卷十一《告子上》,万丽华、蓝旭注,中华书局,2006.
[②][③] 俞庆棠:《民众教育理论的探讨》,载《教育与民众》第六卷第9期,1935年。

(二)"社会化学校"观形成

"社会化学校"与"学校社会化"是两个不同的概念。后者的立足在学校,思想倾向是注重学校与社会的密切联系,教育与生活浑然一体。而前者的立足点在社会,思想倾向为使社会赋予教育意义,使社会成为一所大学校。

在探讨俞庆棠的社会化学校之前,有必要对她的"社会"观做一简要说明。

俞庆棠的教育论著中,"社会"二字是使用频率颇高的字眼,她自己还是中国社会教育会发起人,并担任干事长,但也并未对"社会"范畴做出专门的界定。根据她对"社会"范畴的使用情况,大致可以把握她对这一范畴的基本理解:其一,指由于各种利益关系而互相联系组织起来的人群或团体;其二,指以劳苦民众为主体的人民大众及其组织;其三,指设置于城市为劳动民众服务的公共设施与场所。

"社会化学校"是俞庆棠社会改造的理想与目标。她改造社会是为了使社会成为一所大学校,使之对社会每一分子都有蓬勃向上的意义。她的这一思想受美国的社会教育与梁漱溟的诱发而萌生。美国独立后,社会图书馆或私立公助图书馆开始兴盛起来。众多从业人士奋起读书和追求知识,钻研技术和提高工作能力。青年们组织起来,掀起了读书活动。他们合力成立图书馆,比起协作图书馆来,有更严密的组织和更明确的目标。学工的艺徒和在职技术人员这样做,从商者、文牍人员、计算人员这样做,志在为学的青年无不如此。19世纪40—50年代,由美国星期日学校图书馆和由各州根据强迫教育法设置的学区图书馆,同时面向广大读者开放。[①]南北战争后,1886年经国会决议再建规模宏大的馆舍,并把图书供群众阅览。自此开始,国会图书馆成为社会教育的殿堂,并且出现这样的喜人现象:有的较大城市图书馆或县图书馆,都和地区图书馆合作,地区图书馆常常成为市、县图书馆的分馆;市县图书馆还常派汽车载书巡回展借,称为流动图书馆或汽车图书馆。在俞庆棠看来,美国图书馆为净化文化教育环境起到了极为重要的作用。在19世纪20—40年代的中国,俞庆棠、邰爽秋等教育家推行社会教育的许多做法,大致可以溯源于此。

[①] 滕大春:《美国教育史》,人民教育出版社,1994,第255—256页。

民众教育的践履者俞庆棠

随着科学发达,人们索取科学知识的热潮兴起,观察、采集、实验等科学方法得到重视,也形成了新的文化教育需求。美国独立后,博物馆热成为一时盛事,有的博物馆门额标写着:"博物馆:伟大的自然学校!"其下还用大字书写着:"这是智慧的学校:自然这本大书在向你敞开,其中可探索宇宙间奇妙的事体,它是通向永恒真理的殿堂。"[1]博物馆的声誉广泛传扬。有的博物馆除陈列展品外,还利用博物馆表演艺术、讲述新颖故事、议论群众关心的问题。博物馆逐渐成为市民谈论的中心,成为广大民众的文化乐园,成为各州各市镇比较普遍设立的教育场所。美国博物馆在建国之初,就有人呼吁它是教育机构。到19世纪末,它就以启蒙群众为明确的任务了。库尔曼指出,美国博物馆未来发展的前途,是在教育阵地上取得强有力的地位。他说:

> 在此之前教学工作主要是为数有限的传之多年的教育任务,特别是学校和大学的任务;但在如今,人们则看出一些博物馆在内的教育机构正在从工作方法方面竭力扩展效用。博物馆和图书馆一样正在共同尽其应尽的教育职责,因为跟绝对多数的社会的、商业的和政府的机构所能尽的教育职责相比较,博物馆和图书馆具有更为优良的条件;而且因为它们搜集和掌握了大量资料和展品,它们都是必须向广大人民阐述各种知识的。[2]

学者们认为,完成这一使命除了要靠人力物力支援外,尤为根本的是博物馆的教育在内容方面必须切合群众的兴趣和需要,能够丰富人民的文化生活和指导群众前进的道路,能够推动社会的进步和民智的提高。正是肩负着这一使命,博物馆与日俱增。1910年全美馆数约600座,到1939年便达2500座,教育博物馆、天文馆、通俗科学馆、人类学博物馆、应用科学博物馆应有尽有。

美国色彩斑斓的讲习会和学术组织,也是美国"社会化学校"的一大特色。俞

---

[1] 滕大春:《美国教育史》,人民教育出版社,1994,第259页。
[2] 滕大春:《美国教育史》,人民教育出版社,1994,第459页。

第五章 尊重传统 跨越传统

庆棠认为这是值得重视和借鉴的。关于美国讲习会和学术组织情形,滕大春在《美国教育史》第 260 页记述道:

> 因为各地科学、艺术、农业、工业、商业等不同类别的共读组织,在 18 世纪最后 20 年和 19 世纪之初的 10 年,是为数日增的。它们有的是地区性的,有的是超地区的,有的还是经地方立法机关发给许可证的。……由于 19 世纪在美国来说是一个崇尚公开讲演的世纪,就各种问题进行历史探奇,以充分的理由、修饰的语言和论证式的结构合力剖析琢磨,是学识的钻研,也是生活的享受。在这里政治民主和学术民主更是彼此无间而融为一体的。因为它使人们感情亲切而精神水乳,它通过各种活动不仅叫人们掌握科学、文学和职业技术,更令人在政治上取得思想交流和了解。

揭开美国讲习会第一页的是霍布鲁克。他认为,如果在广大的农村成立讲习会,并做出周密安排,其效益是任何其他可能考虑的办法所不及的。他提出讲习会的两大目标:一是"为青年提供经济和实用的教育,从而普及理智的和有用的知识";二是"把科学和各种教育都应用于家事和实际的业务,并且应用于提高人生的目的"。说干就干,他果然在马萨诸塞州吴尔斯特发表讲演,并把众多听讲的农民、工人和其他人士三四十人组成了美国第一个讲习会。此后全美纷纷成立讲习会,讲习会"使人们的言谈改善了,争取享受较佳的娱乐了","促成了新的教育气候"[1]。这些都是俞庆棠极为看重的。

美国的一切文化设施、公共文化娱乐场所等,都富有教育意义,这是令俞庆棠十分感佩的。她把美国这一些社会教育方式当作她"社会化学校"的参考与模式,一度大力推行。

梁漱溟社会本位的教育系统,很合俞庆棠的脾胃,他对传统学校的针砭挞伐,对社会教育的热衷褒扬,与她的观点不谋而合。所以梁漱溟的每一篇乡村建

---

[1] 滕大春:《美国教育史》,人民教育出版社,1994,第 261 页。

设社会教育的论文,她都要全文拜读;菏泽改革的每一项举措,她都密切观察审视。对"社会改造期"的教育,她尤为赞同。譬如梁漱溟说:

> 社会改造期的教育宜就其人所有环境行之,与平时恒设为特殊环境以超于现实大社会环境外者异。所谓特殊环境指学校言。学校之设,在避去杂复纷乱许多无用乃至有害的刺激,而集中精力以求学习上、修养上之经济有效。此为平时之教育设施所必须,但在社会改造期则必以社会式教育为主,即参用学校式,亦必变通之。盖社会改造期的教育,即着重在生产大众,而于此生产大众万不能使之脱离生产行程而教育之也,此其一。又此期教育既要在风气习惯组织关系之改进,当然从实地之社会问题着手。个人之长进即在社会长进之中,却不能使个人离开环境得到长进,再为社会之长进。例如地方团体之养成,农民合作组织能力之训练,一种生产技术发达,早婚缠足等陋俗之解除,必无离开实际问题,别设为环境以行其教育之理也,此其二。①

这是梁漱溟《社会本位的教育系统草案》中的一段文字。梁漱溟在讨论这一问题时,有三个重要观点,这段文字阐述的是第三个观点。对梁漱溟的三大段文字,俞庆棠一字不漏地抄录,真可谓推崇备至。非但如此,抄录之后还有一小段画龙点睛般的评价。她说:"梁先生以上的说话,实在是意义渊深,而说得异常清楚,不必加以说明了。人们只能在游泳池内学习游泳,人们也只能在社会环境中学习共同生活的方法并实现社会改造。"她对杜威言论的引述,也没达到不忍割爱的程度。值得注意的是,她是在其《民众教育理论的探讨》的扛鼎之作中引述,足见受梁漱溟的社会教育思想影响之深。

---

① 俞庆棠:《民众教育理论的探讨》,载《教育与民众》第六卷第9期,1935年。所引为梁之1933年2月教育部"邀集各地民众教育专家"会议,无锡江苏省立教育学院高阳参加了会议。收入《乡村建议论文集》(乡村书店,1936年2月,第三版)时题为"社会本位的教育系统草案"。另见《梁漱溟全集》第五卷,文字相同。

（三）"社会化学校"的推行

受美国社会教育和梁漱溟教育思想的影响，俞庆棠把学校的一切都按"社会化学校"原则进行设计与改造，使之赋予教育意义，成为民众教育的组织形式与场所。在俞庆棠的眼中，图书馆、博物馆、美术馆、体育场馆、工人农民生活区、工人农民集散地、印刷所等，社会的一切设施，都可以加以设计、改造、利用，成为民众教育的手段。她认为这些都"可给予人们以新的生命和新的力量，是最美好的东西。最美好的东西，应该给予最大多数的人民"[1]。她担任江苏省立教育学院教授兼研究实验部主任后，先后在无锡创设了黄巷民众教育实验区、丽新路工人教育实验区、江阴民众图书馆、汉昌路民众学校、惠北实验区、北夏实验区等"社会化"的学校。这些都带有实验性质，一旦实验摸索到"社会化学校"的经验，随时推向全国。此外，经她提出并推动或参加推动的民众教育机构还有很多，如《教育与民众》杂志、民众体育场、民众诊疗所、国术团、健康展览、博物馆、广播电台、电影院、剧团、通俗科学馆、通俗讲演等，不胜枚举。凡对民众有影响的，她无不尽纳其中，使之发挥教育意义。她在《论民众教育馆》的论文中，开列了一种教育设施的清单："实施民众教育之机关，并不是仅为民众教育馆、民众教育实验区、民众图书馆、民众体育场而已。其实，任何一种教育设施均可为实施民众教育之中心机关。举凡博物馆、电影院、国货陈列馆、农事试验场、剧社、民众茶园等，或可包含于民众教育馆，或单独设立，均为实施民教之利器。即民众教育实验区、民众图书馆、民众体育场；如不能单独设立，亦可隶属民众教育馆为其一分部，事业仍可进行。"[2]正如其所言，"任何一种教育设施均可为实施民众教育之中心机关"，这是对"社会化学校"的最好注脚。

据当事人回忆，俞庆棠曾在《从改进学制系统确立社会教育地位》一文中提出了系统的"社会化学校"的设想，并设计了"中国社会教育制度系统表"。她的推行社会化学校计划分为五大部分：（1）行政系统：普通教育行政将社会教育行政囊括其中，包括教育部的社会教育司，省市教育厅局的社会教育科，县市教育

---

[1]《人民教育家俞庆棠与江苏省立教育学院》第4—5页，江苏省立教育学院校友会丛刊第一辑。
[2] 俞庆棠：《民众教育》，正中书局，1935，第146页。

局、科的社会教育课(股)。(2)设计机关:各级教育行政机关和各种社会教育委员会等。(3)事业系统:民众教育馆、民众学校、图书馆、博物馆、体育场、公园、电影院、戏剧院等,均系社会教育制度的本体,以县民众教育馆、农民教育馆为主要实施机关,其余为辅助机关。(4)辅导系统:为民众教育馆、农民教育馆以外的机关。(5)人才训练系统:执掌培训各级社会教育人才。[①]

这个"社会化学校"计划,有便于推行的优点:上下沟通,左右联系,实施与行政打成一片;兼顾基础教育与继续教育;将民众教育推进到制度化、组织系统化。

俞庆棠的"社会化学校"推行计划,富有创造性,是史无前例的。但是这一"社会化学校"的理想蓝图,在当时是无法实施的,它超出了当时政治、经济、文化所处的时代。

[①]《人民教育家俞庆棠与江苏省立教育学院》,江苏省立教育学院校友会丛刊第一辑,第79页。

第四节 创造的困惑

俞庆棠对"学校社会化""社会化学校"进行了较深入的研究,提出了一些创造性的主张,对于民众教育理论的形成与完善,贡献良多,功莫大焉。但是,在俞庆棠生活的那个时代,政治上高度独裁,经济上濒于崩溃,劳苦民众能侥幸苟且活下去尚且不容易!她的民众教育理论愈是研究,愈是感到四面碰壁,犹如一根根绳索将她五花大绑着不能动弹,从而陷入无尽的苦恼与困惑之中。

其一,俞庆棠觉得尽管教育可以改进政治,促进经济发展,但政治和经济有强大的反作用,可以拴住教育,使其一无所成,止步不前,甚至被扼杀至死。她感到推行"学校社会化""社会化学校"改革条件还不成熟,"唯有勃盛的民族的国家,不断地谋竞存、独立和扩张,而后有奋起施行普遍的国民训练的动机。唯有民主的政治,人民才有教育机会均等的可能与必要。唯有工业的社会经济的基础,而后国家有大规模的教育事业所需的财富,人民虽在生活挣扎中也有接受教育的余裕"[①]。再看看中国当时的惨相,内外交困,黑云压城,危机四伏,"外则有国际的侵略和压迫,以致民族的独立,常受威胁;内则有传统政治势力的残余,以致民主的政治,未能确立。至于民族工业不能发达,而农村经济又急速崩溃下来,更使社会基础根本动摇,有岌岌不可终日的险相"[②]。在这种情形下,"学校社会化""社会化学校"如何能推进?

其二,俞庆棠在推行"学校化社会""社会化学校"几年后,对其效用产生了怀疑。她在第三届乡村工作讨论会上说:

> 乡村工作的事业,多少是偏于一隅。在这一隅中,我们碰壁的时候,不

[①][②] 俞庆棠:《民众教育理论的探讨》,载《教育与民众》第六卷第9期,1935年。

知有多少。而我们工作的愿望,尤在于能影响整个的民族。可是这几年来,吾民族的外患内忧,天灾人祸,已到了历史上所罕有的严重。我们的苦闷,平时也无从诉说,借这集合的机会,正可互相诉说民族的安危和自己的苦闷,而期望运用集体的思想和力量,使偏于一隅的乡村工作,对整个民族问题,有更直接的影响。①

矛盾的心理表述出的是矛盾的思想。她四面碰壁,产生了很多苦闷,未找到答案与出路。她明知"偏于一隅",作用是有限的,却硬是壮着胆子说要使"对整个民族问题,有更直接的影响"。尽管她千方百计不使自己对正从事的事业的效用流露出怀疑,但字里行间还多少夹杂着一点无力的灰心丧气:

目下乡村工作的保卫事业,保得住一乡一村或一县少数人的生命财产的安全,却挡不住黄河长江的怒潮,更保不了整个国土的完整。乡村工作中的教育事业,固然很有生机,可是对于整个民族的文化水平,究竟提高了多少?乡村工作中的生计设施,可以增加几个乡村或县份的收入,却抵不住国际经济侵略的深入农村,也不能使农产品的价格不低落,从事生产的资源不枯竭。乡村工作中的合作组织,固然很有效力,可是无从抵御有一贯计划的白银政策,使白银不向外流,农村金融恐慌不爆发。②

她对民众教育改革出路与功用的怀疑,不是她的能力不够导致的,也不是推行中失误带来的,而是受制于社会的。所以,她产生这种怀疑,又是非常合情理的。

其三,俞庆棠明显感觉到学校无法与社会发生联系,学校与民众生活难免没有隔膜,"学校社会化"前景黯淡。她在一篇论文中说:"学校教育之内容(课程)兼行政组织(如年限、纳费等规定)都与群众生活隔离太远,而又无法使其接近。"③她对"学校社会化"作了长期深入的研究,但最终发出的却是"无法使其接近"的叹息。

---

①②俞庆棠:《欢饮三届乡村工作讨论会》,载《教育与民众》第七卷第1期,1935年。
③俞庆棠:《民众教育理论的探讨》,载《教育与民众》第六卷第9期,1935年。

第五章 尊重传统 跨越传统

其四,俞庆棠的"学校社会化"主张在她的教育思想中,并未一以贯之。她本来主张打开学校的围墙,使学校与社会发生广泛而密切的联系,反对闭门思过式的深居简出的读书办法。在这一点上,她作为一位生活教育论者,主张像陶行知那样,把学校的围墙拆去,"以青天为顶,大地为底,二十八宿为围墙,人人都是先生,都是学生,都是同学"[①],与社会融为一体。但在实践中又不乏悖于这一基本理论特征的举止言谈。如她在苏州振华女中演讲时,强调说:

> 现在我再来和你们谈谈读书的方法吧。学生没有家室之累,当然应该勤读。近来,我们国家灾祸很多,如洪水泛滥,江苏省的一个堤坝被大浪冲毁,人民倾家荡产,流离失所。东北农村破产,工厂停闭,经济不景气。而我们呢,却尚能平安度日,倘使读书再不用功,真要无以自存了。现在许多同学费了很多宝贵时光,预备会考,这固然很好,但我觉得还不够。读书的真正目标,是求思想的发达,读而不想,就失掉了读书的目标。[②]

这种读书主张,与她的一贯主张多有不合,是不是她的基本信念有所动摇,抑或是放弃了其一贯恪守的观点?其实并非如此。因为她在这个演讲后还写了《如何使学校社会化》这篇代表其基本思想的重要论文。那么,这一现象做何解释呢?只能说她在现实情形及理论困扰下,一时陷入了迷茫。

---

① 陶行知:《教育的新生》,见《陶行知全集》(第2卷),湖南教育出版社,1985,第711—712页。
② 俞庆棠:《谈谈读书》,载《振华女校季刊》第二卷第2期,1936年。

第六章

开拓创新　独树一帜
——民众教育的形式论

民众教育的践履者俞庆棠

在中国近现代,强邻入侵,民族独立受到严重威胁;封建军阀拥兵自重,民主政治不能确立;民族工业不发达,农村经济急速崩溃,社会的根基松动,岌岌可危。在这种特殊的社会背景之下,用整齐划一规范的现成制度来谋普及教育、发展民众教育,最终只能成为空谈。一定要采取非固定的、灵活便当的形式,方可收到宏效。俞庆棠独树一帜的民众教育形式,就是在这种特殊的文化氛围中提出来的。

第一节 形式创造

在中国,系统地提出并推行民众教育,是俞庆棠的创造,是开天辟地第一次。首先,民众教育最先由她提出并拟订详细的实施办法;其次,民众学校作为民众教育的最主要形式之一,她是实际的缔造者;再次,民众教育的其他重要形式,如民众教育馆、民众图书馆、博物馆、运动场馆,并非由她创议并设置,以前便已有设立,但是将它们赋予教育意义,成为社会教育机关,并对它们的教育功能做全面的阐述,最早的工作是俞庆棠开始做的。当然,俞庆棠的民众教育形式也吸收和借鉴了中外前贤及同时代人推行社会教育的经验,并形成她自己的有特色的系统的民众教育形式。

在本书第五章的"社会化学校"中,对俞庆棠"社会化学校"思想形成做了粗略探讨,涉及诸如图书馆、博物馆、讲习会之类的问题,并指出这些社会民众教育的形式的提出,多受美国推行社会教育的实践及梁漱溟在山东菏泽的举措的诱发,在此不赘。需要指出的是,晏阳初和陶行知对她的民众教育形式形成也有重要影响。

早在1927年,晏阳初就撰写了平民教育的三个目标,同时提出了实现这三个目标的方法,为了"养成自读、自习、自教的能力"[①],晏阳初从普通方面入手,

---

① 宋思荣主编:《晏阳初全集》(第一卷),湖南教育出版社,1989,第108页。

架起通向知识的桥梁;第一,提供平民普通读物。第二,设立平民阅报室。第三,组织平民读书团。第四,组织平民校友会。第五,轮回图书担。第六,影剧团。晏阳初以为这是平民教育的重要形式。他说:"戏剧具有很大的吸引力、感化力,比读书听演讲,效力大得多。它能使人潜移默化,这种不自觉的教育、不勉强的教育,是最理想的教育方法。"①定县实验开始后,除以上形式均予以推行外,晏阳初还创设了初级平民学校、高级平民学校,这是晏阳初推行平民教育的主要组织形式。为了实施生计教育,补助、指导、改善平民生活,成立农家改进社,建立农事表证场。他说乡村和城市应采取不同做法:

(一)在乡村里,如办:(1)农家改进社;(2)农事表证场等,以改进农民的生活及改良我们中国固有的农艺。

(二)在城市中,如办:(1)平民银行;(2)平民工厂,以改进我们中国固有的工艺。②

晏阳初还提出并实施乡村合作社。他注意到中国农村贫穷落后也与农民自私自利、一盘散沙有重要的关系,主张叫农民们携起手来,治愈小国寡民的鸡犬之声相闻,老死不相往来的痼疾。他在定县推行了合作社制度,建立了村区县三级合作社,每村只设一个同样性质的合作社,避免内讧分裂;数个小村可联合成立一社。合作社的成立,促进了农民之间的合作,并集中了人才资金,便于推动事业发展。

俞庆棠对晏阳初的定县实验给予了极大关注,并在自己的工作中尽量吸纳其成功的经验。如俞庆棠组织并推行的阅览室、共学会、读书班、校友会、流动图书馆、剧场、合作社等,在形式上对晏阳初的举措是有所借鉴的。事实上,近现代乡村教育工作者彼此之间是互相沟通的,晏阳初、梁漱溟都是俞庆棠发起成立的中国社会教育社的成员不仅彼此之间有长期的神交,实际见面会晤也不少。

---

①晏阳初:《农村建设要义》,见宋恩荣主编:《晏阳初全集》(第二卷),湖南教育出版社,1992,第41页。

②晏阳初:《平民教育的真义》,见宋恩荣主编:《晏阳初全集》(第一卷),湖南教育出版社,1989,第109页。

民众教育的践履者俞庆棠

晏阳初还亲自到过无锡,考察乡村教育并介绍定县经验。他们在学术观点上互相渗透,在推行形式上互相借鉴,是理所当然的。

陶行知推行平民教育、乡村教育和儿童教育的形式,也引起了俞庆棠的重视。除平民问字处、平民读书处外,陶行知的工学团对她的印象尤深。工学团是陶行知在1932年夏创建的一种新的乡村教育组织形式。他根据乡村社会军事、生产、科学、识字、民权、生育六大训练的需要,提出"工以养生,学以明生,团以保生"的口号,主张将"工场、学校、社会打成一片"。他在《乡村工学团试验初步计划说明书》中指出:

> 乡村工学团是一个小工场,一个小学校,一个小社会。在这里面包含着生产的意义、长进的意义、平等互助自卫卫人的意义。它将工场、学校、社会打成一片,产生了一个改造乡村的富有生活力的新细胞。①

按他所著《古庙敲钟录》中的设计,他要把中国建成无数个工学团,人人生产,人人长进,人人平等互助,人人自卫卫人,锻造成中华民族的新生命。在这一新的组织形式中,招收对象为儿童的称之为乡村儿童工学团;由青年所组成的称之为乡村青年工学团。为配合工学团这一新形式的推行,陶行知发明并广泛推广了"小先生制"。他说:"由小先生在'即知即传'的口号下传播给农民、劳工、妇女们,他们马上就当'传递先生'再传给别人去。"②工学团这一形式在推行上如何操作?陶行知做了说明:"工学团具体的教育方法,是由每一个教师担任指导四十个学生,教育他们怎样在校外教穷人和穷孩子们认识文字。这就是把学校当作发电机,学生当作电线,两者打成一片点亮电灯(即大众教育)的运动。换句话说就是把社会和学校完全有机地予以统一的。"③工学团变过去的"以教育发动民众"为"由农民、工人、妇女自动地发动教育"④,产生了极好的效果。

---

①陶行知:《乡村工学团试验初步计划说明书》,见方明主编:《陶行知全集》(第二卷),湖南教育出版社,1985,第593页。

②④陶行知:《教育生活漫忆》,见方明主编:《陶行知全集》(第三卷),湖南教育出版社,1985,第626页。

③陶行知:《教育生活慢忆》,见方明主编:《陶行知全集》(第三卷),湖南教育出版社,1985,第625—626页。

第六章 开拓创新 独树一帜

陶行知活动的舞台,在南京与上海之间,为俞庆棠创造民众教育组织形式提供了较大方便。就近取材也是她的一贯原则。她的新组织形式逐渐向最基层进发,大致与工学团有着某种联系。譬如,俞庆棠在两个地方均如是说,中华民族民众整体素质要有提高,除非政府下了决心,如胡适之先生说的:"坚决的信仰五千万失学儿童的救济,比五千架飞机的功效,至少要大五万倍。"或者知识分子下了决心,有五万人坚决地下乡,跟着陶行知先生,刻苦地办起工学团来,这义务教育问题,简直无从谈起!工学团成为她比较迷信的组织形式。

为什么俞庆棠提出的民众教育组织形式多取材于美国社会教育,以及梁漱溟、晏阳初、陶行知的某些社会教育措施呢?这是由她对民众教育组织形式的特点的认识所决定的。她认为,当时的中国政治独裁,经济凋敝,社会不稳,民不聊生,这决定着民众教育的形式要具备简易灵活、不求整齐划一、花钱少效率高、不拘于固定形式、可随时随地根据实际伸缩变通的基本特征。而当时美国社会教育以及梁、晏、陶等推行教育的形式又多带有这些特点,对他们有所借鉴是必然的。

俞庆棠提出的民众教育组织形式很多,她在《民众教育与教育制度》中列举了将近30种,她说:"为着要实施切于民众生活及社会需要的各种教育,于是设立各种民众教育机关。因为事业之设施范围不同,而所用之教育与方式及工具各异,随而机关的种类亦很复杂。"①其主要形式有:民众教育馆、农民体育馆、妇女教育馆、民众学校、图书场、体育场、识字处、问字处、补习学校、盲哑学校、感化学校、博物馆、美术馆、古物保存所、通俗讲演所、阅报处、公园、音乐会、剧场、无线电播音台、电影场、公共娱乐场、民众茶园、说书处等。她认为,电影事业及无线电播音等,尤为近一两年实施民众教育之利器。可见俞庆棠民众教育组织形式的提出,对各地经验多有借鉴。兹选取其中主要的、较典型的略作阐述。

---

① 俞庆棠:《民众教育》,正中书局,1935,第95页。此书为她在江苏省立教育学院民众教育课程的讲授大纲,本部分原为《民众教育与教育制度》。

第二节 民众学校

"民众"一词,出自孙中山的遗嘱;"民众学校"却是未见经传的新型学校名称。它是怎样面世的呢?

(一)民众学校由来

民众学校是由俞庆棠第一次提出并实施的。1928年,俞庆棠受聘为中央大学教授兼扩充教育处处长。她受杜威教育思想影响较深,有志于民众教育事业。她的同事,曾和她一起工作过9年的童润之回忆说:

> (她)任职伊始,一心想建立一个民众教育制度,以民众教育馆、农民教育馆、图书馆、民众学校等社会教育机关为普及与提高民众文化程度的场所。为了培养民众教育师资和社教行政工作人员,她于一九二八年就任之始,就在苏州筹建一所民众教育学校,称为"江苏大学区民众教育学校"。①

俞庆棠1935年在江苏省立教育学院讲授民众教育时,讲到民众学校前身的两个变化时说,民众学校之名称,始于1929年,其前身经过两个变化,即清末的简易识字学塾及1923年以后的平民学校。但是,民众学校"是什么",她并没有回答。后来,教育部对民众学校的性质做了补充。1929年1月22日,教育部公布《民众学校办法大纲》,其中第一条指出:"民众学校以根据'三民主义'授予年长失学者以简易之知识技能,使适应社会生活为宗旨。"俞庆棠对教育部的话颇为不满。她在江苏省立教育学院讲授民众教育时,曾指出:

> 最近修正《民众学校规程》之宗旨,实较畴昔各次为具体并有进步。但

---

① 童润之:《江苏省立教育学院始末记》,见中国人民政治协商会议江苏省委员会文史资料研究委员会编:《江苏文史资料选辑》(第13辑),江苏人民出版社,1983,第36—37页。

吾人可得而言者,即广大的失学民众是否授予简易与知识技能便能满足其需要;或者说,即可成为一健全有用之公民?同时,在现阶段之教育制度下,民校是否仅限于年长失学者入学?其意义与范围实不仅如《规程》所定的单纯。根据教育是要尽其推进社会文化之功,和必须在整个社会生活中实现,民校又实得进一步为推进社会文化的机关。①

由于民众学校修业时间短,每日上课大致2小时,以在夜晚上课为多,学生上学不但不缴纳任何费用,且由学校供给教本、纸笔等物品;因其适合民众需要,又适于民众生活,发展很快。1928年统计,全国共有6708所;1929年便增至20 089所②,一年中便增加三倍,发展之迅速,的确惊人。其间,俞庆棠不仅有首倡之功,还在推行实施上做了巨大努力和艰辛的探索。因为劳动民众均"穷忙"——又"穷"又"忙"。"穷"使他们无钱上学;"忙"使他们无暇上学。针对民众的这一特点,她提出了推进民众学校发展的基本原则。她说:

> 欲实施整个生活的民众教育,是不能拘于一定的方式的。盖生活在继续的变动中,教育则随生活之变动而变动;同时,生活亦因着教育之指导而在不断的变动。不过,文化日趋于复杂,如果没有一种控制使其简单化,而予学习者以意识的指导,使所得的印象,较为深刻;使学习的时间和精力,较为经济;使学习的内容,较有系统;则殊不易获得良好之效果,故实施民教,仍需一种控制的环境,一种基本的组织。这种基本组织,最通行的当推民众学校。②

由于她的这一推行原则,正好解决了劳动民众所存的疑惑,所以民众学校在全国蓬勃展推开来,成为中国现代教育史上的一桩盛事。

(二)民众学校学生入学年龄

本来,学生入学年龄问题,民间毋庸讨论,政府规定就是了。但是,年龄规定得恰当与否却是涉及社会全局的大事。如果"切"得过早,势必与义务教育交叉

---

① 俞庆棠:《民众教育》,正中书局,1935,第107页。
② 俞庆棠:《民众教育》,正中书局,1935,第106页。

重复,造成浪费;如果"切"得过晚,又势必有"漏网之鱼",造成"成人文盲的后备军"。

关于民众学校学生入学年龄问题,1929年1月22日教育部公布《民众学校办法大纲》第二条规定为:招收"年在十二岁以上五十岁以下之男女失学者"。对这一规定,1934年6月26日,教育部颁布《民众学校规程》,废止原《民众学校办法大纲》,规定:"民众学校实施方针为'授予年长失学者以简易之知识与技能'。民众学校收受16岁以上之年长失学者,及未办短期义务教育地区之年在10岁以上失学者。"①俞庆棠经过考察分析清末以来政府对民众入学年龄的规定,发现这个规定实际是在制造"成人文盲的后备军"。因为民校学生之入学年龄,在25年前的简易识字学塾时期,凡年长失学及幼年家贫者均可就学。迨平民学校时期,则规定12岁以上50岁以下的均可入学。至1929年所规定之民校学生,则为年在12岁以上50岁以下之男女失学者。1932年修正为年在16岁以上50岁以下之男女失学者。1934年6月则修正为年在16岁以上之失学者。统观上述,大概民校学生均以成人为对象,然在传统教育下的学校,实不能收容如此广大的无力入学之儿童。因此,仅仅注意16岁以上之教育问题,则显然抛弃了失学的儿童。他们,即成人文盲的后备军,此不能不说是严重问题。

考察了几个入学年龄的规定后,俞庆棠思考的问题是如何弥补《民众学校规程》的缺陷问题,寻觅民众学校与国民学校的衔接问题,最终目的是消灭"成人文盲的后备军"。

(三)民众学校的经费

经费问题,在中国近现代自始至终困扰着办学者。他们都陷入急欲将教育推展开去但又经费拮据的窘状之中。俞庆棠也是这样。

在考虑经费问题时,俞庆棠注意到《民众学校办法大纲》中"民众学校不收学费及其他费用,所用书籍文具等由学校供给之"的规定;后来公布的《民众学校规程》,对于供给书籍文具等的条文做了一点更正,改为在经费充裕时,得供

---

① 陈学恂主编:《中国现代教育大事记》,教育科学出版社,1988,第299页。

给贫寒学生所用之文具及书籍。俞庆棠认为,按这一规定,"开设一所民校所需之经费均由国家或地方供给"。她算一笔账,根据实施成年补习教育计划,按每一学生1.8元的费用计算,全国应接受教育的人口共202 784 153人,失学的3900余万儿童不算在内,在当时民穷财尽的情况下,36亿元的天文数字从何处筹得!这笔账一算,使她认清了民众学校的艰难处境。她说:"政府须以最大的决心来实现这计划,那文盲才有肃清的希望。不然,则识字教育尚未完成;若欲进而赓续训练使成为健全有用之社会成员,那当然更难了。"①她没有被困难所吓倒,相反,受到民众学校迅猛发展形势的鼓舞,她觉得如果政府与民众教育工作者双方诚心诚意,竭诚努力,民众学校的前途一定会柳暗花明。她指出:"政府力倡,从事者不力,则不易生效;从事者努力,而政府不提倡,亦难于期成。故要得丰满之蓓蕾,完美之结果,非双方合力栽培不为功。"②

所以,她说干就干,身先士卒,全力以赴,试图通过推进民众学校展示民众教育的成绩,来"感动"政府,以筹得更多的经费,同时激励民众教育同人去拥抱民众学校光明灿烂的明天。

(四)民众学校的行政

在俞庆棠看来,推行民众教育,欲收宏效,必不能拘于一定的方式,而办理民众学校,行政则要求简单、经济、效率、易于控制,击其首则尾应,击其尾则首应。她说:

> 组织应求简单,行政应有效率。所谓简单,并不是苟且,必须有系统且能适用;所谓有效率,乃有条不紊,各部的任务必有专责,而事权复归统一。此属于内部之组织与行政之最高原则,至于行政上之效率,属于监督及考核事项,亦甚重要。③

---

① 俞庆棠:《民众教育》,正中书局,1935,第109—110页。
② 俞庆棠:《民众教育》,正中书局,1935,第110页。
③ 俞庆棠:《民众教育》,正中书局,1935,第111页。

她认为,民众学校的组织行政应尽力避免空泛,杜绝故意把架子摆得大大的,装腔作势,借以炫耀。倘若该校教师仅有一两人,大可不必追求"麻雀虽小,肝胆俱全",徒然追求形式,不合经济原理和行政效率原则;也不必网罗教师,使对民众教育无兴趣、不愿吃苦耐劳、不能胜任工作者滥竽充数,成事不足,败事有余。如果是三人或三人以上合办的民众学校,那么不仅"职责自须有专属",更重要的是遵循如下五个原则:"一、劳逸平均;二、责有专属;三、事权统一;四、组织简单;五、效率增大。"①她自己主持的实验民众学校,就是按这些原则组织的(见图6-1)。

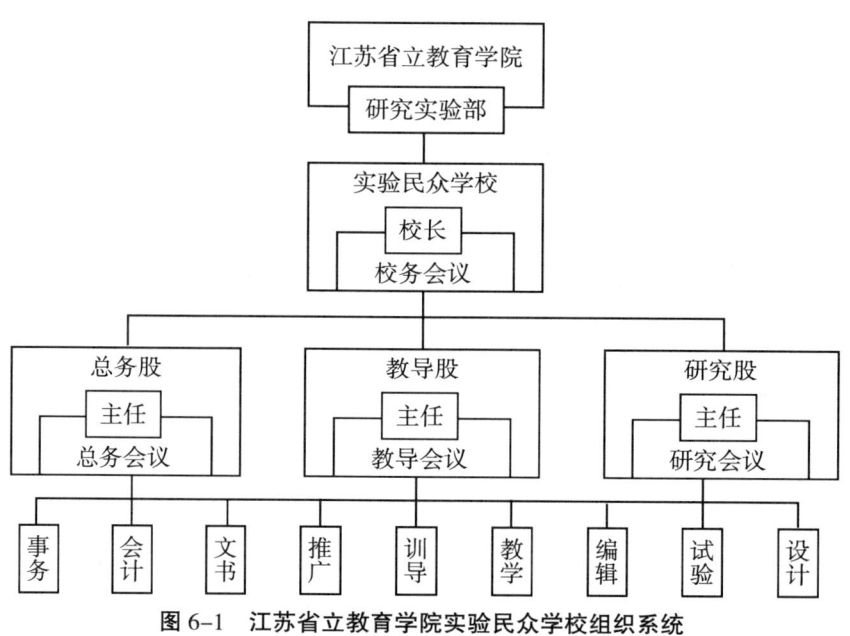

图 6-1 江苏省立教育学院实验民众学校组织系统

这是规模大的民众学校的组织系统,规模小的学校自可效仿。一人独办的民众学校,校长即教员,无所谓各部主任及干事,其工作至为零杂。二人合办的民众学校,校长可兼总务及教员,负责谋与其他机关及地方民众的联络,规划学校建筑事项,支配经费,处理学校卫生,保管用品等;另一人负责教导之责及训育事项。三人以上合办的民众学校,校长下可分总务及教导两股,校长兼教员,负总务、教导之责兼及教学。规模大的民众学校,如江苏省立教育学院附设实验民众学校,校长下可设三股,每股设主任一人。这三股是研究股、教导股、总务股。

---

① 俞庆棠:《民众教育》,正中书局,1935,第 111 页。

俞庆棠关于民众学校组织行政的主张,是她推行民众教育,长期兼任民众学校校长实践的结晶,是教育管理理论结合当时具体情形的产物,值得重视。

(五)民众学校的课程

1929年1月22日教育部公布《民众学校办法大纲》第七条规定,民众学校的课程有:"识字、'三民主义'、常识、珠算及笔算、乐歌。此外得兼授历史、地理、自然、卫生等浅近读物,并得酌量地方情形加设关于农业或工商等科。"俞庆棠赞成民众学校与学生讲授简易的知识技能,不过反对"再蹈传统教育所订之学校课程的窠臼"。认为《民众学校办法大纲》开列的课程,多少有一点传统教育的味道,但颇为欣赏"酌量地方情形加设"适合地方民众需要的课程。如何"酌量加设"呢?这就"必须因人、因事、因地、因时以制宜",反对民众学校开设"死的、呆板的、固定的"课程。这就要求"课程得采用动的编排"。她说:

> 唯其如是,吾人须明了二事:甲、识字和计算等基本能力的训练不能全靠活动,还须有几种简易的科目;乙、活动的编排,固然根据预定的目标,但民众自发活动,更要多多利用。①

俞庆棠考察了简易通俗学塾、平民学校、1929年的《民众学校办法大纲》及1934年的《民众学校规程》中的课程结构,从课程结构演变中发现有两点应予注意:一是国语科包括公民及常识;二是以体育为必修科。认为这两个科目都有助于"训练国民成为一健全有用之社会成员"。在日本帝国主义狼子野心日益彰显之时,她感到"关于民族意识之培养与民族自卫之训练等日需迫切",从而强调了这两门课在民众学校中的地位。

(六)民众学校的学级编制与教学原则

俞庆棠反复强调,民众教育一定"不能拘于一定的方式",学校的管理要简单、经济、有效率、易于控制,切忌像传统学校那样按部就班,年龄、成绩等都要求整齐划一。根据她的经验,民众学校完全不问年龄、性别、能力编班,也是不切实际的,"而且校舍及设备诸方面,事实上亦有许多限制"。只有极少数教师的民

---

① 俞庆棠:《民众教育》,正中书局,1935,第120页。
② 俞庆棠:《民众教育》,正中书局,1935,第124页。"复式"是课堂教学的一种特殊组织形式。是把两个或两个以上不同年级、能力水平的学生合编在一个班级,由一位教师自同一课堂、同一时间内,分别使用不同的教材,交替轮换地对不同年级的学生进行教学的组织形式。它适合于人口分散、交通不便、老师少、校舍和教学设备缺乏等条件差的地区使用。

众学校,"学级编制只恐只能用复式办法"②。而规模大的民众学校,其学级编制以程度与时期为准。如她主持的实验民众学校学级编制情形大致是这样的:

甲、初级部共四级:

(一)第一学级　程度为文盲或近于文盲者。

(二)第二学级　能识字在二百五十以上者。

(三)第三学级　能识字在五百以上者。

(四)第四学级　能识字在七百五十以上者。

乙、高级部共四级:

(五)第五学级　民校初级部毕业或具有同等学力者。

(六)第六学级　较民校初级毕业程度稍高者。

(七)第七学级　收第六学级毕业及具有同等学力者。

(八)第八学级　收第七学级毕业生及具有同等学力者。

丙、补习班:

(九)第九学级　民校高级部毕业或同等程度者。

(十)第十学级　比民校高级部毕业生程度较高者。①

规模较大的民众学校可以进行学级编制。民众学校的教学方法,也要因人而异。因为成人的经历、时间、心理各有不同,教学方法也应有所差异。但是,俞庆

---

① 俞庆棠:《民众教育》,正中书局,1935,第124—125页。

棠强调,"普通心理学的一般原则,能动用于儿童学习的,亦可适于成人";换一句话说,"凡普通教学法,不特可以教儿童,在教成人时,亦可用作参考"。为使大家明晓这一道理,她举例说,譬如由简单到复杂,由具体到抽象等学习原则,适于此亦适于彼。但作为成人,到底还有其特有的教学原则。适于民众学校的教学原则,她认为主要有:

甲、应有个别注意,即要适应个性。

乙、教学之目的在引起民众良好的反应,故教学应重在改善其整个生活。

丙、建立民众良好反应,在于能使其自动、自学、自教。

丁、学习的方法应是直接的,欲养成将来有何种反应,开始时即刺激使有此种反应。

戊、应利用旧有的经验,即是由已知的说明未知的。

己、必须引起民众向学之兴味,然后可以专注于他修习之功课。

庚、教学后务使民众在文字上、生活上感到成功和满足。

辛、教师必须先有准备,明了自己所教之功课,并须预定教学草案。

壬、教学要能唤起民众内心之觉悟,同时教师不特要为民众所了解,应进一层要能为学生所爱戴。①

民众学校是民众教育的中心机关,是推行民众教育的主要形式之一,因此,俞庆棠浓墨重彩地进行了专门而深入、系统、细致的研究。由于她长期兼任民众学校校长一职,因而对民众学校内容诸问题,体会颇深,很多主张、观点,堪称经验之谈,对于开展成人教育、社会教育都不无裨益。

---

① 俞庆棠:《民众教育》,正中书局,1935,第124—125页。

第三节　民众教育馆

《教育部关于全国社会教育实施概况报告》中指出:"民众教育馆为吾国特有的社会教育机关,各地方的组织及规模大小虽不尽相同,但为实施民众教育之中心机关则一,其事业有公民、生计、文字、娱乐、健康、家事等方面之教育设施。"[①]此报告对民众教育馆的界定,实际上是对俞庆棠推行民众教育馆实践活动的概括。在中国近现代,只要一提到民众教育馆,人们就会把它和俞庆棠联系起来,足见她的提倡与推动功绩之卓著。

(一)民众教育馆的创立与发展

民众教育馆也是后来出现的新名词,它伴随着民众教育的兴起而诞生,最早由俞庆棠提出并推行。1927—1928年,俞庆棠担任江苏省教育厅社会教育科科长,负责全省社会教育有关事宜。蔡元培推行大学区制的教育行政改革后,她改任第四中山大学(后改名为中央大学)教授及行政区扩充教育处处长,着手擘划江苏省社会教育事业,创办江苏省各县民众学校、图书馆、民众教育馆、农民教育馆、公共体育场等社会教育机关近百个。民众教育馆为其中之一。

经俞庆棠提出并大力推行,民众教育馆在社会教育、民众教育推展方面的巨大作用,为社会所认可。1928年,全国共有185所,1929年达311所,其中江苏有135所,几占国之半数。1932年2月,教育部颁布《民众教育馆暂行规程》,是为了使民众教育馆在法规上有所依据。此规程规定,各省市及县市"应分别设立民众教育馆,为实施社会教育之中心机关"。按要求,"民众教育馆应举办关于健康、文字、公民、生计、家事、社交、休闲各种教育之事业"。此规程将民众教育馆组织分为六部,即:阅览部、讲演部、健康部、生计部、游艺部、陈列部、教学部、出版部。"各部得视地方情形全数设置,或先设数部,或酌量合并设置"[②]。

江苏修正的《各县县立民众教育馆组织规程》在教育部规程以外,又增设总

[①] 俞庆棠:《民众教育》,正中书局,1935,第126—127页。
[②] 陈学恂主编:《中国近代教育大事记》,上海教育出版社,1981,第270页。

务部。俞庆棠认为,修正前的规程,"分部已嫌繁复",竟有 34 个部,将许多名异实同的分部排列于一处,也还有 16 组,且每组仍有两三个不同的名称。她指出:

> 此种繁复分歧的现象,可以略窥其组织是否健全。实际上办理民众教育馆并不是办理一个机关,而是要着重民众教育的事业。因此馆的组织应表明工作进展和努力之方向,内包事业须有平衡之发展,分部须简要,职责须分清,更须富有弹性而能普遍的适应。最后,各种活动,尤须有整个联系。

也许是俞庆棠的意见起了一些作用,1935 年教育部公布的《民众教育馆规程》,在分部组织上即颇为简要,只设教导、阅览、健康、生计、事务 5 组,亦规定"全设或设置一部分,或合并设置,得视地方情形,酌量办理"。看来,她较欣赏 1935 年的《民众教育馆规程》,符合她简单、经济、事权集中的原则。权衡几个规程之后,她得出的结论是:"民众教育馆组织之健全与否,并不在于分部之众多,而在于严密有系统。盖组织庞杂,则经费不敷,事权分散,事业不易发生效率。"[①]

(二)民众教育馆的事业

设置民众教育馆是为了推进民众教育事业,那么,民众教育馆推进民众教育事业的途径是什么?事业进行的原则是什么?这是民众教育推进者不能不注意、不能不回答的问题。

民众教育馆事业进行的途径,因时因地因人而异,没有什么统一的途径可言,"不易归纳出一致的说法"。譬如,江苏省立徐州民众教育馆事业进行有三条途径,即(1)实施生计教育,(2)实施公民训练,(3)实施语文教学。当然不可使天下民众教育馆都办成一个模式,根据时、地、人等条件的不同还可推进健康教育、休闲教育等。

俞庆棠认为,江苏省立徐州民众教育馆事业推进的原则,值得注意,其基本精神应予充分肯定。她列举了该馆制订的几个原则:

---

① 俞庆棠:《民众教育》,正中书局,1935,第 132 页。

甲、全力注意农村发展,不要使农民跑到馆里来受教育,而要使我们跑到农村里去教育民众。

乙、举办任何事业,都要自下而上,常常使农民站在主动地位;不站在被动的地位。

丙、要把教育和劳动融合起来,用教育的力量来改进劳动,从劳动的过程中间推行教育。

丁、语文教育要拟订整个计划,限制肃清文盲。

戊、公民教育应当注意组织民众,训练民众,养成他们集团的思想、集体的行动以及集团的生活习惯。

己、生计教育应注意贫农利益,我们一方面要增加他们的收入,一方面还要减轻他们的负担。①

这几条推行原则,在俞庆棠看来,其活的灵魂就是一切从民众出发,一切为民众着想,一切方便民众,一切都是为了获得民众教育的实际效果。只要注意到这几点,在推行过程中恪守这几个原则,民众教育就一定会取得丰满的蓓蕾、完善之结果。

(三)民众教育馆的问题及解决办法

民众教育馆是民众教育兴起后新的组织形式,是中国教育史上的新事物,难免经验不足,出现这样或那样的问题。其中一个主要问题是,民众教育馆大多设在城里,对民众实际需求认识不足,不能解决乡村实际问题,在象牙塔中设计民众教育推进方案,效果肯定不好。

对民众教育馆所存在的这些问题,俞庆棠一一做了分析研究,提出了解决问题的四条思路:

---

① 俞庆棠:《民众教育》,正中书局,1935,第133页。

(1)应尽可能与外力合作。俞庆棠引用陶行知的话说:"教育须与别的伟大势力携手:教育与银行充分联络,就可推翻重利;教育与科学机关充分联络,就可破除迷信;教育与卫生机关充分联络,就可预防疾病;教育与道路机关充分联络,就可以改良路政……"①陶行知之论,很有道理。在当时社会,倘若不借助外力,尤其是不借助政府之力,即使个人有三头六臂,使尽浑身解数,最终也要被社会碰撞得鼻青脸肿,焦头烂额,落一个一事无成。譬如,民众教育馆经费严重不足,人才严重缺乏,个人能力只可在枝枝节节的问题上起一起作用,难以解决根本问题,因而"必须随时与生产机关、科学机关、卫生机关或其他谋民众福利的机关,联络合作,方能顺利"。她说:

> 经济组织与生产技术之改进,本为生产机关、科学机关或建设机关之事,但从事民教者得协助其进行。专门的技术,要靠科学机关与生产机关来指导,但联络、介绍、组织、传播,使民众能向新的经济组织进展,能与新的生产技术接近,则有待于民教事业。②

退一万步说,民众教育馆与其他各种机关联络,纵不能发生极大的力量,但至少可以减少许多阻力。

(2)办事要分清轻重缓急。民众教育馆推行民众教育,应分清主次,先干什么,然后再干什么,制订一个计划,不可想起什么干什么,不问轻重缓急,胡子眉毛一把抓,脚踩西瓜皮,滑到哪里是哪里。俞庆棠认为:"此时民众最迫切需要什么,民众教育馆的工作,就得权其轻重,以为工作之准绳。"怎么知道民众所思所想所需呢?这就要深入民众的生活,调查研究。调查的结果表明,民众急需者,正如庄泽宣所言:"大多数民众的需要,莫过于生活的安定和经济状况的复苏,先使整个民族能透过一口气来"。③俞庆棠的意思十分清楚,民众教育馆迫在眉睫的事情,就是为民众谋求安定的生活,帮他们解决生计问题。

(3)将民族复兴与民众需要结合起来。民众教育馆的工作要努力宣扬民族

---

① 俞庆棠:《民众教育》,正中书局,1935,第146页。
②③ 俞庆棠:《民众教育》,正中书局,1935,第147页。

复兴运动,"使小团体生活之组织,扩张为民族生活之组织"。为收宣传民族复兴的效果,"应注意切合民众需要,对于民众知识之灌输、技能之训练、道德之培养,均须于参加民众实际生活时,对症下药,予以切实指导,逐渐改进生活能力,并增高其文化程度"。

(4)民众教育馆的人才问题。民众教育是崭新的教育事业,民众教育馆是崭新的教育形式,因而切忌使之与传统教育合流,把新东西弄得非驴非马。俞庆棠说,如果二者合流,"民众教育也蹈了传统教育前车之辙,非但民众教育者成为社会与民众的罪人,而民族复兴,社会安定,也就茫茫无望了"。

在俞庆棠看来,推行民众教育者决定着民族复兴、社会安定的民族最高利益,所以民众教育馆的人员任重道远,肩负着重大责任。正因如此,俞庆棠认为民众教育人才应具备的条件为:

> 必须具备下列条件:(一)改造社会之精神;(二)劳农的身手;(三)科学的头脑;(四)高尚的人格;(五)强健的体魄;(六)办事的能力;(七)专业的修养;(八)远大的目光。此外,还须对劳苦民众有同情的了解,有指导民众的知能(自然是广泛的),有用民众教育力量建设社会的信念与热忱,更需有培养民族意识的深心与宏愿。[①]

也正是因为她认识到这一点的极端重要性,率先在全国设立实验民众学校、江苏省立民众教育学院,专门训练民众教育人才、农事人才。她认定,民众教育师资之训练机关如果能积极推广,民众教育的前途一定很乐观。

[①] 俞庆棠:《民众教育》,正中书局,1935,第148页。

第四节　民众图书馆

图书馆为藏书借阅图书之所。俞庆棠耳闻目睹美国各级图书馆强大的教育功能和净化社会风气功能,在推行民众教育的过程中,创设并推行民众图书馆。

(一)民众图书馆的创设

1931年3月3日,教育部《关于全国社会教育设施概况报告》中,把图书馆作为社会教育副业做了介绍:"图书馆大约分为通俗图书馆、普通图书馆、专门图书馆三种。这种机关对于社会教育的功效非常强大。东西各国对于图书馆事业都十分重视,他们的进步一日千里,令人惊异。国人近来对于此项事业多感兴味,故亦有长足的进步。"此处所指的图书馆,与俞庆棠所言的民众图书馆并不完全是一回事。其中的通俗图书馆与民众图书馆有一致之处。俞庆棠倡导的民众图书馆系通俗图书馆改良而成,因而民众图书馆专为劳动民众读书、借书、增进生活技能、提高社会服务效率及利用闲暇而设,也为民众进一步研究提供机会,并非为少数穿着西装革履、戴着高度近视眼镜的知识分子来从事研究而设。俞庆棠介绍民众图书馆的功用说,因生活困难没有机会求学的成人和青年,他们很迫切地需要知识的食粮,求知若渴,民众图书馆正可以"为着他们的生活、业务以及整个社会的福利,都须利用他们的闲暇,供给他们一点读书的机会,介绍他们种种知识,以增进其生活技能和对社会服务之效率。同时图书馆更可提高民众的兴趣,使有高尚之嗜好,而不致为不正当娱乐所引诱"[①]。这些功用,在俞庆棠看来,是民众学校、民众教育馆以及其民众教育组织形式无法替代的,"除民众学校以外,民众图书馆之设立是有迫切需要的"。

俞庆棠指出,设立民众图书馆不可效颦普通图书馆,不可追求藏书数量之多、门类之全、格调之雅、品位之高,她要求民众图书馆的设立做到两点:第一,"备有切合民众需要、兴趣和能力之图书";第二,"使民众能有充分利用所备置

---

①俞庆棠:《民众教育》,正中书局,1935,第143页。

的图书之机会"。俞庆棠在这里提出的是民众读物、读书时间、管理办法及民众图书馆设立位置问题。民众图书馆备书如何才能切合民众需要、兴趣和能力？她说："什么是民众需要之读物,此得顾及社会与个人两方面之需要而灌输有用知识,以增进共生活技能。"建议"作民众阅读兴趣及社会生活之调查,以为选择图书之张本"。为方便民众,民众图书馆应设在劳动民众集中之所,如离他们较远,往返时间过长,民众图书馆便无民众问津。民众图书馆开放时间一是要延长；二是要灵活,农忙时不仅可缩短开放时间,甚至可以闭馆；三是实行游击法,工人农民上班干活,馆员可以下班休息；他们下班,图书馆立即开放。

(二)民众图书馆的推行

俞庆棠强调,民众图书馆与一般图书馆截然不同。一般图书馆"专藏几部死书","全部工作仅出借书籍"。而民众图书馆不单是等人上门,还要送知入户。她反对把民众教育馆办成一个机关,封几个老爷官,添几个指手画脚的人,它的工作重点在民众知识的供给上。这也就是说,民众图书馆要办成"知识的流通机关"。唯其如此,民众图书馆内才有生气,才是"一般民众习常所欣然乐往之所"。

怎样才能把民众图书馆办成知识的流通机关呢？俞庆棠认为,民众教育工作者必须注意做到：第一,注重联络与活动；第二,注重设法增加事业效果；第三,注重使民众获得受教育之机会。她强调事在人为,有志者,事竟成。她说："如何使图书馆流通,如何吸引民众,如何使每一本书能尽其用,甚至要做到以民众图书馆为实施民众教育之中心,或办理民众教育馆亦以其附设之民众图书馆为全部活动之中心,全在人之善用而已。"[①]

"精诚所至,金石为开。"只要民众教育工作者诚心诚意,埋头苦干,尽力于民众图书馆的推进工作,民众图书馆必有通往坦途之路。俞庆棠适时"点拨"说,民众图书馆可以做如下工作：

---

① 俞庆棠：《民众教育》,正中书局,1935,第144页。

(1)设识字班,教授不识字或稍识字的民众。

(2)设询问处,为民众质疑问难提供便利。

(3)设读书会,培养民众阅读书报的习惯。

(4)设展览会,激起民众对读书的热望。

(5)设研究会,使在学术上互相观摩。

(6)设通俗讲座,灌输民族意识及普通常识。

(7)设学术讲座,帮助民众进修。

(8)设娱乐室,调剂民众精神。

(9)设职业咨询处,指导民众的生计。

民众图书馆作为推进民众教育的一种重要组织方式,俞庆棠非常看重,设计得比较细致,真可以说为民众教育呕心沥血。

第五节　民众体育场

从事民众教育、乡村教育和社会教育的教育家,都很看重体育的作用,视之为推进自己所从事教育的利器。俞庆棠在推展民众教育实践中,倡导健康生活,强调开展健康教育,始终将健康教育当做民众教育的重要内容之一,把民众体育场作为推展民众教育的重要组织形式之一。

(一)推展民众体育的意义

中国近现代教育家重视民众体育,都看重体育的健身和振奋民族精神的作用。陶行知强调"强健活泼之体格"在"健全人格"中的重要性,认为做人的第一要素就是"要有健康的身体——身体好,我们可以在物质的环境里站个稳固"①。九一八事变后,为了拯救面临亡国灭种的中华民族,他指出:"这身体不属于自己,我们的生活是为整个民族至新人类所有。……浪费自己的精力以至于夭折,便等于敌人之帮凶而成为民族与新人类的罪人。"②将体育的社会意义提高到了极致。

晏阳初曾直截了当地说,中国人的生命存亡,简直付之天命。他在定县推展平民教育时,经常举行村际运动会,以锻炼平民身体素质,同时培养平民团体意识、合作精神。

陶行知和晏阳初等教育家重视体育、推行体育的主张及实践,使俞庆棠深受启发。她在《民众社会教育谈》一文中指出:

体育的目的,分析言之,有健身者,可以使身体强健;有教育者,可以使德、智、美并进,的确体育是重要的。就个人说,没有强健的身体,怎能耐劳去做事,虽有学富五车的知识、详尽的计划,也不能达到最后的目的。

她看到,"全国民众的体魄强健,可以表现民族的精神。……以我国土地之

---

① 方明主编:《陶行知全集》(第一卷),湖南教育出版社,1984,第595页。
② 方明主编:《陶行知全集》(第三卷),湖南教育出版社,1985,第512页。

大,人民之众,要提倡体育,将来之成绩,未可限量"。

她又转过身来,看了看周围"一般民众体育"的状况,更感到提倡民众体育的艰巨性。对劳动民众"终日奔走谋生,何暇言及运动"的生活,有切肤之痛。在她看来,一国强弱并不以人口之多定雌雄,她深刻地指出"民族之实力,不仅以人口之众寡为准,尤须视民众之健康程度而定。忽视人口之质的陶炼问题,是吾国民族很大的缺点……细究国势之不振,其原因固多,但人民因体质孱弱而精神不能专注于事业,实为诸因之首要者"①。

过去,半日学校、夜校等成人教育机构,多注重于扫盲识字及灌输一些极简单的知识,并无体育之设。俞庆棠倡设的民众学校,对成人亦开体育课,体育的分量为8%。她还强调民众学校通过体育,要养成民众的民族精神。九一八事变后,她更加重视民众的体育锻炼,将体育与救亡雪耻联系在一起,认为"我们要雪去病夫的丑名,增进民族精神,应当提倡公共体育"。

(二)民众体育目标与推展

过去,只有"体育"之说,却未曾有过"民众体育"之说。将"民众"与"体育"联系到一起,首见于俞庆棠的论著。她说:"所谓民众体育,广义言之,应普及于全民。具体一点说,民众体育是一般应受而未受学校体育的青年和成人,及受过不正当的或不充分的体育训练的青年和成人,应该受的体育。"②

正因为要将体育普及于民众,故她根据民众的具体情形,提出了民众体育的六大目标:

(1)锻炼民众强壮体力。

(2)改进民众休闲生活。

(3)补充民众公共卫生常识。

①②俞庆棠:《民众教育》,正中书局,1935,第145页。

（4）增进民众公共道德。

（5）训练民众体育知识。

（6）陶冶民族意识，发扬民族精神。

这些目标的提出，说明俞庆棠在观念上有了一定的进步，加进了以体育改进民众休闲生活，以及增进民众公共道德、发扬民族精神等内容，说明她对民众体育的作用与地位的认识全面而深刻。

为了实现民众体育六大目标，她认识到并不是开设一两个民众体育场便可解决，还需有民众健康之检查、家庭卫生教育之实施、健康比赛及各种健康展览、国术团之提倡与组织、民众诊疗所之设立以及其他民众团体中体育设施等各种事业。

民众体育与学校体育有很大不同。劳动民众以为自己成天劳动，与体育锻炼异曲同工，殊不知二者并不是一回事。民众的这一认识，是民众体育推广的障碍。要克服这一障碍，提倡乡村民众体育时，应注意引起民众个人及团体的浓厚兴味。学校体育不同于民众体育的是学校体育有专门的推广机关与人员，正因如此，学校体育才收到较好效果。民众体育也应有专门的机关负责推展工作，这个机关俞庆棠名之曰民众体育场。民众体育场的设置，有它不同于学校体育场的要求，"场地选择，则须在民众集中之区，往来便利之地，其有地方公产，面积宽大而平坦者，尤为相宜"。欲收民众体育推展良好绩效，民众体育场的设备，至关重要。俞庆棠提出了民众体育场设备的八点原则，即"（一）力求简便实用。（二）能引起民众浓厚兴味。（三）多注重团体兴味。（四）须适合民众心理生活。（五）有健身与教育之价值。（六）须避免运动之危险。（七）能适合当地之经济条件。（八）力谋民众之便利"[①]。

俞庆棠对民众体育作用、功能与地位的认识，很有见地。她注意在民众中推广卫生保健知识，是很有眼光的。

---

① 俞庆棠：《民众教育》，正中书局，1935，第146页。

第六节　民众电影场

李蒸在《全国社会教育概况》一文中说:"电影片为社会教育宣传利器,功效在文字语言之上,对于民德、民智及民族荣誉、国际地位,影响甚大。"①电影的直观感受、寓教于乐的特殊功能,引起了广大民众教育工作者的注意。

(一)电影的教育功能

俞庆棠推展民众教育最大的特点之一,是对推广民众教育有助益的组织形式与方法,她均采纳。对于下层劳动民众喜闻乐见的电影,她理所当然地借以推广民众教育。

借电影推广民众教育,并非俞庆棠首创。

> 吕密蔼(Lumiere)发明电影,最初的目的本是在教育。不幸自从商人的势力侵入以后,就渐渐地变成商业品和娱乐品;可是它本身所具有的伟大力量,还是被人重视的。现在世界各国积极利用电影来做教育的工具,灌输国民应用的知识,传播国家重要的政策,培养民众爱国的意识,以及介绍各地的社会实际生活与自然界的名山大川,都是很好的例证。②

电影的教育作用发挥得很好的,便是苏联。俞庆棠说,苏联的五年计划中有电影一项,第一个五年计划之初,全国仅3000多个电影院,均设于城市。五年计划才进行四年,电影院增至30 000多个。她十分感佩的是,苏联"第二个五年计划更有使电影如教科书一般的普遍之理想"。

中国电影业不发达,急切需要扩充改善。但俞庆棠通过各方热心人士的提倡和鼓励,看到了"我国教育电影事业的前途,已有发扬光大的希望","教育电影

---

① 黄季陆主编:《革命文献》(第55辑),1971,第389页。
② 俞庆棠:《欢迎中国电影协会第五届年会》,载《教育与民众》第七卷第8期,1936年。

圈内,已笼罩着曙光"。她认为这是民众教育的福音。

(二)民众电影的内容

民众电影的内容要精心选择,既要突出其趣味性,也要有知识性和教育意义。1929年,江苏省立教育学院每周六晚在大礼堂举办民众同乐会,还放35毫米片型的无声电影,很受民众欢迎。影片租自上海商务印书馆的国光制片厂的《盲童》《灭蚊绳》《水的循环》及卓别林主演的滑稽片①,内容健康,知识性强。

俞庆棠对民众电影内容十分讲究,她挑选的影片除内容健康、知识性强外,还有很强的时代感。她曾强调说:"教育电影的内容,希望能多摄制培养民族意识的影片,灌输与国防有关的种种知识,揭露帝国主义侵略中国的阴谋与暴行,唤起民族的自觉与自信心,启发民众爱国的热忱,指示民众为国效劳的途径。"②据在该学院主持电化教育的戴公亮回忆说:

> 1935年,我回院在研究实验部工作,得俞庆棠主任和甘豫源副主任的同意和指导,按邹韬奋的建议,即开始编绘、摄制抗日教育影片。……如叙述日本帝国主义从我国清光绪年间开始五十六年来侵略我国的暴行史实的《五十六年痛史》影片,于1937年年初,由当时教育部社会教育司收购并翻印数十拷贝。③

俞庆棠强调的,正是要用电影艺术激发起民众抗战建国共赴国难的民族精神。

(三)民众电影教育的推行

民众电影如何推行,俞庆棠进行了精心设计。她认为,推行民众电影,决不是多设几个电影场的问题,尽管电影场也是必不可少的,但电影场的设施可因陋就简,关键问题在电影业本身。她希望电影业不要仅是都市有闲阶级的琥珀扇缀,要求"今后全国的电影事业,一致向教育化的路线上迈进,把目光由都市转

---

①③戴公亮:《母院电化教育工作的回顾》,见政协无锡市文史资料委员会编:《无锡文史资料》(第25辑),1991。
②俞庆棠:《欢迎中国电影协会第五届年会》,载《教育与民众》第七卷第8期,1936年。

移到农村去,使占全国人口最大多数的乡村劳苦大众,也得有享受电影教育的机会"。为使电影能够下乡,她盼望能"共同研究,并创造适合中国乡村环境,简单而便于应用、价格低廉的一套工具。同时对于影片的说明和对民众的启示,能够有适当的应付"[①]。俞庆棠曾参加江苏省组织的八个民众教育辅导区巡回放映电影活动,发现电影价格昂贵、工具笨重,给推广带来诸多不便,呼吁改进。她为民众着想之情,溢于言表;为推行民众教育,她煞费苦心!

[①] 俞庆棠:《欢迎中国电影协会第五届年会》,载《教育与民众》第七卷第8期,1936年。

第七节 民众合作社

为了收到民众教育的实效，俞庆棠做出了选择——以民众合作社为推进民众教育的重要组织形式。

俞庆堂以民众合作社为推行民众教育的组织形式主张的形成，主要来自如下几个方面的启发：

（1）丹麦民众教育的启迪。中国近现代教育家对丹麦民众教育佩服得五体投地。梁漱溟于1932年发表了《丹麦的教育与我们的教育》引起了强烈反响。次年俞庆棠还亲自到丹麦等国考察民众教育，并著文宣传丹麦民众教育。此前抑或就在同时，晏阳初、陶行知等教育家也在推行合作社制度。

俞庆棠因思忖中国经济问题的解决，注重到农民的合作问题，因而注意到丹麦。1933年亲行考察丹麦，深切感受到丹麦农业之发达、合作之隆盛，皆以民众教育为原动力。教育促进了合作，合作促进了农业发达，反过来又促进了民众教育的隆盛。她同意梁漱溟的结论："合作事业之发达，又属民众教育之功。""假若没有丹麦教育，是不会有以合作立国的丹麦国家的。"因而，俞庆棠推行民众教育，把合作精神提到了极为重要的地位。

（2）定县合作组织制度的启示。定县的农村经济、农民生活在全国颇具代表性。李景汉经过调查，发现农民因资本不足，深受高利贷之苦，弄得世代不得翻身，使他们走出困境的正是合作社。他曾指出：

> 农民虽知其害，却少有能逃脱的。定县农村向来也是受着它的压迫，直至上年平教会提倡合作教育以后，才有新的转变，高利贷已逐渐减少，信用合作社与自助社已纷纷组织起来，从此农民可以渐渐地从这种多年的恶势力中解放出来。[①]

[①] 李景汉：《农村高利贷的调查》，载《民间》第一卷第14期，1934年。

定县先是组织自助社,为成立合作社做准备。社员要缴纳股金,然后扩而充之为合作社,"采取兼营方式,按农民之需要,逐渐经营信用、购买、生产、运销四方面的经济活动"①。俞庆棠认为,江苏与河北情形极为相似:洋货倾销,国内手工业被破坏,捐税地租增重,高利贷与商人的剥削,以及兵匪扰乱等,使单家独户的农民不能与之抗衡,只有组织起来,捏成拳头,打出去才有力量。这些都促使她组织合作社。

(3)陶行知思想的火花。陶行知为农民设计了以合作方式"教农民出头",由农民出资办纺纱厂,农民自己做股东,用自己生产的棉花做原料,避开了中间商的盘剥。像这样,全国所有村庄"联合起来,也就是农民资本的媒介"②。还是1927年,他就计划推广合作社。他说:

> 尧化门小学宋调公先生已经办了一所小规模的合作社,成绩很好。不久在晓庄也要创办一所。我们希望把范围逐渐扩大,训练农民自己的组织。③

此后办起了五花八门的合作社,将民众组织起来。20 世纪 30 年代办起了工学团。要借这一组织把民众都团结到一起来。在俞庆棠看来,这是"教民众出头"的好办法。

(4)邹平合作社的成绩。梁漱溟认为:"小合作有小成就,大合作有大成就,不合作就毫无成就。"④乃大力推进合作社。邹平乡村建设研究院指导组织的梁邹美棉运销合作社,社员达 2810 人,棉田面积 21 341 亩。1934 年运销花衣有 274 189.5 斤。社员的棉花除照得售价外,每 100 元能分得余利 7.7 元,都尝到了合作社的甜头,纷纷入社。

---

① 宋思荣主编:《晏阳初全集》第一卷,湖南教育出版社,1989,第 325 页。
② 方明主编:《陶行知全集》第二卷,湖南教育出版社,1985,第 20 页。
③ 方明主编:《陶行知全集》第二卷,湖南教育出版社,1985,第 37 页。
④ 梁漱溟:《谈合作》,见中国文化书院主编:《梁漱溟全集》(第二卷),山东人民出版社,1989,第 72 页。

民众教育的践履者俞庆棠

20世纪20—30年代的合作社潮流,对俞庆棠影响很大。在俞庆棠的组织下,各种合作社破土而出,蔚为壮观,如有高长岸茭白运销合作社、蓬户人力车合作社等,令人目不暇接。

合作社有的自办一些事业,有的与其他机关合办,取得了令人瞩目的成绩。俞庆棠主持的北夏实验区指导合作社自办仓库两处,存米856石;惠北实验区在西漳与上海银行合作设立仓库一所,押款22 000元①。在农产品价格低落时期,合作社帮社员渡过了难关,保障了社员的收入。

指导农民办合作社,不仅是最好的生计教育,还是效果最好的团结合作的方式。所以俞庆棠强调:

> 关于生计教育,除谋生产技术改进外,应竭力推行合作社设立,以图增进农产品运销贩卖之利益,藉图挽救目前农产物价格暴落之损失。②

俞庆棠推动民众教育的组织形式很多,不可一一论及。视地方劳动民众的情形,政治经济的特点,因人、因地、因时而制宜,采取不同的方式,是其思想的精髓。设身处地为劳动民众着想,为他们排忧解难是她提出组织形式的基本原则和出发点。

---

① 俞庆棠:《民众教育理论的探讨》,载《教育与民众》第六卷第9期,1935年。
② 俞庆棠:《民众教育》,正中书局,1935,第139页。

第七章

以小见大　窥斑见豹
——民众教育的实验论

民众教育是一块处女地,无前例可援,自然没有直接经验可借鉴。为了在极短的时间内,使民众教育取得更加显著的效果,俞庆棠提倡并亲自主持江苏省立教育学院实验研究部,在无锡周边地区、江苏、上海、河南、广东以及抗日战争时期的重庆等地,遍设民众教育实验区,探索民众教育推展的经验。

第一节 借鉴西方学理

在中国近现代社会,各种社会矛盾错综复杂,彼此间有着千丝万缕的联系。推广前无古人、后启来者的民众教育,每一举措,无一不牵一发而动全身,因而,推广民众教育的计划与方案,绝不是凭一股势不可挡的热情在高楼深院闭门设计出来的,而必须创建民众教育实验区,一头扎进民众教育的实际中去,发现民众教育问题,寻觅民众的实际需要,提出民众教育问题解决的计划方案,并实验这一计划方案,检验其可行性和实施效果,再补充和完善这一计划方案,然后推广开去。俞庆棠深信,在一个拥有众多民族、幅员辽阔、各地发展不均衡的国家推行社会改造事业,绝不是轻而易举之事,绝不可以不经实验便去推行,实验是社会改造必不可少的一个环节。

(一)杜威教育实验的影响

俞庆棠赴美留学前,中国教育界已有介绍西方教育实验的论著问世。1918年,陶行知发表《试验主义之教育方法》:

> 设系统,立方法,举凡欲格之物,尽纳之于轨范之中。远者近之,微者大之,繁者简之,杂者纯之,合者析之,分者通之,多方以试之,屡试以验之。更较其异同,审其消长,观其动静,察其变化,然后因果可明,而理可穷也。[1]

---

[1] 方明主编:《陶行知全集》(第一卷),湖南教育出版社,1984,第59页。

以此为"发明之利器"。美国的著名大学都设有教育科,"其同时试验教育心理者以百计。其试验机关与从事实地实验之人,几无处无之。其试验精神之充塞,可谓盛矣"。俞庆棠接受了陶行知"欧美之所以进步敏捷者,以有实验方法故;中国之所以瞠乎人后者,以无试验方法故"的观点。1919年2月,陶行知在《新教育》上发表了《试验主义与新教育》等重要论著,其"试验之精神,近世一切发明所由来也","近二百年来,教育界之进步,皆由试验而来","举凡今日教育界所视为金科玉律者,皆昔贤试验累积之成功。是故试验之消长,教育之盛衰系之"。陶行知的这些观点,使俞庆棠对教育实验的重要功用得到了强化。

到美国后,她在哥伦比亚大学师范学院学习,受风靡一时的实用主义教育影响颇深。她曾设问:杜威实用主义教育思想是如何产生的?如何使那么多的教育工作者如此顶礼膜拜?为什么对美国乃至人类的教育产生如此巨大的影响?俞庆棠注意到,杜威1914年担任芝加哥大学哲学、心理学、教育学系主任,到1916年,他出版了《民主主义与教育》一书,对其教育信念进行了最明确的阐述。"在这期间的几十年,是表现了杜威作为教育家、心理学家和教育哲学家而成长的一个时期"。杜威的"成长",教育实验是其助长剂。俞庆棠认为,没有教育实验,也就没有杜威的教育思想。正如马辛尼·格林所言:

> 一种通常的错觉是与芝加哥大学实验学校一起产生的。这所学校被过多地考虑为一种"进步主义"学校的原型。当时当杜威担任芝加哥大学的这个由三部分组成的系主任时,实验学校就建立起来了。它是与系里的教师在教育理念和心理学方面已经进行的工作直接有关的。它与许多哲学的心理学的概念是有关系的。它的目的是通过实际的应用来检验一种专门的认识和行动的哲学。一九三六年,杜威写道:"这所学校原意是一所实验学校,不是一所实习学校(在目的上)也不是现在所谓的进步学校。"它的目的是"加深和扩大社会接触和交往,以及共同生活的范围",它的实验"在于发现良好的社会结果的倾向、能力和需要"。[①]

[①] 单中惠编译:《杜威传》,安徽教育出版社,1991,第192—193页。

曾经在芝加哥大学实验学校①任教的凯瑟琳·坎普·梅休和安娜·坎普·爱德华兹在《杜威学校》序言中说:"这所学校是家长、教师和教育家们的一个合作的创举,实验于1896—1903年间在芝加哥大学进行。在当时大学联合设置的哲学、心理学和教育系主任约翰·杜威的指导下,这个学校产生了一个真诚的愿望即与儿童共同创造一个教育经验,这个教育经验比甚至最好的现行制度所能提供的教育具有更大的创造性。"西方教育理论形形色色,突飞猛进,正是有教育实验相滋相长之故。用杜威的话说就是,他的实验表现了"用例子说明正在进行的教育改革方向"的基本相似点。②

杜威在学校中,进行了社会性作业实验、发展科学方法和概念的实验、社会生活的起源与发展及其背景的实验,以及发展交往和表达技能的实验等,杜威的教育理论大多是在这些实验基础上形成和完善的。

(二)欧洲新教育家的实验

在欧洲的新教育运动中,许多国家的教育家创办了"新学校"。他们在教育实验中,提出了新的思想和教学方法。

英国教育家雷迪1885年在英国德比那创办了阿博茨霍尔姆学校,在欧洲新教育运动中占有极其重要的地位。这所学校建立在面积宽广、风景美丽的郊外乡村。在教育实验中,雷迪力图使乡村寄宿学校适合现代资产阶级的需要,并把这种形式作为英国改造社会的一个基础和一种伟大的力量,为学生提供一种全面教育。从这一目的出发,雷迪对学校生活的每一部分都提出了详细计划。他强调实验的任务"主要是促进学生个人的自由发展,良好的身体和心灵的健全发展,而不要用知识去压抑学生的发展"③。他的实验取得极大成功,为新的教育思想和新的教育实践及新学校建立了一个模式。

---

① 其正式名称叫芝加哥大学初等学校,后叫芝加哥大学实验学校,人们习称杜威学校、实验学校。
② 单中惠编译:《杜威传》,安徽教育出版社,1991,第196页。
③ 赵祥麟主编:《外国现代教育史》,华东师范大学出版社,1987,第63页。

德国乡村教育之家运动的奠基者利茨,1898年仿照阿伯茨霍尔姆学校的模式,在哈尔茨山区的伊尔森创办了一所乡村教育之家,招收8—12岁的儿童,以游戏作为一切教育活动的中心,其实验目的是要为每一个乡村教育之家提供一种无拘无束的家庭氛围,实验的方法是在乡村教育之家提供各种活动。学生被分成一个个小组进行学术、体育、艺术活动,并参加手工劳动和实际工作。

德国教育家凯兴斯泰纳1887年在慕尼黑创办了第一所职业学校,实验并实践了其劳作教育主张,要求通过劳作教育贯彻以国家主义为主的公民教育。在劳作学校中,设手工场、实验室、学校园地、缝纫室和烹饪室等,学生要求参加手工劳动,要求像工人从事职业一样,竭尽全力去做。在凯兴斯泰纳看来,知识必须从经验中去获得,技能必须从生产作业的练习中去培养。他主持的劳作学校实验,对德国和欧洲一些国家的学校教育产生了较大影响。

(三)美国进步教育家的实验

在美国的进步教育运动中,以帕克的昆西学校为始,进行了一系列的革新实验。

被称为"进步教育之父"的帕克,曾领导和主持了马萨诸塞州的昆西学校实验。他制定的实验原则是"教育要使学校适应儿童,而不是儿童适应学校"。为此,昆西学校"放弃了固定的教程,而把教师自己设计的材料、杂志和报纸介绍到教室来,以代替教科书,并强调儿童自己的活动和对周围事物的直接观察,注重培养儿童自我表现能力"[①]。"昆西学校"制度很快不胫而走,闻名于全美,并引起人们和许多教育家的关注。

约翰逊是美国进步教育协会的创建者之一。1907年在费尔霍普创办了有机教育学校。这所实验学校表现出了四个基本特点:一是需要,根据儿童的需要来制订学校的课程计划,以达到儿童自由发展的目的。二是活动,学校是一个工作的场所,学生作为一个艺术的工作者,可以从有创造性的工作活动中获得经验,并得到愉快和乐趣。三是训练,在学校的教育过程中,应该采取一种平衡和训练

---

① 赵祥麟主编:《外国现代教育史》,华东师范大学出版社,1987,第78页。

的方式,来发展个人的有机体。四是社会意识,学校应该建立在以无私、没有偏见、合作为特征的高度发展的社会意识,以及与其说是批评性的毋宁说是创造性的建议的基础上①。杜威访问过这所学校,赞誉该校为"教育是自认发展"的一个实验,说主持人是"根据卢梭的教育原理去实验"的一个人。

柏克赫斯特是道尔顿计划的创立者。俞庆棠正在美国时,柏克赫斯特于1920年2月在马萨诸塞州的一个纺织工业中心道尔顿市道尔顿中学推行实验室计划。这一实验计划有三个原则:一是自由。儿童学习任何科目,不做任何形式的阻碍和干涉,不使他们感到有任何压力,允许他们根据自己的速度做出学习计划安排。二是合作。学校要办成实际的社会组织,学生在其中互有交往,互相帮助,共同地自由生活。三是时间预算。学生在匡算的时间内制订出做某事的计划。

柏克赫斯特认为,道尔顿实验需要三个计划:其一是实验室(或称作业室),这是学生进行作业的地点,既是教室,也是自修室、图书室、实验室。这一地点不再是一个班级固定的教室,而是根据学科分设,大家均享。其二是指定作业,这是学生必须完成的作业内容。每一门学科的全部内容按月做出安排,每个月有指定作业,师生间每月签一个学习的"包工合同"。其三是成绩记录表,用来记录指定作业的完成进度情况。

道尔顿实验计划实行后,产生了广泛影响。20世纪20年代中期,仅英国就办起了2000多所实行道尔顿计划的学校。1924—1925年,柏克赫斯特本人曾来中国演讲宣传道尔顿计划。

华虚明于1919年在芝加哥郊区文纳特卡的学校开始其文纳特卡计划,实验的目的是使儿童学习个别化,并力图把个人发展和社会工作结合在一起,因而,这也是一个个别教学制度。实验的步骤有三:第一,教师应该确立个别训练的特殊标准,规定学生掌握某种知识技能的程度。第二,教师要编出一些诊断测验题,以检查儿童的学习结果。第三,教师编写供儿童自学或自我订正的教材,目

---

① 赵祥麟主编:《外国现代教育史》,华东师范大学出版社,1987,第82—83页。

的是为了每一儿童按他自己的速度进步。该校允许学生根据他们的特殊兴趣和能力进行选科,使儿童养成必需的知识和技能,可使他们生活快乐和自由,可充分发展他们的个性和才能。华虚明认为,应尽力使学校的功课适应儿童的个性,启发儿童的个别兴趣和能力,帮助儿童内心情趣的适应。

文纳特卡学校还强调,整个实验还应通过团体活动、学生会、社会化的学校议会、音乐会、文学欣赏、创作等活动培养和发展儿童的社会意识。

文纳卡特学校在以后的 20 多年里被作为个别教学制度的一个极为突出的模式,在全美各地广为传播,盛极一时。

沃特 1907 年任葛雷市教育局局长时,就进行葛雷计划、分团学制实验,很快名闻全国。这一实验计划基本上以杜威的教育理论为根据。葛雷计划在组织上把幼儿园到中学都囊括其中,使儿童在良好的环境中受到教育,还有机会去选择自己认为最为合适的活动,以极大的可能发展其个性。沃特认为:

> 这不仅仅是给每一个儿童大量地提供扩展的教育机会——在操场、花园、图书馆和游泳池、艺术和音乐室、科学实验室,以及礼堂里——而且使学校成为社区艺术和学术生活的真正中心。[①]

其学校由四部分组成:一是设备齐全的体育运动场。二是根据儿童的兴趣和需要设置、布置的教室,各种教室分开,陈列该科所需器具,理科与工场相连。三是种类众多(如木工场、金工场、制图室、铸造场、机器室、印刷所、园艺场、缝纫室、烹饪室等)的工厂和商店。四是儿童聚会的礼堂,供举行各种讲演、辩论、集会、演戏和各种游艺活动。葛雷学校的内部组织,贯彻了沃特从经验中学习的课程编制总原则。因而这一实验计划的所有设施,都不是装潢门面,都是真刀真枪地实际操作。葛雷计划的实验被看作是进步教育最卓越的例子,成了美国进步教育运动最为流行的形式。从实验到 1929 年,美国已有 41 个州的 202 个城市部分或全部采用了葛雷计划。

[①] 劳伦斯·A.克雷明:《学校的变革》,见赵祥麟主编:《外国现代教育史》,华东师范大学出版社,1987,第 155 页。

克伯屈1918年9月发表《设计教学法》，提出把建立在学生兴趣和需要之上的"有目的活动"作为教育过程的核心实验。这是克伯屈一切有效学习的根据。概括地说，他的实验是要废除班级授课制，打破学科体系，将学生有目的的学习作为所设计的学习单元，并以此为依据来组织学校的工作。这一实验的方式可以分为四种：一为生产者设计，亦称建造的设计，以生产物质的或精神的产品为目的。二是消费者设计，亦称欣赏的设计，以使用或享受别人生产的成果为目的。三是问题设计，以解决理智方面的问题为目的。四是练习的设计，亦称特别学习设计，以获得某方面和某种程度的技能知识为目的。这一实验由四个步骤组成，即决定目的、订立计划、实行和评定。克伯屈强调，在此四个步骤中，均无一例外地以学生为主。不过，目的的决定或动机的引起，取决于环境和教师的引导。设计教学法实验推进后，引起了美国众多教育家的兴趣和关注。到20世纪二三十年代，实验还传到了西欧、苏联和中国等地。

（四）桑代克论教育实验

美国教育家中对俞庆棠教育思想影响至关重要者，除杜威外，再就要数桑代克了。俞庆棠在哥大师范学院留学时，桑代克正在该院教授心理学，其理论对俞庆棠影响至深。他建立在心理实验之上的教育原则、方法及教育实验理论，给俞庆棠极大启迪。桑代克主张，教育科学最基本的要求是所有的教育现象与教育理论都必须有严格的验证；作为一个科学工作者，他们头脑中所贮藏的事实之间的相互联系应该是都经过验证的，得到确认，具有真实性。[①]他曾说："思考教育问题的人的恶习和不幸，就是选择了哲学的或通俗的思维方法，而不是科学的方法。"他对以教育实验的方法而不是思辨的方法解决教育问题，推崇备至。

西方各国进行的各种各样的教育实验，俞庆棠进行过悉心的研究，她没有重复照搬西方的教育实验，但从中受到了极大启发，学到了其中的精蕴——实验精神。她深刻地认识到，民众教育理论，只能在民众教育实验中提炼出来；民众教育的问题和困难，只能通过民众教育的实验寻找解决途径；民众教育的推展，只能在民众教育实验中反复琢磨，以小见大，窥斑见豹，推广开去，一举收到宏效。

---

① 赵祥麟主编：《外国现代教育史》，华东师范大学出版社，1987，第126页。

第二节 实验目标制定

进行民众教育实验,是为了使民众教育达到一定的目标。对民众教育实验要达到的目标,俞庆棠进行了细致编订。她把实验目标分成近期目标和远期目标两类。就其先后程序而言,首先要达到近期目标,近期目标是远期目标的基础,近期目标制约着远期目标的实现。远期目标是近期目标的升华,民众教育实验目标绝不可在实现了近期目标后止步不前。近期目标和远期目标二者间并没有明显界限。

(一)民众教育实验的近期目标

江苏省立民众教育学院第一届学生秦柳方在回忆黄巷民众教育实验区时说:"实验区成立时,由俞庆棠主持草拟了《设施纲要》,提出了实验指导思想:我们深信训政时期的民众教育应该以完成训政为目的。以政治教育为重心,以实际生活为根据,以经济简便为原则,以普及全民为政策。"[1]在这一思想指导下,俞庆棠为实现近期实验目标,提出了五项教育实验方针:(1)以全村为学校。(2)以全体村友为学生。(3)以各种有价值的活动为课程。(4)以大单元设计为教法。(5)以改良风纪习俗为训育。

实验指导思想、实验方针制定出来后,俞庆棠率实验部、实验区同志对民众教育实验的近期目标做出了如下实验探索。

1.经济组织实验

农村民众在经济上受着高利贷的剥削,还有农副产品中间商的盘剥。无锡高长岸实验区成立信用合作社,向农民借贷资金 2000 元,解除了高利贷剥削。1932 年,无锡茭白大幅跌价,其原因是中间商人操纵市场,压价收购。农民因茭白为鲜货,不能贮藏,只得忍痛出售,眼巴巴看着商人牟取暴利。俞庆棠在惠北、北夏等试验区将农民组织起来,成立合作社 27 所,社员 731 人,资本 3159 元,其中还

---

[1] 秦柳方:《回忆黄民巷民众教育实验区》,见政协无锡市文史资料委员会编:《无锡文史资料》(第 25 辑),1991,第 51 页。

有储押所及农副产品直销组织,使农民增加了收入。

2.经济建设试验

俞庆棠要求各试验区引导农民修路、造桥、救灾、造林改良农事。她做过统计,"上学年计推广桑树一万株,白杨、松树等一万零七百三十七株。除在荒僻处培植外,已在北夏造林圃二处,面积三十余亩。本院农场也新辟了荒山八十余亩,作培植树苗之用。至于改良农事,是由院农场主持进行的,为适应地方的需要,注意稻、麦优良品种的培育,猪种、鸡种的改良,育蚕的指导,病虫害的防治,新农具的推行"[①]。在经济建设试验方面初见成效。

3.健康教育实验

各实验区设立民众医院分诊处,院内的医生每日下午到实验区分诊处应诊,治疗疾病。门诊免收费用。实验区定期举办清洁运动,清理村内道路及场地,整理粪坑。蓬户居民屋前屋后一家一茅坑,缺乏管理,于是实验区填平茅坑,种上花卉,集中建大粪池、大垃圾箱。实验区还经常进行清洁检查,打扫公共卫生,使村民养成清洁的习惯,能切实注意个人、家庭及公共卫生。又在各村建起运动场,举行小运动会,增强民众身体素质。

4.自治自卫实验

当时的社会,流氓恶棍好吃懒做,兵痞游勇结成团伙,威胁着民众生命财产安全。一盘散沙的农民,碰上他们只好任其宰割,弄得家破人亡。俞庆棠建成实验区后,立即着手农村自治自卫实验,旨在使民众摆脱流氓团伙的干扰。她认为,农村自治自卫,"要培养民众的组织力,必先有一种民众自治的组织"。她把这个组织称为乡村改进会或自治协进会。她将该村中热心公益事情的成年人组织起来,成立起坚强的组织。这个组织既是办理地方自治的协助机关,也是推动地方事业的主要力量。为加强自卫能力,彻底根除匪患,俞庆棠根据实际,进行自卫实验:

> 各实验区在冬季,都指导农民组织冬防团,谋农村的自卫。因为法令和经济的限制,不宁置备枪械。冬防团的团员由每户抽壮丁一人任之,每晚有五人至七人巡逻守夜,以村为单位。村与村间,也有密切联络,遇有紧急,可

[①]俞庆棠:《普及教育与民众教育》,载《教育杂志》第25卷第3号,1935年。

以鸣锣集合。无锡农村本来是比较安静的,有这简单的自卫组织,已尽足维持农村的安宁了。①

5.语言文字教育实验

中国民众不识字者比例很高,识字扫盲仍是民众教育的重要任务。但怎样才能既省钱,识字扫盲效果又好呢?没有现成的方法,只有通过语言文字教育实验来摸索。民众教育实验区或者利用私塾,或者建立小学,借以作为语言文字教育实验的依托。1929年4月,民众夜校始创办,分为成人班、青年班、妇女班,后增设高级班。不仅注意室内教学,还注意室外教学。学校订有学生信条,由学生自觉执行,相互监督帮助。教材自编,识字与常识合编一起,特别注意灌输爱国主义精神。

实验语言文字教育,主要在于制订切实可行的计划,在推行上狠下功夫。为此,俞庆棠注意调动各级政府官员的积极性,以取得他们的支持。实验区设立了普及义务教育设计文员会,请来县教育局局长、区长进行规划。拟定强迫识字办法,规定12—18岁不识字的青年一律入民校学习,不能入学的举行流动教学、送教上门。为造成识字的良好环境,各村创办壁报,使村民在巩固所学文字、练习文字应用之同时,注意传播国内外和本村的重要消息,养成村民注意时事的习惯。各村设立图书阅览处,设于会堂之中,内陈列民众读物、报纸、画报等,供村民随时阅览。为训练村民语言表达,实验区常利用集会训练村民演说才能。

6.社交教育实验

过去,农村村民过着单门独户、日出而作、日落而息的田园生活。各家"开轩面场圃,把酒话桑麻",过着自给自足的日子,彼此之间"鸡犬之声相闻,老死不相往来"。俞庆棠主张进行社会交际实验,打破传统生活格局,加强彼此之间的横向联系,融洽村民、邻里之间的感情,减少村民间的口角纠纷和打斗,建立新型的社会关系。实验区各村"提倡择友,调解纠纷,改良服饰,制止谩骂,利用旧形式,注入新内容,制造和平友善的风气,破除迷信"②。

---

① 俞庆棠:《普及教育与民众教育》,载《教育杂志》第25卷第3号,1935年。
② 秦柳方:《回忆黄巷民众教育实验区》,见政协无锡市文史资料委员会编:《无锡市文史资料》(第25辑),1991年版,第51页。

民众教育的践履者俞庆棠

发生在蓬户区居民区的纠纷,主要来自经济方面,其中又以赌钱引起的为多,也有的是以鸡毛蒜皮之事为起因。实验区组织他们成立调解委员会,"一面宣传赌钱的害处和邻里应和睦相处,一面严厉禁赌,并调解已经发生的纠纷"[①]。

为了达到民众教育近期目标,所做的实验是多方面的,取得了颇为可观的成绩。秦柳方以黄巷民众教育实验区为例,进行分类比较,于兹可以得知民众教育实验目标及实验前后情况(见表7-1)。

表7-1 黄巷民众教育实验区实验情况对照表

类别	教育目标	原来状况	已有的成绩
政治与社会	1.户口调查甚清楚	原有调查不准确	重查一次,完全准确,并办了人事登记
	2.土地登记完竣	区书执掌,很凌乱	县政府通知办理,尚未办
	3.桥梁道路修筑成功	全村通道均土路,间有石块	村外公路改铺煤屑,村内公路改铺砖石,较平坦
	4.河道疏浚合度	原尚通畅	略加疏浚,庌水机船能驶入村内
	5.四权使用纯熟	不知有民权	通过改进会,乡公所运用四权,已有初步锻炼
	6.自治机关组织完备	无组织	乡公所已成立,邻间编制已完成,设有调解委员会
	7.公款公产经营合法	本乡无主地以历史关系向	现已进行交涉,收回自管。由邻乡执管
	8.育幼、养老、济贫救灾、医病有相当设施	无设施	现设民众医院分诊处,设有托儿所,曾调查贫户,实行平粜
	9.团体组织健全	无组织	成立了黄巷改进会、少年励志会
	10.烟赌及不良风尚禁绝	有烟馆四、赌场一,风纪不良	烟馆停歇,自动禁赌,风纪好转
	11.警卫有相当实力	无自卫实力	无自卫组织,县公安局对本乡治安尚能负责。冬季,村民能自动组织冬防队

① 宋廷栋,茅仲英:《城市民众教育事业的实验》,见政协无锡市文史资料委员会编:《无锡市文史资料》(第25辑),1991,第76页。

续表

类别	教育目标	原来状况	已有的成绩
生计	1.农业科学普及	仅用机器灌溉	一部分农家已采用改良稻种、麦种、蚕种
	2.合作组织完备	无组织	成立了信用合作社
	3.副业发达	养鸡、养猪、蚕桑等	蚕桑略有进步
	4.灾荒能预防并救济	无预防,亦无救济	曾宣传治螟,指导防灾,修筑圩堤
	5.佃农与工人能以合理的手段增进利益	完全被压迫	佃农减租成功。组织了扛重队。丝厂女工曾要求厂方不能虐待女工
	6.靡费习俗消灭	婚丧当斋等多靡费	废止当斋,改良婚丧仪式,有显著进步
	7.失业及游民绝迹	有游民四五人	尚未完全绝迹
	8.荒地完全开垦	无荒地	无荒地
	9.林木栽植与砍伐合法	全村原有树木甚多	未栽培,亦未砍伐
教育文化	1.民众教育普及	识字人数占人口总数9.23%	识字人数占31.1%,青年已被强迫入学
	2.能自动谋义务教育的普及	私塾一所,学童20余人	私塾停办,设立小学,全村学童就学的60余人,正筹备儿童强迫就学,普及义务教育
	3.正当娱乐昌盛	无正当娱乐	音乐、弈棋、乒乓球、演剧,已组织团体,从事练习。电影两周放映一次
	4.增进知识有相当设施	无设施	有民众夜校,设青年班、成人班、妇女班、高级班。举办流动教学,送教上门,青年强迫就学。设有阅书报室、壁报、周报
	5.物质环境优美	村容不整洁	村容较前整洁,荒秽处所减少
	6.宗教信仰合理	烧香念佛月必数次,拜佛、打醮常见	念佛人数、次数均减,迷信逐步破除
	7.善良风习养成	詈骂、殴斗常见	詈骂、殴斗减少,能以团体力量制裁。男女平等风气渐开
	8.体育卫生有相当设施	无设施	设有医院分诊处、体育场,定期进行清洁行动,清洁检查,禁止设置露天粪坑
	9.公共道德发扬	自私心很强	改进会会员能参与公共事业,在村内做出了表率

(二)民众教育实验的终极目标

民众教育实验的终极目标必须以初级目标的量变为基础,没有初级目标量的积累,终极目标无法实现,会成为空中楼阁。但是,民众教育实验的终极目标又不是简单的初级目标量的相加,而是质的飞跃。终极目标与初级目标之间有着质的差异。

俞庆棠对于民众教育实验终极目标的描述尚十分简略,只是大致粗略地勾勒了民众教育实验的宏图远景。之所以如此,主要原因是第一阶段的初级目标基础工作过于艰巨,千头万绪,要干的工作太多,所以整个实验工作必须做出周密详细的计划。还有一点,情况在不断变化,民众教育实验的终极目标如何,要根据现实条件踏着时代步伐筹划。所以,俞庆棠对民众教育实验终极目标,不像对初级目标那样,对方式方法、内容步骤进行了一丝不苟的设计。她只言简意赅地做过描述,即在初级目标基础上建立"新制度",达到改造社会制度的根本目的。

俞庆棠对民众教育实验要建立的"新制度"十分明确地提了出来,认为建立这一"新制度"为时势所趋,是必然的,不可逆转。她说:

> 中国教育及社会其他各组织,已呈逐渐崩溃之象,而新的组织,尚未成立。整个中国社会,在苦痛演变之中。无论教育或其他社会的组织或制度,原为满足人生的需要而成立。人生的需要有变迁,社会及教育的制度,亦应有改革。[①]

这一"新制度"是要把一盘散沙一般的社会都组成一体,使广大民众都过上较大的团体生活。她描述说:"新制度的成立,应该由下而上,由小而大。凡我们实验机关所指导的组织,如合作社、乡村改进会、民众学校毕业同学会等都希望逐渐联合,逐渐扩大其组织,使民众有参加较大团体生活之经验与能力,始能共负国家的责任,达民族复兴的目的。"

[①] 俞庆棠:《普及教育与民众教育》,载《教育杂志》第25卷第3号,1935年。

俞庆棠指出,这一新的制度,有三个特点,即政治、经济、社会生活打成一片,以农民的需要为标准,以全国农村为对象。她说,第一,"我们希望使政治、经济、社会生活打成一片;而教育或一切社会的新制度,真正建筑于民众现实生活之上";第二,"我们希望新制度必以农民迫切需要为基本,其研究和实验,必以科学方法为依据";第三,"我们实验的事业,不仅供一个区域的需要,还要能够依据科学的方法,表明显著的成效,成立明显的原则,以供全国农村的应用"。她还强调说,以上所述为"现在民众教育努力的方向,以及我们所有的一些实验和希望"。从俞庆棠民众教育实验目标设计,我们可以看出她进行的民众教育实验的特质、爱国爱民的高尚情怀,以及改造社会建立新的社会制度的伟大理想。

第三节 实验专题研究

民众教育的推广,有赖于民众教育实验。进行实验,不能胡子眉毛一把抓,必须先确定实验的子项目;要对子项目进行实验,必须对子项目进行深入研究。实验进行前的研究工作对实验的结果起着制约作用。

(一)实验机构与人员

俞庆棠认为,没有实验或不能实验的研究,只能是没落无聊文人的夸夸其谈;为学术而学术的自我陶醉,是误己误国误人的不良作风。而没有研究的实验,则是盲人骑瞎马,如何进行、推广什么、达到什么目的、中途会出现一些什么问题、出现问题如何解决,实验者心中没有一点谱,犹如一位醉汉开着没有刹车的汽车,后果不堪设想。所以,江苏省立教育学院开办之初,便采纳她的建议,设置了研究实验部。这是推进民众教育事业发展,研究实验事业进行的领导机构。

俞庆棠、高阳、赵叔愚、童润之等极为重视实验研究工作,视之为江苏省立教育学院的心脏与大脑,由学有造诣的民众教育专家主持该部的工作,其他专家都参与其事。因而,这里是民众教育群英荟萃之所。

1928年秋,江苏省立教育学院从苏州迁到无锡后,始设实验部,李蒸教授为主任。实验部的职能为:(一)各就个人经验,学习民众教育实施方法。(二)研究民众教育之理论与实际,发现问题,寻求解决问题的方法。几个月后,添设研究部,与实验部并立,由孟宪承教授任主任,其职能为:

(一)征集国内外成人教育之著作、刊物,收集乡村教育之消息,调查国内外成人教育及乡村教育状况与成绩。(二)出版并发行各种国外有关成人教育方面之论著、事业概况及本院有关民众教育理论方面之著述与实验报告。①

1930年秋,鉴于研究和实验工作不可截然分割开来,又为使理论与实际密切结合,俞庆棠等将研究部和实验部结合起来,改称研究实验部,始由傅葆琛任主任,周德之任副主任。不久后,傅葆琛辞职,由雷沛鸿教授任主任,俞庆棠教授任副主任。1933年夏,雷沛鸿请假,由俞庆棠、甘豫源教授分别担任正副主任,直到抗战开始,江苏省立教育学院西迁为止。

实验部和研究部合并后,做了一些调整。作为一所大学里设的一个机构的痕迹暗淡了很多,倒酷似一个专门从事研究实验推行民众教育的社会机关。研究实验部职能为:

> 依据科学方法,从事研究实验工作,以期建立民众教育之学术。在学的方面,要探讨民众教育原理及民众教育哲学;在术的方面,要寻求民众教育的实施及推行所有的适当方法及进行程序。②

这样,研究实验部便完全以研究、实验、推行民众教育为自己的职责了。原先的"为学生创造种种机会……学习民众教育实验实施方法","出版并发行……本院有关民众教育理论方面之著述与实验报告"的任务,已经退为次要了。

(二)研究实验部的专题研究

从1930年开始,研究实验部开始调查研究、搜集有关材料,进行统计分析,着手从事研究实验推展奠基性工作。进行实验是一项系统工程,涉及的问题方方面面,不胜枚举。俞庆棠参与并主持的研题研究主要有:

(1)汉字基本字的研究。研究实验部收集了大量书报,对常用汉字进行使用

---

① 朱若溪:《研究实验部的研究编辑工作》,见政协无锡市文史资料委员会编:《无锡文史资料》(第25辑),1991,第100页。
② 朱若溪:《研究实验部的研究编辑工作》,见政协无锡市文史资料委员会编:《无锡文史资料》(第25辑),1991,第100—101页。

频率的研究统计。经分析研究,从数千常用汉字中挑选出 1496 个常用基本汉字,用作编辑民众读物用字的参考。

(2)汉字学习方法的研究。研究实验部注重研究怎样教不识字者识字,以及采用什么方法来解决识字的困难问题。经研究得出如下结论:儿童从 7 岁开始识字的最多,6 岁开始者次之。解决识字的困难,大都采用字典,以 12 岁开始采用者最多。最初认识的字,以"人"字为多,"一"字次之,"天"又其次。

(3)文盲标准研究。如何定义文盲?这涉及扫盲识字教育如何进行、工作量大小、文盲多寡等一系列问题,经研究实验部调查,各地定的文盲标准不一。经研究确定:最低标准为一字不识者,低等标准为不能写自己的姓名及填写简单履历者,中等标准为不能读写用基本字者,高等标准为不能阅读浅近书报者。

(4)民众运用词语研究。研究实验部的调查表明,在日常词语的运用中,以动词为最多,名词次之,形容词又其次。对词语的解释为:①释义,②举例。

(5)简字的研究。调查表明,社会上通用的简字有 1000 个左右,偏旁及部分简化的有 70 多例;8 画以下的简字很少,6 画以下的几乎绝迹。即使有,也仅差一两画。

(6)识字教育普及方法研究。研究实验部调查民众的识字心理,发现"不识字人普遍认为识字是一件艰苦的事,是为满足功名的多余事,不识字一样可以挣钱吃饭等等"①。

针对民众的这一心理,研究实验部认为,进行识字教育,必须针对人们对识字存有的种种错误观念进行宣传劝说。从积极方面言,应改良汉字,调查职业用字,多设流动识字处等;从消极方面言,可采用强迫方式,在交通路口设立文盲检查处,从业人员不识字的不予录用等。

---

① 朱若溪:《研究实验部的研究编辑工作》,政协无锡市文史资料委员会编:《无锡文史资料》(第 25 辑),1991,第 103 页。

（7）民众读物研究。研究实验部收集了浅近的民间读物400多种,然后进行研究分析,根据民间读物的立意,分为讽世、劝善、艳情、游戏、其他五类。根据体裁可分故事与歌曲两大类,其中故事又可分为小说、神话、传说、寓言、笑话等类,歌曲又可分为歌谣、小调、戏曲等类。根据其在社会上流行的数量分析统计,立意以艳情者为最多,体裁以歌曲、小调为最多;字句为白话文,土白最多;版本以木板为多,纸张以油光纸为多;价格一本一分钱者为多。

（8）民众教育对象的研究。民众教育为一种新型的教育形式,对其教育对象的认识颇不一致。研究实验部调查表明,对其对象的认识可分为两类:一是认为民众教育的对象应为全体民众;一是认为范围可以缩小,为不识或略识字的民众。

（9）民众教育分类与审定的研究。民众教育为前无古人的事业,无前例可援,有必要对其内容进行系统研究。在推展民众教育之初,对民众教育的内容应该包括哪些项目,众说纷纭。认为应该重视民众文字教育者有之,认为应该重视生计教育者亦不乏其人。俞庆棠等率众进行调查研究,认为民众教育的内容,应多注重语文、体育、娱乐、社交、艺术、科学、健康卫生、生计、家事、政治、品格等项。

（10）民众教育实施方法的研究。俞庆棠借鉴美国、丹麦、苏联的经验,结合中国民众教育的具体情况,经过反复研究比较分析,得出如下结论:实施民众教育的中心,大多应设以下几种组织结构,即农村改进会、平民学校、农民教育馆、民众教育馆、茶园、图书馆(室)、小学等。实施的方法,多采用以下几种方式进行,即强迫式、劝导式、利诱式、感化式、示范式等。

（11）民众学校组织的研究。民众学校与国民学校有什么不同?在组织形式上区别何在?俞庆棠对民众学校组织的研究进行了深入比较研究。她认为,民众学校既然以民众为教育对象,那么,其学校组织也应根据这一特定对象设计。其研究结果表明:"民校设置太呆板,为民校失败的主要原因;应采取多种形式,授课时间灵活运用,教法以个别教学为宜。"①

（12）民众学校识字教科书的研究。民众学校作为一种新型的民众教育组织形式,识字教科书与传统蒙童使用的识字课本有根本不同。传统的"三百千"(《三字经》《百家姓》《千字文》)不仅内容过时,也不合广大民众的脾胃。俞庆棠收集了其时广泛使用的《平民千字课》《成人读本》《民众课本》第27种教科书,经过比较研究后,认为"课本应以纯粹知识为主,课文用字应根据科学研究的结果,每课课文用字以10—15个为宜,课文用字应反复使用,以利巩固"。

（13）函授学校的研究。民众教育的组织形式是多种多样的,不应仅仅局限在有围墙的学校范围之内,没有围墙的学校更有广泛的开发利用前途。研究实验部经过3个月的调查统计,得知全国函授学校共52所,其内容性质有:一是函授语文;二是函授工农商职业知识;三是函授特殊学术;四是函授美术科目等。

（14）电影名称及内容的研究。电影是民众喜闻乐见的娱乐形式,利用电影推行民众教育,容易收到意想不到的效果。研究实验部重视电影名称及内容的研究,特意确定了一个电影研究专题。经过4个月的调查,共收集影片名称920多个,将其内容分为艳情、侦探、怪异、冒险、警世、讽刺等六类。

（15）小报的研究。小报是20世纪二三十年代民间重要的传媒,民众教育研究推行者,不可不予以关注。研究实验部于1930年12月开始,在3个月内收集到农村广为流传的小报1200多张,按其内容分,主要有要人消息、妓女消息、婚姻问题、政治评论、科学常识、卫生常识、戏剧评论、社会趣事、教育消息、体育消息。

（16）江苏田赋的研究。田赋是20世纪二三十年代国家主要收入,分正税和附税两项。研究实验部分别致函各县民众教育馆,要求收集征收田赋通知单,根据通知单统计分析,江苏附加税名目繁多,税率苛重,计有教育专款、清丈费、筑路专款、公安费、保卫亩捐、农业改良税、水利专款等120多种。农民在苛重的田

---

① 朱若溪:《研究实验部的研究编辑工作》,见政协无锡市文史资料委员会编:《无锡文史资料》(第25辑),1991年版,第103页。

赋压榨之下,负担沉重,生活在水深火热之中,是为促成农村经济破产的原因之一。

民众教育专题研究,是实验推广的前奏。它为民众教育实验提供了思想,使实验有了明确的目的、内容、步骤、方式和方法,从而便于收到预期的实验效果。同时,也为民众教育的推展做好了基础性工作。

第四节　实验区及其特点

江苏省教育学院研究实验部在俞庆棠的参与及主持之下,收到了良好的民众教育实验效果,经验推广到全国,在不同的地区、不同的文化背景下、不同的经济结构条件下设置了数十个实验区,形成了独树一帜的民众教育特色。

（一）实验区的设置

俞庆棠认为,要取得推展民众教育的经验,实验区是一个关键环节。在实验区实验成功,然后可望总结经验推展开去;实验失败,则要吸取教训,"吃一堑,长一智",再深入实验。俗话说"不入虎穴,焉得虎子",俞庆棠把实验区当作探索民众教育理论的实验室。因而,她在创办江苏省立教育学院之初,便设置了几个实验区,以后实验区拓展到了数省,多达数十个。这里撮其主要者做一简要介绍。

1.黄巷民众教育实验区

这是国内最早的一个设在乡村而以民众教育命名的实验区,设立于1929年3月,[①]俞庆棠兼任总干事,甘豫源任副总干事,主要工作人员有钱俊瑞、秦柳方、张锡昌等。徐为裳在《无锡文史资料》第9辑上撰写了《江苏省立教育学院的研究事业》一文,回忆说：

> 该区办有民众夜校初级班、高级班、托儿所、流动教学（上门教学）,并组织黄巷乡村改进会,推动修桥铺路等乡村建设；编辑初级民众读本、高级民众读本,由研究实验部出版,行销全国。
>
> 实验区重视民众生活中发生的问题,作为教育民众的活教材,作用很大。……

[①] 朱若溪:《乡村民众教育实施方法的探索》,政协无锡市文史资料委员会编:《无锡文史资料》（第25辑）1991,第64页。

作为第一个民众教育实验区,黄巷民众教育实验区在社会上产生了一定的影响,并取得了一定的成绩,得到了广大民众的信任与支持。

2. 江阴巷民众教育馆

1931 年,该馆在俞庆棠指导下创办,由湖耐秋、姜和任馆长。该图书馆实行开放形式,便于民众阅览。还办有流动文库,送书到附近农村。逢年过节进行卫生宣传,还领导居民和商店进行评比,以改进乡镇落后面貌。

3. 丽新路工人教育实验区

1931 年,该实验区在俞庆棠指导下创办,由秦柳方、茅仲英先后担任干事。该实验区办有工人夜校、托儿所、工余剧社等,还出版了供各地妇女夜校采用的《妇女读本》。

4. 实验民众学校

1932 年创办,校址在无锡商业区汉昌路,马祖武任校长。每日从早到晚分班分批轮流上课,办有扫盲班、小学班、中学班,学生有工人、店员、小商贩、失学失业青年,还有家庭妇女及儿童。每天上课人数多至千人。

5. 南门实验民众教育馆

1933 年创设。馆长茅仲英,馆内办有劳工夜校、托儿所、书报阅览室、读书会、民众茶园。所在地区有相当一部分居民以拉人力车为业,车行老板剥削甚重,该馆指导他们组织人力车利用合作社,购车资本由民教馆担保,向银行贷款。徐为裳回忆说:"社员经过培养,懂得讲卫生,讲礼貌,守交通规则,车上还备有报纸和本市交通地图,供乘客查阅。还提出一个口号'拉者有其车'……南门实验民众教育馆经过一段时间的工作,取得相当经验,形成了一个蓬户教育中心区。当时曾吸引了一批国内外热心人士参观访问,并肯定了它的成绩。"[①]

[①] 徐为裳:《江苏省立教育学院的研究实验事业》,见政协无锡市文史资料委员会编:《无锡文史资料》(第 9 辑),1984,第 108 页。

6. 惠北民众教育实验区

创办于1933年。王倜、喻任声任主任。该实验区由附近各乡村教育馆和高长岸农民教育馆合并而成。全区办民众夜校12所,学生500多人。又在王家宕小学进行四年义务教育二年完成的实验。该区指导农民组织合作事业,帮助农民组织茭白运销合作社,避开商人染指,将茭白直销上海、南京及沪宁线各地,扩大了市场,增加了销量,农民获得丰厚利益,"无锡茭白"也声名远扬。又指导农民组织养鱼合作社;与农民银行合作成立农民借贷储金处等。高阳院长视察后赞许说:"这是农业推广的必由之路。"

7. 北夏普及民众教育实验区

创办于1933年。主任为赵冕、马祖武、韩天眷、古梅等。北夏区为无锡第十自治区,江苏省立教育学院计划以区为单位进行普及教育及完成自治的实验,有初级民校、高级民校20所,又与当地小学合作办校,据1936年统计,学生达1400多人。1936年,实验区创办了由孟宪承命名的学校——青年学园。是年暑假,实验区一部分高级民校毕业生,要求为他们办一所学校,让他们"升学"。俞庆棠为此特地做了研究,决定这所学校的培养目标为造就一批改造社会的中坚分子,学校不依现成的程式,"不是现有的乡村师范、乡村中学,也不是初级农校;也可说是三种学校特点都含有"[①]。实验区还创办示范农场,推广良种稻麦和长毛兔、猪、鸡等,发动农民实行农业科学管理。

由俞庆棠创办或参与创办,或受其思想影响创办的实验区众多,难以一一枚举。即使抗日战争爆发后来到重庆,她也坚持实验不辍,她的教育思想随着实验区的创办广为传播,逐渐形成民众教育体系。

[①] 徐为裳:《江苏省立教育学院的研究实验事业》,见政协无锡市文史资料委员会编:《无锡文史资料》(第9辑),1984,第110页。

(二)实验事业的开拓

实验区相继建立后,俞庆棠对实验事业进行了深层次开拓,做了很多新的尝试。

(1)创立乡村卫生所。针对当时农村不讲卫生、疫病频发、缺乏防治、迷信治病之风泛滥、妇婴死亡率高的情况,俞庆棠在无锡农村创办了最早的一批乡村卫生所,有针对性地进行宣传、预防、治疗工作。1932年,西漳乡村卫生所创立,专职医师孙小山团结本地开业医师协同工作,就地培训护理人员。

1934年,俞庆棠从各实验区选来一批农民集中到社桥教育学院参加农村卫生训练班学习,第一期毕业学员38人,毕业后回原地当初级医务人员。乡村卫生所还在乡村首次提倡喝沙滤水,由各实验区、各分部免费供应。

(2)开展农村群众性的体育、练武运动。许多实验区成立了乡村体育场,为开展农村群众性的体育提供了场地。西漳乡村体育场面积设有足球场、篮球场、排球场、跑道、单杠、撑竿跳、木马等。有的乡村把庙寺、祠堂的空场开辟为小型体育活动场地。

1935年,研究实验部在西漳乡村体育场举行了一次为期7天的乡村体育大会。其间京沪记者前来采访,农民招留亲眷胜过节日。俞庆棠主持了这次前所未有的乡村体育大会,盛极一时。据回忆:

> 除常规体育活动的比赛外,还有武术,还有别开生面的"洋龙比赛"(当时农村的消防设备,双节筒活塞手揿,农村统称洋龙)。实验区各乡镇的"救火会"都来参加,比赛勇敢、快、准。西漳钱大坟搭起了高高的戏台,除观操外,同时演出农民与教师自编自演的戏剧节目……体育场四周布满抗日标语、漫画……[①]

[①] 高佐良:《爱国教育家俞庆棠在无锡农村的社会实践》,见政协无锡市文史资料委员会编:《无锡文史资料》(第1辑),1984,第82—83页。

民众教育的践履者俞庆棠

通过乡村运动会,促进了农民体育锻炼,加强了彼此间的沟通,振奋了民族精神。

(3)举办农民自卫训练班。1935年冬,华北局势更加紧张,大有一触即发之势。王倘、俞任声教授创办农民自卫训练班,从无锡保安团请来训练班班长,讲授抗日救亡、团结抗日的道理,并进行军事训练。1936年农民自卫训练班受到检阅,还进行了农民武术团表演。江苏省保安司令见了,承认这些经过训练的农民能打仗。后来俞庆棠也说:"这个实验是成功的。民众有了抗日思想,就能勇敢打仗。"①

(4)文娱宣传实验。俞庆棠历来主张以适于民众教育的新文娱宣传形式占领农村阵地。王倘教授曾说:

> 无锡农村的迎神赛会、滩簧、小调、庙会戏的内容,很多属于迷信、淫秽,危害极大,有赖社会教育力量予以改变,藉以改变乡风,激励农民的爱国热忱。②

研究实验部重视王倘教授的建议,利用所属放映队,把进步影片《大路》《渔光曲》《开路先锋》,在各实验区轮回放映。又组织幻灯队,将日军侵占东三省、屠杀同胞的照片、画片到乡村放映。放完电影或幻灯后便解释、演讲、唱歌、呼口号。1936年北夏实验区南钱青年学园师生合演了抗日名剧《放下你的鞭子》,到各村镇庙会轮回演出,徐为裳女士为导演。

(5)送书下乡实验。为了方便农民看书读报,俞庆棠进行了民众图书馆送书下乡实验。此前曾实行的"村前图书馆",颇受农民欢迎,但毕竟不能村村均设。继此之后又推出送书下乡新方式,农民读者可以就地阅读,也可以借到家里阅

---

①② 高佐良:《爱国教育家俞庆棠在无锡农村的社会实践》,见政协无锡市文史资料委员会编:《无锡文史资料》(第1辑),1984,第85页。

读。图书馆藏书并不多,均属近代通俗书刊,流通率甚高。此图书馆专为农民而设,巡回流通各乡。

(6)改良品种实验。为改良品种,防治病虫害,研究实验部设刘潭实验农场,推广长毛兔、菜兔、来克亨鸡、约克夏猪等家禽家畜良种;师生用图片、幻灯宣传氮肥、磷肥、钾肥等肥料用途与堆制法。使无锡老人难以忘怀的是实验区供应的金陵大学的良种"金陵号"麦种产量可以增加50%。在蚕业方面也动了不少心思。1946年,俞庆棠曾回忆说:

> 无锡农村的茧行操纵在丝业资本家及中间商手里,他们损害蚕农利益的办法很多,我们曾想办"蚕业合作社"、"蚕茧仓库",保护蚕农利益,抗战爆发没有办成。[①]

俞庆棠推行的民众教育实验,无论是在精神生活或物质生活方面都给民众带来诸多实惠,每一项实验,均在一定程度上取得了成功。只可惜时局之因,使刚露端倪的实验夭折,成为民众教育的憾事。

(三)民众教育实验的特点

俞庆棠所进行的民众教育实验,无一例外都要在研究实验部认真分析研究,制订出实验计划,并不是匆忙仓促上阵,也形成了鲜明的民众教育特色。

(1)深入社会,深入实际,与民众生活打成一片。俞庆棠要求研究实验部的同志及实验区工作人员深入民众。全体实验同仁一开始就住进乡村,在村民中生活,与村民交朋友,与村民相处十分融洽,做到无话不说。村民有疾苦和难处愿意向他们诉说。这样,实验的数据、材料来自实际,实验的过程顺利,实验的结果真实可信。

[①]高佐良:《爱国教育家俞庆棠在无锡农村的社会实践》,见政协无锡市文史资料委员会编:《无锡文史资料》(第1辑),1984,第86—87页。

（2）以全体民众为实验的对象。江苏省立教育学院研究实验部的实验,不同于传统的选点法、抽样法、跟踪法,而是一开始便以全社会为实验对象和施教目标。从个人方面而言,实验从健康、家事、生计、政治、语言文字、社交、休闲七方面进行;从社会方面而言,从政治、经济、文化三个方面进行,以政治教育为中心,以教育为手段,实现地方自治。正如第一届毕业生秦柳方所言:"这种以全社会为施教对象,从实际生活出发,改进农村社会,在当时的民众教育运动中,独树一帜,为各方所瞩目。"①

（3）实验区成为民众教育理论发明的机关。研究实验部同仁践行从民众中来到民众中去的原则,民众教育问题来自民众,经分析研究,提出解决方案,又到民众中去实验,如此多次循环往复,形成行之有效、符合社会实践、为民众所欢迎的民众教育理论。

（4）实验区成为民众教育推展赖以进行的机关。就推展民众教育而言,实验区是必不可少的中心机关、关键环节,又是俞庆棠、高阳、雷沛鸿、李蒸等教育家民众教育主张作用于劳动民众的枢纽。在这一点上,他们产生了这样一个共识:无论自己的主张如何得意,都必须拿到实验区去接受实验的检验。

（5）借鉴和创新。俞庆棠主持的实验工作,对西方民众教育、社会教育经验多有继承,对国内乡村教育、社会教育成果亦不乏借鉴。1928年、1935年,请来平民教育促进会晏阳初传经送宝;梁漱溟、陶行知都曾到江苏省立教育学院做学术报告。该院还曾派甘导伯、周有光、秦柳方到河北定县平教会办的华北实验区参观学习一个月;又组织师生到沪杭等地参观民众教育,吸收昆山徐公桥乡村改进会的做法。虽对各地的经验多有借鉴,但是,俞庆棠及同仁从各实验区实际出发,学习他人经验,但又不拘泥于他人经验,整个实验充满了创造的生机与活力。

---

① 秦柳方:《回忆黄民巷民众教育实验区》,见政协无锡市文史资料委员会编:《无锡文史资料》（第25辑）,1991,第59页。

第八章

不尚空谈　务求实效
——民众教育的方法论

民众教育的践履者俞庆棠

俞庆棠对民众教育的方法进行过艰难探索,对西方社会教育、成人教育方法有所承继,对中国传统教育的方法亦撮其英华,形成了她的民众教育方法论。

第一节　从实际出发

俞庆棠的教育观有着鲜明的社会特色,她极为重视教育与学校、社会的密切联系,其民众教育的方法成为学校与社会、教育与社会联系的纽带。理论联系实际是其方法之精髓。

(一)实施原则和方法

(1)因人而导其法。主张实际情况不同,接受对象不同,训练的方法也要因人而异。这与传统的因材施教有异曲同工之妙。

(2)因时而导其法。意即平时与战时,过去、现在与将来,以及时令、节日等不同,教育应有差别,不可死守一法。

(3)因地而导其法。其旨趣为城市与农村、陆地与水上、平原与山区,因地理、人文环境不同,方法亦应灵活运用。

俞庆棠还强调,即使是因人、因事、因时、因地采取不同的方法,这个方法的应用也是多维的、立体的,而不是一成不变的。

它有时用动的,有时用静的,有时动与静兼用;有时用固定的,有时用不固定的,有时固定与不固定兼用;有时用个别的,有时用团体的,有时个别与团体兼用;有时用理智的,有时用感情的,有时理智与感情兼用;有时用身教的,有时用言教的,有时身教与言教兼用。方法多端,变化也多端,应用也是多端、灵活的。①

据此,不难看出,从实际出发,理论联系实际是俞庆棠民众教育方法活的灵魂。

俞庆棠提出的民众教育实施原则与方法本身,也是从民众教育、民众生活中来。

(1)一切从人民实际生活出发,从社会实际需要出发。(2)要和工农群众紧密联系在一起,和群众打成一片,培植工人自己的领袖,在群众中发现天才,要让群众自己办教育。(3)要顾及经济力量,要能维持长久,要发挥教育效率,要取得各方面的联系,要有革命精神,要有时代特色。(4)一切设备切要经济,以最少的投资,获得最大的效果。……(7)设科要适合时代与社会,教材要扼要而生动,教授要有理论有实际,又可以因环境之不同,境遇之各别,程度之高低,实行活动的教育。②

这些无不说明,俞庆棠的民众教育方法是从实际出发,理论联系实际。她自始至终坚持反对口不绝于"诗云子曰"的本本主义,也反对忽视理论知识的蛮干、盲目主义。所以,理论联系实际是她的民众教育根本方法。

(二)民众教育实习

为了加强民众教育与民众生活实际的沟通,江苏省立教育学院专门设置农事试验场;设立试验工场,分设木工、竹工等;设置广播电台,自制收音机、广播教育节目,自制教育影片和幻灯片,巡回放映教育电影等,为学生接触社会实际提供了良好条件。学校逐渐形成社会化的特色。

---

①②顾岳中:《人民教育家俞庆棠教授的社会教育思想》,见《江苏省立教育学院校友会丛刊》第一辑,1987,第80—81页。

民众教育的践履者俞庆棠

俞庆棠认为,学校为学生接触社会提供良好条件很有必要,但仅此还不够,还必须从制度上对民众教育实习予以重视。她把实习规定为必修科目,强调任何系科的男女学生都必须参加;又把附近的农村,如谢巷、高泾桥、杨木桥等十几个村庄辟为实习区;在每村设立民众学校、民众茶园为实习场所。学生白天上课,晚间赴乡村实习,一切工作都由学生承担。本科学生从第四学年开学时起,专科学生从第四学期开学时起,分别到农村或工人、市民聚居区去实习,本科生一年,专科生半年。当年的一位学生回忆说:"我在教育学院学习四年,除一般的参观学习不计外,整整一年是住到农村和农民在一起,住在他们家里,吃在他们家里,教他们识字、唱歌,教他们农业、史地、科学、军事知识,风里雨里,白天黑夜不息,在农民中交了很多朋友。在我工作和教育对象中,可以说没有一个资本家及其子女,也没有农村的地主老财。"[①]实习如此受到重视,这在中国教育史上实属首次,其实习的方法也很值得借鉴。

[①] 杨汝熊:《理论联系实际》,见政协无锡市文史资料委员会编:《无锡文史资料》(第25辑),1991,第19页。

第二节 重科学技术

俞庆棠的民众教育思想充满了科学精神,其推展民众教育的方法亦与科学化并行不悖。她的很多方法是当时科学成果的直接运用。

(一)借助电影技术

俞庆棠认为,电影技术是推行民众教育的技术支撑,电影对"灌输国民应用知识、传播国家重要的政策、培养民众爱国的意识以及介绍各地的社会实际生活与自然界的名山大川",是极为便利的工具[①],且民众喜闻乐见,从而容易收到良好的教育效果。

江苏省立教育学院开办不久,就在每个星期六晚上在院内大礼堂举办同乐会,同乐会结束后就放映35毫米片型的无声电影,有《盲童》《灭蚊蝇》等,受到民众的欢迎。取得试验成功后,俞庆棠与江苏省立教育厅组织了电影放映组,在江苏8个民众教育辅导区[②]巡回放映电影。在巡回放映过程中,俞庆棠注意听取民众对电影的意见。她得知观众的主要意见集中在影片的内容、编导手法以及放映的方式方法上,这些方面都不能满足民众的需要。有的人说看不大懂,有的人说是为了娱乐好奇而来。她极为重视民众的反映,认为不合国情照搬国外的教育方法是行不通的,甚至是错误的,进一步认识到,电影这一教育方式只有进行革新与创造,才能符合民众教育的需要,才能成为推展民众教育有效的方法。她向院长高阳、教务主任陈礼江提出建议,强调改进电影这一民众教育方式的根本的途径在培养电影制作人才及施教人才,否则不能适应民众教育的需要。于是派戴公亮等人到上海联华电影制片厂学习、实习和工作。同时开设电化教育专修科,开设电影教育选修课。电影遂成为民众教育的重要方法之一。

[①] 俞庆棠:《欢迎中国电影协会第五届年会》,载《教育与民众》第七卷第8期,1936年。
[②] 民众教育辅导区的范围很大,如第二辅导区包括无锡、常熟、吴县、江阴、吴江、宜兴等8个县。

(二)借助无线电技术

俞庆棠考察了欧美民众教育、社会教育,得出的结论是:欧美民众教育获得成功,与其"口讲耳听的教学"有密切的关系。国外的口耳教育主要形式是演讲。俞庆棠将此法进行改造,易之而成民众教育广播台。1932年初,俞庆棠主持的研究实验部意外地得到无锡工商界捐赠的一套50瓦无线电广播设备。不久得到南京政府交通部的广播许可证,规定电台的广播频率为1110千周,波长270米,呼号为XLIJ。

由于人力及节目内容不足,民众教育广播电台暂定每日广播三次:上午7:30—9:00播送歌曲唱片、天气预告、当天报纸新闻及常识等,下午4:30—5:30播送歌曲唱片,教唱歌、儿童节目、专题讲话及无线电问答,晚上6:00—9:30播送评剧及曲艺唱片、教育及学术讲座、时事报告以及轮播中央电台节目等。民众教育广播电台播出的节目,大多由该院师生编排。据陈汀声回忆:

> 节目的内容,主要请本院有关专业师生担任,儿童节目邀请附近小学师生担任。民众教育系播音教育组担任民众教育节目,每学期分配学生8—12人来台工作。每学期十九周,第一周各人写教育计划,拟定讲演题目,送民教系实习指导组审批,同时在电台练习播音方法和设备管理。第二周开始,每晚七点到七点二十分,轮流播音,他们可以个人讲话、两人对话或多人座谈,形式多变,以增加听众兴趣。①

1936年,俞庆棠从国民政府教育部领来十多架高级收音机,分发到各实验区,又升高天线达140米高,发射功率由50瓦扩大到100瓦,扩大了收听范围,苏北宝应县、浙江杭州等地用普通收音机都能收听清楚,效果很好,从而形成了以江苏省立教育学院为中心的播音网。

为鼓励民众收听,俞庆棠在电台节目中辟有猜谜语及科学问答题,借电台回

---

① 陈汀声:《首创民众教育广播电台史实》,见政协无锡市文史资料委员会编:《无锡文史资料》(第25辑),1991,第120页。

答民众提出的问题。她从民众来信中了解各地收听电台的情况及对节目安排意见。对谜语猜中者、科学问答答对者,寄给奖品,以资鼓励。

学校创办电台推展民众教育,俞庆棠是最早的尝试者。

此外,俞庆棠在幻灯片的制作与使用方面,也做了一番努力。

这些证明,俞庆棠试图利用科学技术的强大力量,来推展民众教育,让科学技术成为民众教育的推动力。

第三节　团体活动法

俞庆棠十分信奉团体的力量,深信团体活动是推展民众教育的极好方法。团体活动的精蕴是团结、合作、互助。团体活动可以促进学校良好校风的形成,理想的校风反过来又可促进学生之间的合作,促进学生个性社会化。俞庆棠指出,团体活动法就是"社会化的教育法"。她说:"社会化的教育法需要有训练、富热情的教师来运用学校环境中的力量和学校刺激的力量形成一种学校精神,或名之曰校风。师生间的关系,学生与学生的关系,以及学校与社会间的关系应成为一种大结合,而学生对于这伟大的合作,自愿贡献他们的热情与力量。个人社会的性格最好在幼年就得到发展。"[①]因此,团体活动法具有强大的力量,是推展民众教育必须倚重的方法。

俞庆棠的团体活动法可分两方面来讨论:一是学校中的团体,一是社会中的团体。

(一)学校中的团体

俞庆棠所言学校,既包括传统学校,也包括民众学校。无论是哪一种学校,都存在着如何社会化的问题。既然学校的社会化别无选择,那么,必须深入地研究如何使学校社会化的问题。她认为,在学校中成立各种团体组织,是推进学校社会化的良好方法。她对学校中的团体组织作过专门研究,指出:

> 学校中团体的组织可分为三种:(1)自动的团体活动。(2)经过指导而组织的团体。(3)教室以内的团体方法。学生自动的团体组织,教师宜加以鼓励与指导。如学生举行一个游艺会,建筑一个小花园,搜集材料设立一个小小博物馆,组织参观旅行团,学生在这里可以得到教科书中得不到的团体精神。教师如能运用此种团体精神,犹如大政治家之不肯放松民众兴奋的情

[①] 俞庆棠:《如何使学校社会化》,载《教育与民众》第八卷第4期,1936年。

绪,和军事领袖之善用士兵抗战精神,发挥之,使有更大的效用。①

教师如果认识到学校中团体组织的重要作用与意义,也就会悉心地去指导、组织学生成立各种团体,如文学会、辩论会、戏剧会、音乐会、小商店、学校市政、童子军训练等,"学生在学校中知道如何从事文化活动,他将来在社会中自然能积极参加文化事业了"②。

即使在一个班集体,在一个教室,也可以用团体的精神将全班同学组织起来。她经过专门研究思考后,指出:

> 教室中的分组研究、共同讨论、分组比赛以及各种团体设计,都是有效的教学法。团体设计可以发展创造能力、独立精神、互助习惯、组织才能,并可使知识广博。团体设计愈多,愈易发展领袖人才和合作精神。而正式学习如读写算等仍可毫无妨碍地进行。③

通过学校中的团体组织可以促进学校社会化,并进一步达到教育大众化的目的,最终"使社会经济制度走上合理的道路,使教育成为促进社会生产的工具"。

(二)社会中的团体

一方面学校应该社会化,另一方面社会则应该学校化、教育化。如何使社会学校化、教育化呢?俞庆棠认为,其方法与学校社会化情形相类似。学校可借助团体组织推进社会化,社会亦可借助团体组织推进社会学校化、教育化。

俞庆棠所言的社会团体组织指什么?指的是民众学校毕业生的活动团体。这一团体活动范围不同、名称各异,或者以工学会名之,或者以养蚕指导所名之,有的名曰信用合作社或借款合作社等,不一而足。尽管名称各异,但万变不离其宗,都是由民众学校毕业生组织起来的。他们活动范围不同,各自职业有异,但最大功用都不外两方面:"一方面供给民众学校毕业生以继续进修的机会,一方

---

①②③俞庆棠:《如何使学校社会化》,载《教育与民众》第八卷第4期,1936年。

面指导有活力的青年农人做各种乡村建设的活动。"①

民众学校毕业生的活动团体,通过自身的活动,可使社会形成良好的类同于教育的环境,使社会成为一个大学校,为民众更多地提供受教育的机会。所以,她在北夏实验区各分区,利用民众学校毕业生组织起了读书会。后又派在该区实习的云南同学王顺君指导成立查家桥工学会。工学会会员虽才20人,但都抱着"大家都是先生,大家都是学生"的态度,从本地农村实际生活需要出发,在语文、生产、休闲各方面共同学习。

毕业生的活动团体,活跃在各个乡村,他们所到之处产生了良好影响,发挥了良好作用。俞庆棠描述说:

> 为增进会员的阅读能力和表达能力起见,以普通初中程度相当的国语课本为教学工具,另选适合当地的应用文为补充教材。作文注重乡村生活的描写、农事的记录、农谚民歌的表达等。还"代写书信",一面多增应用文的练习,一面服务农民,引起他们对于教育的兴趣和信仰。每周集会的时候,有演说和讨论,也训练大家口语表达的能力。②

他们开展生产教育,在保持农民固有的生产能力和习惯的同时,增进自己的知识技术,试验新种子、新耕作方法等。又组织团体对付民众遇到的新问题,解决孤军奋战难以克敌制胜的困难。如因高利贷的苦痛,发起成立信用合作社和借款合作会,以流通本地农村的金融;因米商操纵市价,组织起合作仓库,共谋救济;因山麓荒地的废弃,而成立垦殖团,合作造林。

可以说,民众学校毕业生的活动团体将所在地变成了一所社会化的学校,其功能远远超出传统学校对社会产生的作用。

---

①②俞庆棠:《普及教育与民众教育》,载《教育杂志》第25卷第3号,1935年。

第八章 不尚空谈 务求实效

第四节 设计教学法

设计教学法是克伯屈在应用杜威教育理论的基础上提出来的。它把建立在学生兴趣和需要之上的"有目的的活动"作为教育过程的核心,并主张它是一切有效学习的根据。克伯屈按照活动的目的、内容、性质的差别,将设计教学法分为生产者的设计(建造的设计)、消费者的设计(欣赏的设计)、问题的设计(特种学习设计)三个方面。他主张,一般的设计方法由决定目的(包括引起动机)、订立计划、实行和评定四个步骤组成。在他看来,每一个设计都有几个特点:(1)它是一种要求合作计划的活动。(2)它是以一个问题为中心的活动。(3)它是一种生产的活动。(4)它是一种评价和有目的的练习。

设计教学法是解决问题法的变种。克伯屈看到了解决问题法的生命力,用他的原话,设计是"任何一种有目的的活动,在这种活动里,主要目的是激发内在的冲动"[1]。俞庆棠十分欣赏设计教学法中的"合作""活动""冲动"等意识,认为采用设计教学法,可以收到"发展创造能力、独立精神、互助习惯和组织才能,并可使知识广博"的良好效果。她进一步认识到,如果将设计教学法用于团体活动,那么,"团体设计愈多,愈易发展领袖人才和合作精神"。

与设计教学法类同的道尔顿制,俞庆棠也很重视。道尔顿制亦称实验室方法,强调要使每一个学生能够对自己学习的速度和方法负起更大的责任。所谓实验室,就是学生进行作业的地点,兼有教室、自修室、图书馆和实验室的作用。在道尔顿中学,废除了课堂教学,学生可以根据自己的兴趣和能力,选择科目,自主地安排学习时间的长短等。俞庆棠注意到实验室方法要耗费巨资,但认为此法极有利于促进学校的社会化,应不计经费。她对当时中国各地方兴未艾的实验室方法取得的成果,褒奖有嘉,指出:

---

[1] 约翰·S.布鲁柏克:《教育问题史》,安徽教育出版社,1991,第234页。

民众教育的践履者俞庆棠

> 近来中国少数的学校和民众教育的机关把学校四周的村庄和乡镇作为社会科学,如教育、社会学、政治学、合作学、公众卫生等科的实验室,也有很多成绩,这不仅是方法的科学化,更是学校的社会化。①

俞庆棠主张借鉴设计教学法和实验室方法的精髓,此二法的精髓是什么?就是乡村教育、民众教育、生活教育专家极为强调的"活"字。正因为此二法与她的思想接近,所以,她把它们作为推进民众教育的基本方法。她在一篇重要论文中表示,即使是耗费重金,也要"试一试"。她说:

> 设计教学法和实验室方法都是较新的教学法。设计教学法的定义虽不同,其要点不外乎:(1)学生自动的活动。(2)合乎生活实际情形。实验室的方法已应用于自然科学及各种职业课程,照美国的统计方法,实验室所需经费,约六倍于社会科学课程的设备。然而它的效用很显著,殊不宜斤斤于经费。②

---

①②俞庆棠:《如何使学校社会化》,载《教育与民众》第八卷第4期,1936年。

第五节　导生制

导生制,亦称倍尔—兰喀斯特制,是英国牧师倍尔与兰喀斯特创造的一种互教互学制度。教师负责指导、监督导生及助理导生的工作,由导生、助理导生检查全班学生的学习情况,维持教学秩序。这是一种花费少招生多的"廉价的教育制度"。这一教学方法的诞生,英美称之为"近代教学方法上的变革",其实质是"教师指导导生,然后由导生轮流指导儿童",其最大的优点是"在儿童特别多的地方非常受欢迎,因为一个教师可以教育很多儿童。……他们利用经济上的力量,使尽可能多的贫穷儿童可以成群结队地站在墙表前学习朗读"。另外,"这个方法作为组织管理比作为教学法更具有重要意义"[1]。

为什么俞庆棠对导生制"情有独钟"呢?这是因为在20世纪二三十年代推展平民教育、民众教育,情况与倍尔和兰喀斯特当时的情形极相似,同是教师过于缺乏,文盲、半文盲数十倍于教师,所以导生制尽管在西方早已没落,在中国却备受青睐。抗日战争爆发后,俞庆棠对导生制更加坚信不疑。1938年4月,她对湖北省民教工作人员作了《努力推进民众教育,加强抗战力量》的讲演,强调"采用'小先生制'及'导生制',一乡至少有一学校"。

俞庆棠在提倡导生制的同时,还积极提倡"小先生制"和"连环教学制"。这两种教学方法都为陶行知所倡导。陶行知深信它们是普及教育最重要的方法,是"即知即传"原则的具体运用。小孩要受四年强迫教育,因而是乡村的"识字者"、"小知识分子",可以用学校所学来教未上学的小孩,还可以教成人,教大姑娘、新媳妇。有"小先生"便可解决乡村师资匮乏的问题。陶行知主张"知识为公",反对有知识的人做"大头的守知奴",要求每一个识字的成人,都应该把自己所掌握的知识迅速"传递"出去。俞庆棠认识到,在教育水平十分低下的乡村,"小先生制"和"连环教学制"都是民众教育、普及教育必不可少的教学方法。它们有受教育方式灵活、节省经费、弥补师资不足等优长。所以,这一方法陶行知

---

[1] 约翰·S.布鲁柏克:《教育问题史》,安徽教育出版社,1991,第213—214页。

民众教育的践履者俞庆棠

作过调整,俞庆棠均有所注意。譬如,她在《民众教育理论的探讨》一文中说:"陶行知先生倡导的小先生制,最近修正为'即知即传人',即成人教小孩(原有的办法),成人教成人(民众教育的新觉悟),小孩教小孩,小孩教成人。"之所以如此细致地观察到这一动向,当然是"小先生制"合俞庆棠的脾胃,认定这是推展民众教育有效的方法,也是民众欢迎的方法。

为了较大规模地推进城市民众教育,俞庆棠借鉴推行"连环教学制"和"流动教学试验",希冀摸索到一条通向普及城市民众教育的路子。她要求民众学校的学生:

> 每人至少要教校外一个人识字,家人也好,邻居也好,亲戚朋友也好,教学时间,预先订定,教材由学校供给,由学校派人去作教学辅导与成绩考查。现在学校学生三百余人,以后逐期毕业,再于毕业生中,推广这种连环和流动的教学,其于识字训练的普及,也就是一个有效的组织了。[①]

俞庆棠对"连环教学制""小先生制"的确寄予厚望,盼着它产生一传下、十传百、百传千、千传万的效应,很快普及识字训练,然后再迈向新的台阶。她试行的"连环教学法""小先生制",在抗日战争的动荡环境中,又有了新发展,更加具体细致。1938年4月,在对湖北省民教工作人员作的《努力推进民众教育,加强抗战力量》的讲演中,对这些方法设计得更为具体:

(1)把一区或一乡识字的民众组织起来,把不识字的民众也组织起来。师资和学生都有了,组织才易进行。

(2)把各种不同职业中的识字分子组织起来,同工教同工,使教育容易普及。师傅教徒弟,马夫教马夫,矿工教矿工,老板教学徒。

(3)把各个家庭的识字分子组织起来,丈夫教老婆,儿子教父母,使识字教育易于普及。二人即可成一组,三四人更可成一组。

[①] 俞庆棠:《普及教育与民众教育》,载《教育杂志》第25卷第3号,1935年。

（4）儿童及青年应有集中的班级教学。采用"小先生制"及"导生制",一乡至少有一学校。

俞庆棠如此严肃认真地设计,试图使这一方法天衣无缝,把整个社会一环一环连接起来,环环相扣,人人担负起普及教育、识字训练的责任。这在后人看来,似乎过于理想化,把复杂的社会问题简单化了,甚至显得有些天真。但是,她是那么真诚地脚踏实地去努力,毫不松懈地为之奋斗,这种精神是难能可贵的。

第六节 农事展览会

为了推动乡村经济发展,从根本上解决农民的生计问题,俞庆棠头脑中十分清晰的观念是,必须用现代科学武装农民的头脑,使他们相信农业科学。如何达到这一目的?方法是极其重要的。尽管将新的农业方法说得天花乱坠,但广大民众并不注意,他们注意的是收入是否提高、生活是否有改善等。

农村民众的这种心态,俞庆棠是十分清楚的。要使农民接受农业科学技术,必须用农业科学技术的成果让他们折服,否则农业科技永远无助于农村经济发展。因而,俞庆棠1929年2月手创劳农学院,以社桥、谢巷、梨花庄等十几个自然村为实验区,进行新农作物品种种植实验、新耕作方法实验、外国家禽家畜引进实验及中国原有家禽家畜品改良实验。为达到改进农事、更新农民观念的目标,该学院从1929年2月到1931年1月,先后4次举行农事展览会。

展览会分五大室展出:(1)作物室。展出中央大学农学院、金陵大学农学院、浙江大学农学院、中山大学农学院、江苏省立稻作试验场小麦试验场、劳农学院(后改为教育学院)农场的改良品种挂图及各种标本。(2)农家稻穗标本及农具室。展览会征集农家稻穗标本20多种参加展出。又展出各种农业机械,如打水机、播稻机、打谷机、中耕机、日本犁、改良镰刀等照片、图表等。(3)蚕桑森林病虫害室。展出中大、金大、浙大各农学院及江苏省昆虫局、江苏省农专、江苏省蚕校、蚕桑试验场、各大丝厂、农民教育区等蚕丝标本、蚕桑虫害挂图,桑、蚕、茧三种标本及蚕桑发育顺序挂图,各种消毒药品及喷雾器等。(4)畜牧室。以该院原养鸡场、养蜂场、猪舍、乳牛场等为展室,全部开放,供民众参观。(5)园艺室。以附设于学院农场内的园艺区为展室,展出了家庭园艺区、果树园、桑园简易温室。还展出花卉、蔬菜、庭园树木的种子标本,该院农场栽培的甘蓝、萝卜、番茄、葫芦等数十种蔬菜等。

展览期间，农场、牧场等农牧部门一律开放，一方面展览研究成果，一方面借以推广。农作物方面介绍了稻种 314、318、327、348 号产量试验，水稻盐水选种试验等；小麦介绍了温汤浸种试验、小麦五秆行试验、小麦高级试验、小麦良种试验等。畜牧方面介绍了纯种及杂种荷兰牛，推广荷兰公牛改良母牛；介绍改良猪、意大利卵用种"来克杭"及美洲产兼用种"鹿岛红一代"鸡，及交杂种鸡 400 羽[①]。此外，还展出了养蚕、种植蔬菜方面的成果。

这些展出、推广的成果，都是经江苏教育学院及其机构反复实验证明是成功的成果。

俞庆棠十分重视展览会的作用，认为展览会是推行农业科学技术的重要方法。这种方法的重大力量在于它的直观性及示范性。在俞庆棠看来，要使千百年来陈旧的农植方法让位于新的农业科学技术，展览会、直观教学、示范作用大有用武之地。她指出：

> 要介绍科学到民间去，一方面是破除民众的传统的信念和习惯，一方面是教导民众科学的知识及应用科学的技能，以充实民众的生活，改进民众的生计；像科学仪器的制造示范，无线电的播音演讲，优良作物种子的介绍，新式农具的应用，都是介绍科学于民众的实例。用直观教学的方法来施教，最易奏效。[②]

科学技术欲变成农民手中的武器，展览示范是极为重要的中介。在讨论生计教育之推广时，她就提出"举行农事展览会，以基本施教区内农事指导之各种成绩，轮送各推广区展览"[③]。示范展览在宣传推广农事科学技术方面，有着无法取代的作用，可以收到多方面的功效。她强调说："农作物的栽培，要竭力应用科学方法。优良品种的推广，必须先经科学的地域性之试验，才可从事，如惠北实验

[①] 陈君谋：《农事展览会追记》，见政协无锡市文史资料委员会编：《无锡文史资料》（第 25 辑），1991。
[②] 俞庆棠：《民众教育》，正中书局，1935，第 188 页。
[③] 俞庆棠：《民众教育》，正中书局，1935，第 138 页。

区胡家渡分区的示范农田及示范养鸡养猪,一方面是从做上教民众,以实验的效果获取民众的信仰,另一方面则是先加以试验而后推广,这样才是可靠而合理的。"[1]科学技术如何从窗明几净、一尘不染的实验室来到寻常百姓家,如何教农民靠科技致富,解决生计问题,俞庆棠曾殚思竭虑地思考这一问题。农事展览会、示范区等方法,不失为途径之一。

---

[1] 俞庆棠:《民众教育》,正中书局,1935,第189—190页。

第八章 不尚空谈 务求实效

第七节 自觉自动法

民众教育的主体是谁？从施教方面而言，是民教工作者；从受教方面而言，民众是民众教育的主体。民众教育工作者施教于民众，对民众而言是强迫的，但最终还是要通过民众的内因起作用。在通常情况下，内因起关键作用、决定作用，外因要通过内因才能发挥作用。因此，民众教育工作者必须重视民众这个内因，注意启发民众的自觉自动，培养他们对受教育的兴趣，使他们对求知产生需要。这样，民众才能持之以恒地坚持学习，民众教育才能收到明显的效果。俞庆棠曾深刻地阐述了激发民众自觉自动的重要性，她说：

> 民众教育应为民众本位的教育。办理民众教育者并非代替民众做事，应以民众为主体，引起民众自己的觉悟，并培养其自动的精神和能力，使能自动地来做，自动地来解决一切自己生活上的问题。如"需要的感觉"和"自动"，在实施民众教育时常常引用，这样，民众生活的改进，始能真正地实现。①

民众教育实验机关每采取什么举措，都要注意民众的自觉自动，不可把民众当成被动的听差。民众教育工作者在指导民众铺路架桥时，应注意使"民众先感觉改进交通之必要，于是自己计划，自己估价，自己捐款，自己出力"。道路铺好桥梁架成后，他们自己本身便受到了深刻的教育，觉察到自身的力量，从而这铺路架桥成为民众教育良好的开端。

地方创办乡村小学，也应注意民众自觉自动，切记不可由民众教育实验机关盖一所小学招生了事，越俎代庖往往适得其反。如果民众认识到创办小学的重要性，他们绝不会对一乡没有小学无动于衷，一定会聚集民众的力量，一举而

---

① 俞庆棠：《民众教育》，正中书局，1935，第184页。

成。"众人拾柴火焰高"正是此意。惠北实验区创办王家宕小学便是一个有力的例证。实验区"先与地方民众接洽,他们感觉了设立学校的需要,先指导组织校董会"。后来,校舍一切均由校董会负责,办起了一所小学。俞庆棠高度评价这所小学说:"王家宕小学不但是缩短义务教育四年为二年的试验学校,因为民众能自觉自动,也可以说是学校来推动地方事业的一个示范。"①民众有了自觉后,就会自动地克服一切困难,破除一切阻力,不达目的誓不罢休。南门民众教育馆劳工夜校高级班的学生,感觉到同伴识字的需要,就自己来创办一所自己命名的"劳工自己学校",自己担任教师,自己处理课业,还常拿劳工队伍中的歌谣、成语和生活经验写成课文,教他们的同伴,成为一所很有特色的学校。

注意受教育者的自觉自动,有很多方面应进行改革,要把学生推到"主体"地位上来,一切为他们着想。俞庆棠强调,学校应改换角色,变教训学生为为学生服务。"学校图书馆采用开架式,任学生自由选择阅读。每门功课在教师讲课前,即印发讲授大纲,对每章先指定必读的参考书和其他参考书,写明某页至某页。这些指定参考书,都按课程排列在专门设置的书架上,在一定时期内不外借,供随到随读。由于有必读与选读的参考书之区分,这就适应学生阅读的能力和兴趣,有利于学生自我发展。"②

在教学过程中,也应注意学生的自觉自动,不可把学生当做消极被动的知识接收器。他们是学习的主体,必须置于主体地位。俞庆棠本人的教学,就是一个很好的示范。曾受教于江苏省立教育学院的李德培回忆说:

> 俞师学识渊博……以其丰富的教学经验,将疑难之点,总是由浅入深、由表及里、举一反三地讲深讲透,把解惑融于讲授之中。她的讲课,言简意赅,生动活泼,不急不弛,使学生能从容吸收或记录。在每章结束时,每提出问题,进行讨论,启发思路,使学生处于高度思维之中,激发学生的求知欲,调动学生自学的积极性。改变那种只有"教"才能"学",不"教"不能"学"的

---

① 俞庆棠:《民众教育》,正中书局,1935,第185页。
② 李德培:《俞庆棠教育思想初探》,江苏省立教育学院校友会丛刊第一辑,1987,第99—100页。

教学方法,起教师外因的指导作用,发学生内因的勤奋自学,其学习兴趣,是不可阻挡的。①

俞庆棠的自觉自动法,是授人以渔,而非授人以鱼。她注意调动广大民众的主观能动性,发挥他们的创造精神,使他们以冲天的干劲、饱满的热情来参与解放自己及解放他人的自觉运动。他的这一方法,是值得重视的。

---

① 李德培:《俞庆棠教育思想初探》,江苏省立教育学院校友会丛刊第一辑,1987,第99—100页。

第九章

扫除文盲　普及教育
——论扫盲与儿童教育

文盲，指不识字或只识少量字、不会读写的人。所谓扫除文盲，即使文盲受教育，识字达 1500 个以上，能够看懂浅近通俗的报刊，能够记简单的账，写简单的信、便条等。所谓普及教育，亦称义务教育，指国家根据法律对适龄儿童所实施的一定范围的普通教育。普及教育最早实施于 1619 年，是年德意志魏玛公国公布学校法令，规定父母必须送 6—12 岁男女儿童入学，否则政府强迫其履行义务。中国自清末到北洋政府、南京政府都规定要实行义务教育。维新派限定儿童"不入学者，罚其父母"。壬寅、癸卯学制中分别规定小学教育期限为 6 年、5 年，"儿童不入学者，罚其家长"。辛亥革命后，"壬子·癸丑"学制规定小学实行 4 年义务教育，但皆属一纸空文。

扫盲与义务教育关系极为密切。义务教育虽规定有年龄期限，但因在实施上有其名无其实，适龄儿童，尤其是乡村适龄儿童，85%以上并未入学读书，所以，扫盲对象也包括年龄在义务教育阶段的儿童。

第一节 苏联扫盲的经验

中国近现代教育家考察发达国家现代化的历程，发现这些国家无一例外都是从普及教育提高全体国民的文化素质开始的。面对百孔千疮、民众愚昧不化的中国现实社会，中国近现代教育家们决定从现代化的最基础工作做起——"万丈高楼平地起，千年古树靠根撑"，选定以扫除文盲、普及教育为切入口。

中国版图辽阔，人口众多，经济贫困，如何扫除文盲，普及教育呢？近现代教育家大多曾负笈欧美，向西方寻求科学和民主，他们对欧美发达的工业社会虽然心向往之，但他们更清楚美、英、日、法、德的模式是不足以照搬的。终于，经过多方抉择，一些教育家注意到社会主义苏联的经验。为什么以苏联为审视观照点呢？这是因为苏联基本国情与中国有许多类同之处，有利于借鉴实施。俞庆棠决定学习苏联扫盲、普及劳动民众教育的经验。他注意到,苏联的自然社会条件与中国有相同之处:苏联有 156 个民族,在 1917 年以前有 43 个没有文字。教育文化落后的情况,与中国不相上下。就在苏联人民委员会决议消除文盲之时,苏联国内满目疮痍,政治经济形势与中国基本情形亦无大的出入。"十月革命"胜利之后,人民委员会在经济极其拮据的情况下,痛下决心,把扫除文盲、普及教育作为教育上的第一桩重要工作。结果,在几年的时间内取得了累累硕果。俞庆棠介绍说:

> 苏联在一九一七年革命的时候,文盲占全人口百分之六十四,而全人口数为一万万五千万。成人教育,在苏联,所以就以扫除文盲为第一步。自从一九二三年施行新经济政策以后,这教育运动,始终不懈地进行。据一九三三年的统计,都市中十岁至四十岁的文盲,已只占人口的百分之三;乡村中十岁至四十岁的文盲,也减到全人口百分之十二。①

在短短的几年中,扫除文盲收到如此良效,"不能不说是现代成人教育上一大奇迹"。在短时期内消灭文盲,正是俞庆棠为之奋斗的目标。

苏联是怎样取得如此叹为观止的奇迹呢?其主要的经验大致有以下四点。

(一)最高苏维埃的重视

"十月革命"前,俄国文盲比例极高,充斥社会。最高苏维埃把开展大规模的扫盲运动提到了与建立新的国民教育制度同等重要的地位,"十月革命"胜利后立即开始了在全国范围内的扫除文盲工作。列宁在多次报告和文章中,反复阐明了文盲的大量存在与建设社会主义存在水火不相容的矛盾。他强调,无论就政治建设、经济发展、文化水平的提高以及工农真正地当家做主等各个方面来说,都必须立即尽快扫除国民中大量存在的文盲,指出:"在一个文盲的国家内,是不能建成共产主义社会的。"②

---

① 俞庆棠:《民众教育》,正中书局,1935,第 80 页。
② 列宁:《青年团的任务》,见中央编译局主编:《列宁选集》(第 4 卷),人民出版社,1972,第 357 页。

人民教育委员卢那卡斯基在1924年也强调:"对于扫除文盲的运动,列宁持有深刻且直截的兴味。他力说在革命的第十次纪念日,必须把文盲完全扫除,无论怎样苦痛都非忍受不可的……"①

最高苏维埃的反复强调,使群众认识到扫盲与普及教育的重要意义,视扫盲为刻不容缓的重要工作,提到了议事日程上来。这是苏联能在很短的时间内把城市文盲降到3%、乡村文盲降到13%的重要原因之一。

(二)政府的切实推行

1919年12月,人民委员会公布列宁创议并签署的《关于扫除俄罗斯联邦居民中文盲的法令》,规定苏维埃共和国所有8—50岁的男女居民,都必须用本民族语言或俄语学习识字,严令各级政府机关雷厉风行地贯彻执行。紧接着自上而下动员国内成千上万的识字男女,积极行动起来,担起扫盲的义务,为扫除文盲而斗争。一时间,到处建立了扫盲站,提出"每一个识字的人都应教不识字的人"的口号,震耳欲聋,传遍全国。1920年,"全俄扫除文盲全国非常委员会"成立。广大有觉悟的知识分子、教师、学生,以及有文化的工农群众、红军中有文化的官兵,都响应中央的号召,满腔热情地在全国数以万计的扫盲站、半文盲学校中进行教学工作,开展了一场轰轰烈烈的扫盲运动。据统计,仅推行一年,全国识字人数就比革命前的1897年增加近10%,为后来的20世纪50年代全部消灭文盲奠定了基础。②

政府对文盲视为"最恶的遗产",疾恶如仇,必要尽早扫除而后快。所以在极困难时期,筹募了大量经费,动员了众多知识分子、学生等人员,克服了一切困难,全力推行。所以,苏联取得扫除文盲、普及教育的伟大胜利,殊非不易。

(三)学校向工农开门

"十月革命"胜利以后,苏联废除旧学校招生只认金钱权势,拒劳动者于学校大门之外的制度,很快实施了向工农劳动者开门的措施。1918年8月,人民委员会通过了列宁亲自起草的文件《关于苏俄高等学校的招生问题》,明确指出,高

---

① 俞庆棠:《民众教育》,正中书局,1935,第88页。
② 戴本博主编:《外国教育史》(下册),人民教育出版社,1990,第110页。

等教育中"不允许有产阶级享受任何法律上的和实际上的特权,首先应该无条件地招收无产阶级和贫困农民出身的人,并普遍发给他们助学金"①。

1919年,一些大学开始招收工人学员;同年9月,教育人民委员部要求各学校设工人系,旨在"短期内培养工人和农民"。工人系后来发展成为"工农速成中学"。1920年,列宁审批了《关于工农速成中学的法令》,规定年满16岁,从事体力劳动的工人、农民经工厂委员会或农村党组织的推荐,可以进入工农速成中学。学校面向工农劳动者敞开大门,不仅推动了扫盲、普及教育,而且也极大程度地巩固了扫盲的成果。

(四)广泛开辟扫盲途径

1923年,俄国人民教育委员会内设置"扫除文盲特别委员会",这是扫盲的专门机构,负责部署全俄的扫除文盲工作,彻底丢弃从前时代"所不得不继承的最恶的遗产"。扫除文盲特别委员会的经费,20%由中央担任,80%由地方自筹。另外,民众也组织扫除文盲协会,前后筹集款项达150万卢布。

消灭文盲,也是一场战争。苏联动员各方人员组成声势浩大、战斗力强的"文化军",其中工会1700万人,以300万苏维埃党员为骨干。此外,专设学校造就识字教学的专任教师。

扫除文盲的方式多种多样,如编辑切合工农群众生活实际的读本、小册子、壁报、宣传画等,不拘形式,灵活多样。除采用班级授课外,家庭施教、流动教学、连环教学等方法,也尽量利用。

到1927年,"十月革命"第10个纪念日的时候,虽然取得了较大成绩,但离列宁的完全扫除文盲要求还很远。军队、工会以及城市居民中,文盲所占的比例极低,但农村文盲还不在少数。到第一个五年计划完成,10—40岁的识字人数所占百分比逐渐升高。城市文盲几乎绝迹自不待言,农村有的地区由没有语言、没有书籍到文盲率仅占12%,应该说苏联的扫盲,是创造了一个伟绩。俞庆棠对苏

---

① 华东师范大学教育系主编:《列宁论国民教育》,人民教育出版社,1958,第286页。

联 1928—1932 年 5 年间城乡扫盲列有一表,可见其扫盲效果之巨(见表 9-1)。

表 9-1　苏联 1928—1932 年城乡扫盲百分比

年份	农村百分比	都市百分比
1928	56.25	70.97
1929	57.83	80.87
1930	61.60	81.67
1931	67.70	83.85
1932	88	97

俞庆棠受苏联扫盲运动的影响比较明显,她在所著的《民众教育》中辟专节介绍苏联扫盲运动。

第二节 扫除文盲张国本

扫除文盲为民众教育之首务。晏阳初曾指出,"国民大部分不识字,不能读书报","不知社会情形"①,由这样的人组在的国家,何以为国家?他认为,"人若不先识字,连名字都不会写,那么关于种种公民活动,如怎样选举,怎样参与政治,是万不可能的",要叫他们成为好国民,必须"以识字教育为起点","必须以识字教育入手。因为识字是求知识的工具,受教育的基础,日常生活上的最需要的基本知能"②。陶行知与晏阳初的看法大致相同,认为"欲国家之强大,必全国国民能同心努力方有济。今百人中不识字者七八十人,是何以言精神之团结"?他说:"今兹所努力者,虽为平民之读书运动,亦实为平民教育运动之第一步。"③

俞庆棠对晏、陶的"除文盲,作新民"工作评价很高。晏阳初在法国白朗教华工识字,"未数月,华工竟可以写简短家书,读军营通告",俞庆棠为他取得的成绩感到震惊。④

1933年,俞庆棠到丹麦等国考察,遇到了一件令她十分感奋也令她汗颜的事情。她记述道:

> 我于1933年到丹麦考察,与丹麦教育部秘书谈话的时候,曾很婉转地问她:"贵国文盲比例,恐怕很小很小了吧?"他说:"在三年以前我们全国发现一个十五岁的青年,还没有读写的能力,我们觉得是很大的缺憾。后来调

---

① 宋恩荣主编:《晏阳初全集》(第1卷),湖南教育出版社,1989,第50页。
② 方明主编:《陶行知全集》(第1卷),湖南教育出版社,1984,第382—383页。
③ 方明主编:《陶行知全集》(第1卷),湖南教育出版社,1984,第383页。
④ 俞庆棠:《中国民众教育之演进》,载《教育生活》第三卷第6期,1936年。

查清楚这青年的神经系是不健全的,那也不列于文盲数了,所以我们并没有文盲。"①

回首中国,当时4亿人就有2亿儿童及青少年失学。认真一想,真叫她无地自容,不由得感慨良多。她说:"无论从外来的刺激,或内发感觉的需要来说,我们需要最大的努力,来应付这大多数民众失学的严重问题。我们试细细的思维,一个民族建筑在四分之三失学的国民之上,是多么危险!"②在同一文章中,她还说:

> 文字无论如何,是个人生活和团体生活的重要工具。中国文盲众多,非特把中国的文化水准降低,以致新社会无从建设,而中国文盲数也成了世界文盲问题中一个显著而严重的问题。③

她视扫盲识字、普及教育为立国安邦之基,竭尽力量推行扫盲识字运动,普及教育。

(一)文盲人数的估计

关于中国的文盲数,晏阳初作过大略估计。他说:"我国人口号称四万万,十二岁以上不识字的人占二万万有余。"④这就是说,6—12岁失学、辍学儿童不算,文盲数便达50%。傅葆琛也说,农民"所受的苦,算是达到了极点了。……一百个里头有八九十个都是'目不识丁'的'睁眼瞎子'"⑤。傅葆琛接着道出了全国文盲的概数:"世界上文明强盛的国家,差不多人人都能识字,英、法、德各大国暂且不说,就是日本小国,连拉车的人也能看报。我们看一看中国不识字的人究竟有多少?我们不知道还好,知道了,真要吓得胆破心寒。原来中国现在还有三万万二千万不识字的人!"

---

①②俞庆棠:《民众教育理论的探讨》,载《教育与民众》第六卷第9期,1935年。
③俞庆棠:《民众教育理论的探讨》,载《教育与民众》第六卷第9期,1935年。
④宋恩荣主编:《晏阳初全集》(第一卷),湖南教育出版社,1989,第64页。
⑤傅葆琛:《为什么要办乡村平民教育》,见江苏省立教育学院研究实验部:《乡村平民教育的理论与实际》,1931。

当时中国人口为4亿,按傅氏的数据,仅有8000万人识字。徐锡龄说:"最近三四十年来,国人对此渐注意,因而有种种估计。他们的数目,有些是说文盲人口占全国人口百分之九十,有些说是百分之八十五,有些说是百分之八十,而有些则深信该成分是在百分之九十以上。"①

由于统计的精确度和调查对象的阶层、地点、省份不同,得出的结论迥然有别。俞庆棠注意到,中国文盲统计数据差异很大,有的数目甚至十分荒唐,这当然不利于扫盲工作的进行。1935年,国际成人教育协会组织了一个文盲研究委员会。在两个月前该会主席写信给俞庆棠,向她索取中国的文盲统计及扫除文盲的材料和方法等。她根据1930年全国教育会议所提的成年补习教育方案中所说的"成人应受补习教育的二万万",暂作推定。她认为,这实在是一个勉为其难的问题。因为"中国人口向来没有正确的统计",也就不要说文盲的统计了。她列举了几个人口调查的数据:

(1)民国17年内政部调查之12省,合所估计之16省的人口总数为474 787 368人。

(2)民国17年邮政报告为485 508 838人。

(3)民国20年海关所报为438 933 373人。

(4)陈达《人口问题》依据民政部户口调查及各家估计比较的用科学方法来推算人口数,其数为372 563 555人。

比较这四个数目,她觉得各家各有依据,似乎非常准确,每一数字都不是约数。但仔细一比较,有的数与数间相隔5000万人,有的竟相差一亿余。她不无诙谐地说:

以上最高的数目和最低的数目相差有一万万一千三百万人之多。美国

---

①徐锡龄:《中国之文盲问题》,见黄季陆主编:《革命文献》(第五十五辑),1971,第392页。

这样大的国家人口数计一万万一千万人。我国人口的估计，一差就差了一个美国人口的总数。倘以人口数小一点的国家来说，一差就差到好几个国家的人口总数呢。①

她的结论是："中国人口数没有正确的统计，文盲数更似囫囵吞枣，以主观来估计。"她把新近全国重要的社会教育机关所作的社会调查做了一个综合研究，所推测出的问题，是值得重视的：

其一，女子文盲数较男子文盲数高得多。实际上，心理学家的实验结果说明："个性的差异大于男女的差异。"这表明女子的智力不一定差，实在是女子的教育机会更缺乏。据此，她向当局与施教者敲响了警钟，说："这是实施教育者应当注重的。"

其二，文盲数目往往是乡村高于都市。这与乡村的文化传统、生活环境和经济条件是密切相关的。

其三，交通不便的省份较高于沿海或铁道所经的区域。交通不便，消息闭塞，经济不活跃，对推行教育明显是有阻碍作用的。

这些问题的发现无异于给俞庆棠指明了扫除文盲、普及教育的重点和难点所在，也为她推行扫除文盲、普及教育指明了方向。

为了使社会各界明了降低文盲百分比与国家文明程度、经济现代化的关系，俞庆棠还根据美国1933年出版的《社会科学辞书》中所载的各国文盲百分比，编制成《世界各有代表性国家的文盲比率表》，旨在让教育当局及教育实际工作者明白其中的道理，努力工作，为降低中国的文盲率，来一个猛将用兵，鏖战一阵。

(二)编写补充识字教材

在中国近现代，一批有见识的平民教育家在推行扫盲识字、普及教育时，都

---

① 俞庆棠：《民众教育理论的探讨》，载《教育与民众》第六卷第5期，1935年。

自行编辑识字课本,以便于实现扫盲识字的目标。陈鹤琴及其9名助理,对汉字进行了最为系统的研究,先后花费了两三年的时间,检查了90万字的语体文,编写成《语体文应用字汇》。这是一本较早的扫盲用书。为了方便扫盲,考虑到普通民众经济拮据、时间紧张、识字不多等特点,陶行知和朱经农合编了《平民千字课》(1—4册)。陈鹤琴在汉字中发现使用频率在101次以上的字有1165个,《平民千字课》所选之字皆来源于此。这部书共4本,每本24课,共96课,每天花一点钟学一课,16个星期可掌握使用频率最高的汉字。晏阳初也编过《平民千字课》,并作扫盲教材。他参考陈鹤琴和自己在法国的研究成果作为选字标准,其特点是:"每课生字旁又附书注意字,以便学生读书之用。""每课前有图画一幅,把课中的意义描绘出来,以帮助学生明了意义,并引起他们的兴趣。"[1]

在20世纪20年代的扫盲识字运动中,出现了各式各样、各具特色的识字教材,林林总总,不下数十种。其中以陶、晏的《平民千字课》影响最大。

俞庆棠觉得文盲问题十分复杂,不是掌握了1000个汉字就算从根本上解决了问题。扫盲队伍中,有人或者中途辍学,将识字课本弃置一边,当作生炉子的材料;或者在识得1000字后不久,又将这1000字"归还"给课本,重新加入文盲队伍,如此像滚雪球一般,越滚越大,文盲越扫越多,扫不胜扫。在她看来,扫盲识字教材当然不可或缺,但还应有一些"应用型"的补充教材。她在所创办的北夏实验区各分区,将不识字的或识字不多的人组织成"读书会",借此组织推进扫盲识字。如查家桥分区读书会,不久后改名为查家桥工学会,会员约20人,抱着"大家是先生,大家是学生"的态度,"从本地农村现实生活出发,关于语文、生产、休闲和助成普及教育各方面,已经做了一点事情"。扫盲识字在这种综合教育活动中,收到了较好效果。

俞庆棠认定,简单的扫盲识字枯燥无味,犹如口嚼干棉絮,要不了多久这种教育就没有人理睬了,所以,扫盲识字不可"单科独进",在扫盲识字的同时,要

---

[1] 吴相湘:《晏阳初传》,台北:时报文化出版事业有限公司,1981,第56页。

想办法使他们对扫盲识字饶有兴味,拿起课本或补充教材不忍释手,上课听讲时不是度日如年,而是度年如日。她的具体做法是:

> 为增进会员的阅读能力和表达能力起见,以普通初中程度相当的国语课本为教学工具,另选适合当地的应用文为补充教材。作文注重乡村生活的描写、农事的记录、农谚民歌的表达等。还"代写书信",一面多增应用文的练习,一面服务农民,引起他们对于教育的兴趣和信仰。每周集会的时候,有演说和讨论,也训练大家口语表达的能力。①

"生活化"是俞庆棠编辑扫盲识字补充教材的基本原则,也是俞庆棠扫盲识字教育思想的基本特征。

(三)扫盲识字的"车轮大战"

俞庆棠在扫盲识字、普及教育方面有着强烈的使命感、责任感和忧患意识,视文盲为中国奔向现代化征途中最大的绊脚石。

文盲众多,教育不普及,是近现代中国教育家的一块"心病"。许多教育家朝思暮想的就是如何摘掉文盲的帽子,将教育普及到穷乡僻壤。他们为达到这一目标四出奔走,风餐露宿,吃不香睡不甜,结果满腔热血都化作一盆凉水,摘掉文盲帽子成为泡影,普及教育之梦也未美梦成真。俞庆棠吸取前贤们扫盲识字实践中的经验教训。

俞庆棠推行扫盲识字,不仅在内容上注重"生活教育",而且在形式上有很大的创新,与朱、陶、晏的扫盲运动方式有很大不同。她在扫盲识字教育形式上的特点,是以学校为实体与依托,实行白班、夜班"连轴转",学生不停地更换,学校的教室及其他设施充分地利用,使其功能发挥得淋漓尽致,形象地说就是扫盲"车轮大战","歇人不歇马"。

接受扫盲识字教育者,其中虽然有少年儿童,但大多数是成人。既为成人,多

---

① 俞庆棠:《普及教育与民众教育》,载《教育杂志》第25卷第3期,1935年。

有家有口,拖儿带女,白天要上班,还要料理家务,然后才挤出一两个小时学习,而且这一两个小时大多在夜间。为了方便他们学习,必须打破传统的"白天济济一堂,晚上演空城计"的模式,打破学级编制,打破只管白天不问晚上的管理模式,实行白天夜间"连轴转"。俞庆棠对新的扫盲识字学校学级编制进行了周密设计,她介绍说:

> 这学校学级编制,分日班与夜班:(一)日班设初级部一级,高级部一级,妇女工艺训练班一级。(二)夜班设初级部四级,高级部两级,补习部一级,托儿室一级,共十一个学校。初级、高级、补习各部的程度如下:
>
> (1)初级部:第一学级(文盲或近于文盲的);第二学级(识字在二百五十字以上的);第三学级(识字在五百字以上的);第四学级(识字在七百五十字以上的)。
>
> (2)高级部:第五学级(初级部毕业或具有同等学力的);第六学级(较初级部毕业程度较高的)。
>
> (3)补习部:高级部毕业或具有同等学力的[①]。

这样,学校为消灭文盲,开展了"车轮大战",学校的设施"连轴转",大大加快了扫盲的速度。俞庆棠自己也随着学校"连轴转",早出晚归,披星戴月,中午也只吃一点面包充饥,或到附近的餐馆吃一碗面条,生活和工作虽然很苦,精神却十分充实,乐不可支。

(四)扫除文盲普及教育的计划

对中国近现代教育家来说,尽管摘掉文盲帽子、普及教育的梦始终未圆,但他们从未放弃为圆梦而做的努力。俞庆棠也不例外,她认真总结了自清末以来扫盲识字的教训。她说,扫除青少年儿童文盲先搁置不谈,扫除成年文盲的运动,

---

[①] 俞庆棠:《普及教育与民众教育》,载《教育杂志》第25卷第3号,1935年。

民众教育的践履者俞庆棠

可以说是从辛亥革命前夕推行的"简易识字学塾"就开始了。再往后一点,五四以后的"平民学校""民众学校","也都在寻求这运动的成功途径"。但是,可以说均流于失败。她反思最近一些年的扫盲识字教育,结果颇令她悲观。她满腹惆怅地说:

> 再回忆十九年全国教育会议所拟订的一个实施成年补习教育计划,想利用班级制的民众学校和非班级制的民众识字处,于六年之内,先普及成人识字的训练。而一经估计,每年也需经费六千万元以上。近年各地方民众学校的校数和学生数,固已年有增加,但那个普及计划,还不是和义教计划一样成了"书饼"?到去年教育部召集民众教育委员会,部中也仍提出普及识字训练的方案,但是又仍旧没有通过。①

历年来兴起的扫盲识字、普及教育运动,最终归于失败的原因是什么呢?她说"普及教育的政治的、经济的条件不具备,一切计划的不能成功,我们并不以为怪",这当然是意料中的事情。她打算换一种思路,"回到现实的生活环境里,去觅取可能的、有效的解决"。她在所主持的江苏省立教育学院的实验工作中,努力地开拓创新,在经济组织、经济建设、农村教育、农村自治、农村自卫等方面做了大量的实验探索,希望创立新制度,使政治、经济、社会生活打成一片;希望新制度能基本满足农民的迫切需要,以创造扫盲识字、普及教育所需的条件,使一切计划得以成功。在这一基础之上,俞庆棠设计了一个扫盲识字、普及教育的程序,然后率领一大批虔诚之士脚踏实地地去努力推行。她不无感触地说:"中国文盲问题的解决,不是空发议论或吁嗟叹息所能了事的。必须政府有诚意、有决心、有通盘的计划,而从事教育的人,又肯切实努力去干。"这是发自肺腑之言。她认为过去扫盲识字、普及教育运动的失败,与知识分子、教育家清谈、悲天悯人有关系,与政府无诚意、无决心、无通盘计划有关系,与从事教育的人不肯切实努力去干也有关系。如今政府有了一些诚意,"逐渐有局部扫除文盲的工作",所以,从事教育的人应一头扎下去干。出于这一想法,她制订了扫盲识字、普及教育的计划。

俞庆棠制订了一份区单位的普及教育计划。她制订此计划的动机,是希望能

---

① 俞庆棠:《普及教育与民众教育》,载《教育杂志》第25卷第3号,1935年。

够"由下而上,由小而大"逐渐扩充其范围。她说:"我们希望划定一个自治区来试验;试验成功,再由区单位而扩充到县单位以至省单位。明知这是迂缓的,但在政府未定急速普及教育的有效办法以前,我们的努力,不采取这种迂缓的步骤,还有什么步骤呢?"①可见这是不得已而为之,逼迫政府急定普及教育的有效办法的办法。

她制定的北夏普及教育计划,是一个新的系统,区内的小学和其他教育机关,一律囊括无余。这个计划由三大部分组成:

(1)教育机关。拟新成立的教育机关,分为三种类型:①民众高等学校1所,这是全区最高学府及最高教育行政机关,负责指导、监督全区的民众学校。②中心民众学校8所,将全区每5—6个乡镇划为一辅导区,每区约2285户。每一辅导区设中心民众学校1所,负责辅导区内的民众学校,并于学校四周划684户的范围,作为基本施教区。每年每校直接办理的教育有如下标准:高级儿童班1个,初级儿童班2个,青年班和补习班各一个,成年班3个。③民众学校56所,各以一教室为原则,平均分布,每个辅导区约7所,8个区共56所。每所民众学校施教的范围大约为228户。民众学校在开始四年内分甲乙两种:甲种民众学校每年办幼稚园1班;初级半日儿童班2班,或全日班1班;成年班1班。一月或两月成年班2班,并合1教室。从第五年度起,凡民众学校均办儿童班及补习班。

(2)教育阶段。该计划教育分为三个阶段:①学前教育。在每年养蚕、收麦及收稻谷的农忙之时,实足7岁以下的儿童免费入幼稚园一月。②基本教育亦有三种形式。初级儿童班:凡实足8岁以上11岁以下的儿童,一律强迫入民众学校初级儿童班,受半日或全日教育、继续教育4年。全日教育,每年纳费4元,半日教育2元;家庭贫苦的,以工代银;优秀儿童免费。青年班:凡实足12岁以上15岁以下的失学青年,一律强迫入民众学校青年班,受免费半日教育6个月。成年班:16岁以上40岁以下的失学成年人,一律强迫入民众学校成年班,受每日两小时的免费教育4.5个月。③继续教育有三种形式:高级儿童班:实施全日教育,相当于现行学制小学高级。收费每年8元,将来谋减免。补习班:凡成年班、青年班及儿童班已毕业者,均得入补习班,学期长短、教科种类、收费与否,均照

---

① 俞庆棠:《普及教育与民众教育》,载《教育杂志》第25卷第3号,1935年。

实际情形酌定。民众高等学校：凡年满16岁，毕业于儿童班或补习班，或具有相当程度者，每年均得入民众高等学校，受人文及职业的补习教育1—5个月。

（3）普及程序。扫盲识字、普及教育分三个步骤进行：①儿童教育开始的四个年度，就原有规模，充实内容；第五年度实现儿童教育普及。在第五年度，全区8—11岁儿童均受强迫教育。在此年龄段的儿童，估计占全人口的1/10，为9582人；每60人为一班，实行半日教育，教室上、下午轮教，一天可有120人受教育，共需80个教室。在开始的四个年度，暂且维持2400个儿童在学的规模，而增学额480人，共2880人，单教室民众学校容全日教育儿童60人，应有48所甲种民众学校。②青年强迫教育，从第二年度开始，到第四年度普及。全区12—15岁失学青年，大约占全区总人口的6%，约5750人。每60人为一班，共需96班，以乙种民众学校每年每校各办一班，在三年内普及。③成人强迫教育，从第二年度开始到第四年度普及。全区16—40岁之失学成年，估计占人口的29%，为27 790人。应在民众学校受4.5月教育者，假定为12 000人；每50人为一班，须办240班；每年办80班，三年实现普及。均由甲、乙两种民众学校在每年农闲时办理。应在民众学校受1个月或2个月教育的成人，假定为15 790人，50人为一班，要办316班，由中心民众学校及乙种民众学校在第二、三年度农忙时各办40班，农暇时办80班，共240班。其余76班，在第四年度办理。

俞庆棠表示，对于"以上具体的计划，我们愿以全力来促成，而创造区单位普及教育的一个新纪录"①。

这是中国近现代较早周密细致的以区为单位的扫盲识字、普及教育计划。此前，知识分子和教育家对于扫盲识字、普及教育，往往是空发议论，大谈其如何重要，或者怨天尤人，大发感慨。俞庆棠此计划的提出，标志着知识分子和教育家开始进入具体计划实施阶段。

应该说，俞庆棠推行的扫盲识字、普及教育，是收到了一定成效的。首先，俞庆棠的实验区的示范作用，推动了全国扫盲识字、普及教育的开展。恰如朱若溪所言：

---

① 俞庆棠：《普及教育与民众教育》，载《教育杂志》第25卷第3号，1935年。

第九章 扫除文盲 普及教育

民众教育,俞庆棠先生振臂一呼,有如春雷乍起,响彻云霄;而江苏省立教育学院的创立,又如巨石投水,引起层层波涛。数年间,事业设施,遍及全国各地,蔚为大观,猗欤盛哉![①]

民众教育运动兴起,江苏省立教育学院创设后,识字教育运动普遍展开。扫除文盲引起了全国各阶层的重视。江苏省立教育学院迁无锡后大约一年,全国民众学校由6708所陡增到28 383所,学生由20 6021人增到887 642人。学生年龄最高为61岁,平均年龄为27.5岁。对于扫盲识字、普及教育产生了良好的作用。其二,江苏省立教育学院派出的人员在外地实验,推动了扫盲识字、普及教育运动的开展。如该院茅仲英先生主持云南的实验民众教育馆,其教育目标是要达到青年和壮年至少3/4具有民众学校毕业程度。其三,俞庆棠主持的实验区内,文盲率有了明显降低。如蓬户区实验征学制强迫教育,文盲已减去27%;劳工区、市民区办理民众学校四届,劳工区减去文盲9%。俞庆棠在黄巷实验区作了三年的努力,其他政治、经济方面的民众教育事业,姑且不论,单就扫除文盲而言,就取得了赫然成果。她自己在所著的《民宗教育理论的探讨》一文中有两个统计表,足见功夫不负有心人(见表9-2、表9-3)。

表9-2 男女文盲对照统计表

调查年份	范围	人数	文盲			
			男	女	总计	
			数目	数目	数目	%
民国18年(未辟实验区以前)	全区128户	567	270	260	530	93.47
民国18年三月	全区130户	466	106	210	316	67.81
民国19年五月	同上	659	101	230	331	50.23
民国21年	同上	696	67	274	341	49

[①] 朱若溪:《民众教育谱写教育新章》,见《江苏省立教育学院校友丛刊》第一辑,1931,第90页。

表9-3 男女半文盲非文盲对照统计表

调查年份	半文盲				非文盲				调查者	调查标准
	男	女	总计		男	女	总计			
	数目	数目	数目	%	数目	数目	数目	%		
民国18年（未辟实验区以前）	5	0	5	0.88	32	0	32	5.65	—	根据少数成人及学龄儿童在私塾读书的估计
民国18年三月	104	3	107	22.96	43	0	43	9.23	黄巷实验区	初级民校毕业为非文盲；略识字为半文盲；不识字为文盲
民国19年五月	95	28	123	18.66	142	63	205	13.11	同上	
民国21年	16	15	31	4.5	284	40	324	46.5	同上	

从这两份统计表中不难看出，俞庆棠主持的黄巷实验区内文盲、半文盲逐年大幅度下降，而非文盲比率几乎直线上升。可惜的是，正当她的工作捷报频传，她也准备总结经验，大干一番，推向全国的时候，时局一天天恶化，扫盲识字、普及教育工作，不得不中途停止。

第九章　扫除文盲　普及教育

第三节　救济失学的儿童

好的品质要从儿童开始培养,坏的习气要从儿童开始制止。科学要从娃娃抓起,扫盲识字、普及教育也要从儿童开始奠定下扎实的基础。儿童时期基础牢固,将来施教可收事半功倍之效。否则,虽费尽九牛二虎之力,也难达到预期效果。所以,教育一定要把好"儿童关"。

(一)呼吁重视失学儿童

俞庆棠强调,一定要千方百计让适龄儿童上学,要死死守住义务教育的堤防,绝不许义务教育出现缺口。否则,扫盲这块压在中国人心上的石头,永远不得掀翻,中国将永远没有扬眉吐气之日。而对于已经失学的儿童,她呼吁政府及社会各界予以极端重视,想尽一切办法予以救济。

她多次引用1934年夏天教育部部长蒋梦麟在庐山提出的修正制度案中的一段话,说明救济失学儿童已经迫在眉睫,刻不容缓。蒋梦麟说:"吾国失学儿童,当有五千万,对此五千万儿童,必不可再听其继续失学。"[1]儿童是国家的花朵,是国家的未来,今天他们是儿童,明天就要主宰一个国家。所以放着5000万失学儿童不去救济,算是长辈对后代做了一件永远不可饶恕的亏心事。

俞庆棠还多次引用胡适的一段话,警醒人们重视5000万失学儿童的力量和作用。胡适说:

更奇怪的是今日大家对于教育的不信任。我做小孩时候,常听见人们说这类的话:"普鲁士战胜法兰西,不在战场上而在小学校里。""英国的国旗从日出处飘到日入处,其原因是在英国学堂的足球场上去寻找。"……所以

---

[1] 俞庆棠:《民众教育理论的探讨》,载《教育与民众》第六卷第9期,1935年。

> 今日最可虑的还不是没有钱,只是我们全国人对教育没有信心。我们今日必须坚决地信仰:五千万失学儿童的救济,比五千架飞机的功效至少要大五万倍!①

如此巨大的威力却视而不见,而去信仰毛瑟枪、飞机、大炮,是多么可悲啊!她和胡适都急切希望每年能担负四万万元军费的中国政府,变为救济失学儿童四万万元的政府。果真如此,所收到的效益将远远超过四万万元的军费。俞庆棠同意胡适的救济失学儿童的办法:"根本的方法,只有用全力扩大那个下层的基础,就是要下决心在最短年限内做到初等义务教育的普及,国家与社会在今日必须拼命扩充初等义务教育。"②俞庆棠相信,"知识分子下了决心,有五万人坚决地下乡,跟着陶行知先生,刻苦地办起'工学团'来……"③中国5000万失学儿童一定有救,否则一切"简直无从谈起"!

俞庆棠还看到,孩子们不仅仅是失学,而是在当童工,在干苦力,在出卖力气养活别人,想来真叫人寒心。她撰文深刻地揭露了这一黑暗的现象,指出:"中国失学的儿童,据说有四千万;其失养的还没有估计。但到最后《中国年鉴》所载1930年的调查,童工达54 905人,占到工业劳动者总数的6.9%。以我们落后的工业,还有这许多童工!我们试想想怪叫似的工厂汽笛声,把这般可爱可怜的小孩,从睡梦中催醒,急急地在无情的机器之下、热炉之旁,工作12小时,哪里谈得到身心的发展?他们不能得到适当的'养'和'教',还要叫他们拿劳力来'养'人,真是不合理呢!至于占人口最大多数的农村儿童,其跟着父母辗转流离、救死不遑的状况,在这普遍的农村崩溃中,更可想象了!1934年北方的水灾,南方的旱灾,真不知造成了多少的小饿殍!'儿童年'应该先给这些贫穷劳苦的儿童祝福,应该先想到他们的'养'和'教'的问题。孟子说:'幼吾幼,以及人之幼。'合理的社会,是要以天下父母之心普遍地照顾不幸的孩子。"④

---

①②胡适:《胡适文存》(第4集第4卷),亚东图书馆,1921年12月版。
③俞庆棠:《教育破产的救济方法还是教育》,《民众教育理论的探讨》,载《教育与民众》第六卷第9期,1935年。
④俞庆棠:《儿童年的儿童问题》,载《申报月刊》第四卷第1号,1935年。文中提到的儿童年,即民国24年(1935),是年南京国民政府规定为"儿童年"。为纪念儿童年,俞庆棠、陶行知、陈鹤琴都写了专文或诗歌,以抒对儿童年的厚望。

对于救济失学儿童的重要性,俞庆棠作了详尽而透彻的阐述,比蒋梦麟、胡适之论还要入木三分。其中生动取譬,更叫人痛心疾首,幡然猛醒。她说:

> 大家认为儿童是国家的灵魂,我们也可以说国家是儿童的命根。一个老子不传家产给子孙,毫不成问题;但是一个国家倘不把文化和一切社会遗产,好好地传给他的国民和小国民,真是作了一个大大的孽!一个老子倘传了整千整万的债给子孙,子孙一定要叫苦;一个国家倘拿许多不平等的条约、破碎不全的国土、名目繁多的公债、帝国主义种种的压迫,传给他的小国民,小国民长大了,一定要应天响地叫苦呼冤!这整个民族问题,也不是本文所能讨论;但是儿童的"养""教",从前是个人的或家庭的任务,现代儿童的"教""养",也是社会的和国家的责任。在民族基础不巩固的国家,儿童"教""养"的问题,格外困难,也格外重要,所以不能不提到这问题。①

既然儿童对国家如此重要,在国家中所占地位如此之高,那么就不能如此虐待他们,就不能见死不救,有难不管;对于他们身心健康发展问题,对于儿童幸福的设施,都必须有切实的保障。

(二)儿童失学　父母有责

俞庆棠指出:"民众教育的理论,把失学儿童的教育机会和失学青年成人的教育机会同样重视。因为儿童是时代的前驱者,成人是时代的掌握者。"②儿童失学率居高不下,原因多不胜数,有政府的原因、文化的原因……但是有一个不容忽视的原因,这就是父母及儿童们的长辈,或是成人。在她看来,儿童的失学,与儿童教育和民众教育分离有很关系。二者是相辅相成的,又是相互制约的。如果在民众教育阶段没有把成人——孩子们的父母——教育问题彻底解决好,儿童不失学也难,世界上未受过教育的父母能培养出有知识品行的优秀儿女,当然不乏其人,但这样的父母毕竟是凤毛麟角,并且一个国家不能寄望于出现千千万万

---

① 俞庆棠:《儿童年的儿童问题》,载《申报月刊》第四卷第1号,1935年。
② 俞庆棠:《民众教育理论的探讨》,载《教育与民众》第六卷第9期,1935年。

民众教育的践履者俞庆棠

这样的优秀父母,要彻底根治儿童失学问题,首先是要解决父母失教的问题。她说:

> 我们有四千万失学的儿童,二万万失学的青年和成人,这是我们教育上的大问题,也是儿童教育上的大问题。儿童教育是不能与民众教育分离而孤立的。社会是整个的,如果父母是失教的,哪里还能够希望他们负起教育儿童的责任来呢?我相信成人程度不提高,社会制度不改良,儿童教育和福利就谈不到。[①]

所以,儿童失学问题并不是一个孤立的问题,需要纳入社会这个大系统统筹解决。

俞庆棠提醒大家注意的一个问题是,儿童失学与父母将儿女当作自己的私有财产有很大关系。长期以来,中国很多父母不会把子女受教育与否提到国家千秋大业的高度来认识。在许多父母看来,送不送子女上学,这是父母的权力,子女不能不服从,他人也无权过问。自己一把屎一把尿、一口奶一口水把孩子拉扯大,其中千辛万苦没有人过问,孩子不上学有什么理由管上门来。这些传统观念,无疑是导致儿童失学有增无减的重要原因。

为了使父母们打消"子女私有"的传统观念,树立起"子女失学,父母有责"的新观念,俞庆棠特意介绍了一首卡黑里·吉波兰·波洛菲所作的教育儿童的诗歌:

> 子女是你的,但又并不是属于你,
> 他们是生命繁衍的儿女。
> 他们经你而来,却不是出自你。
> 他们和你在一起,然而却并不归你。
> 你可给他们以爱,而非思维,

[①] 俞庆棠:《儿童年的儿童问题》,载《申报月刊》第四卷第1号,1935年。

因为他们拥有的思维是来自他们自己。
你可以塑造他们的体魄,却不是灵魂,
因为他们的灵魂属于未来,
你无法达到,即使在梦幻里。
你应该努力使自己和他们相似,
而不能希冀他们像你,
因为生命既不倒退,更不徘徊于过去。①

她期待着树立儿童公有的观念,切实认识到"子女是你的,但又并不属于你"的深刻含意,切切实实地履行做父母的责任与义务。

(三)救济失学儿童的方法

儿童失学在"儿童年"成为社会引人注意的问题,与俞庆棠强烈的社会责任感和敏感的职业意识有很大关系。当社会沉浸在欢度"儿童年",筹集经费给从未见过书本、糖果、玩具的农村儿童"奉献"这些礼物的时候,在社会各界调动一切舆论工具宣扬国民政府重视儿童、热爱儿童、关心儿童的时候,俞庆棠却不识时务地泼了一盆凉水,使很多人对儿童失学问题这才"始有科学的考察和研究,最后乃有集合的意志和有效的方法,谋根本的应付"。在人们探寻解决儿童失学途径的时候,她首先提出要以立法来保障儿童的"养"和"教"问题。她说:"我希望我们的儿童年提倡儿童福利,不仅使一般人感觉问题的重要,并且更进一步,学术机关从事科学的研究,行政和立法机关设立法令的保障,使儿童福利中'养'和'教'两大问题,有所解决。"②为此,她在《儿童年的儿童问题》中,专辟《儿童保障问题》作专门研究。她在文中援引了1923年国际联盟通过的《儿童权利宪章》③的有关条文供立法者参考:

第一条 须研究各种必要的方法,使儿童身心上得到正规的发展。

第二条 儿童之冻饿者须给以衣食,疾病者须加以看护,落伍儿童应予

---

① 俞庆棠:《民众教育理论的探讨》,载《教育与民众》第六卷第9期,1935年。
②③ 俞庆棠:《儿童年的儿童问题》,载《申报月刊》第四卷第1号,1935年。

以辅导,不良儿童应予以感化,至于孤儿弃儿应予以救济。

第三条 凡遇危险的时候,儿童应先予以救护。

第四条 须设法使儿童获得谋生之必要能力,并须庇护一切被虐待的儿童。

第五条 须教育儿童,使其竭尽才能,为人类幸福而服务。①

这说明,国家立法保障儿童的"养"和"教"是世界的共识。在此前后,许多国家明文规定禁止使用童工。1919—1921 年间,国际联盟的国际劳工局决定以 14 岁为儿童雇用法定允许年龄,制订了一个《国际公约》。迄至 1928 年,先后 15 个国家盟员批准签字。到 1935 年,英、美、德、奥、比、捷克、瑞士、丹麦、挪威规定儿童雇用准许的最低年龄为 14 岁,法国为 13 岁,意、日为 12 岁。

俞庆棠看到,中国并不是没有"法",而是没有专门的儿童保障法,更严重的是有法不依、执法不严,对敲诈欺压儿童、雇用童工现象置若罔闻,置之不理。1929 年 12 月 30 日国民政府命令公布了工厂法,其中便有关于童工的条文;1930 年 12 月 16 日公布的工厂法实施条例中,也有关于童工的规定。这样,儿童似乎"得法律上相当保护",其实不然。俞庆棠用 1930 年的调查数据说明了事实的残酷:"依民国十九年的调查,全国童工尚有五万四千九百余人,未免法律是法律,事实是事实。至于徒弟制度下受苦受难之儿童,更不知几千万人。"②她希望政府立专门的儿童保障法,并且切切实实地执行,然后设计具体救济儿童失学的方法,庶几上下一心,使失学儿童情况大为改观。

正是在国家立有专门儿童保障法的大前提下,俞庆棠提出了救济失学儿童的具体设想。

1.研究儿童身心发展

对于儿童身体发育的研究,俞庆棠希望"全国医学研究机关,尽量对于儿童

---

① 《儿童权利宪章》,亦称"日内瓦宣言"。
② 俞庆棠:《儿童年的儿童问题》,载《申报月刊》第四卷第 1 号,1935 年。

疾病和健康,不但研究,而且发表研究结果,宣传于群众。愿全国医院赶紧添设儿童健康指导事业"。同时,也希望社会教育机关积极与医学研究机关相配合,"多作儿童健康方法之宣传与指导健康设施之示范,并多举行儿童健康比赛,以资激励"。

关于心智发展研究是教育家、心理学者之事。俞庆棠认为,"吾们要谋儿童之教养,先须有对于儿童身心发展之了解"。要教育儿童就必须设身处地地为他们着想,到他们中去体察他们的感情,体察他们的所思所想,观察分析他们的所作所为,不可以自己之见强加于他们,不可在他们面前指手画脚,动不动就发号施令,要他们如何如何。她对陶行知的儿童观颇为赞同,引用陶行知的儿童诗阐明自己的观点:

来,来,来
来到小孩的队伍里,
了解你的小孩,
你不能教导小孩,
除非是了解了你的小孩。①

她认为此诗的"诗眼"就在"了解"二字,它包含儿童身心发展的两方面,"简直是科学的研究"。总的说,她觉得中国还缺乏对儿童的研究,尽管中国儿童教育学会对儿童研究仍有相当的贡献,"然而比了人家深的方面有专题研究,广的方面有普遍设施;研究的对象由在校的儿童扩充到乡村的儿童;由城市的儿童扩充到乡村的儿童;由私人的热心儿童福利,变成了立法的保障;由私人教养儿童的责任,变成了国家的任务。我们真需要更大和更深的努力!"与此同时,全国教育机关对于儿童心智发展及教导方法,不但要研究,不但要在小范围中做实验,且要发表研究和实验结果,"宣传于群众,普及于乡村"。

2.筹措经费,添设教育机关

俞庆棠希望借"儿童年"的东风,以"儿童年"为儿童谋福利,解决儿童失学问题为契机,筹措教育经费,为救济儿童立定不拔之基,做"儿童年"永久的纪

---

① 俞庆棠:《儿童年的儿童问题》,载《申报月刊》第四卷第1号,1935年。

念。恰值此时,国民党召开五中全会,做出了"自廿四年度起,中央及省市府均须以指定款为义务教育之用"的决议。她觉得救济儿童似乎有了希望,犹如在茫茫大海中看到了一根竖起的桅杆,希望依此"专款",再另筹些款项,赶紧添设教育机关,创办儿童教育,添设乡村幼稚园和农忙幼儿所,将小先生制广布各处,想尽一切可能的办法,"救济四千万儿童的失学"。

3. 提高民众教育程度

俞庆棠认为,欲从根本上救济失学儿童,就要提高民众教育程度。她在《民众教育理论的探讨》一文中,对这个问题作了极为中肯精当的阐述:

> 哈脱氏(Hart)说:"一般人把儿童看作教育的全部的对象,以为把儿童教育好了,将来的社会理想,也便能实现。"这是一个误解,因为八岁至十四岁的儿童,一小时在校,五小时在外,总算未入学前的日子,在学中六分之五的时间,离学后长久的岁月,我们又哪里能盼望小学教育能改变成人社会的生活呢?世界在成人之掌握中,儿童不能外于成人社会。我们要企图儿童教育的彻底成功,必须先把成人社会变成一个教育工具。所以要贯彻新教育的理想,我们不能专向儿童努力,还要向成年社会进攻。①

这也是站在民众教育、成人教育的角度谈儿童教育。

俞庆棠又调换角度,站在儿童教育的立场反观民众教育和成人教育对儿童教育的影响。她接着说:"就是以儿童为中学的人,也得注意成人的教育。水不能涨得比水源高,倘使成人不解放,儿童永远不会有福利。况且民众受了有意的教育指导,就得直接参加社会改造的工作。民众教育本身有他伟大的力量。"俞庆棠为了扫除文盲、普及教育、救济失学儿童,煞费苦心、披肝沥胆,取得了彰明较著的成绩,为在中华大地上营造现代化大厦做出了不朽的贡献。

---

① 俞庆棠:《民众教育理论的探讨》,《教育与民众》第六卷第9期,1935年。

第十章

重视女教　推行女教
——论女子教育

俞庆棠作为巾帼一员,对于中国广大女子的悲惨处境表示同情;对于女子受教育的非平等待遇表示怜悯。她不仅通过自己的演讲与斡旋,呼吁各界重视女子教育,还通过撰写文章和办学实践,奋力推进女子教育。

第一节 女子教育原动力

俞庆棠留学美国,对国外女子教育发展情形了如指掌。之所以欧美国家男女受教育机会均等,是因为欧美各国推进女子教育有四大"原动力"。

其一,宗教改革。13世纪时,欧洲富贵之家,沉于逸乐,无心求学;贫困之家,迫于饥寒,无力求学。马丁·路德倡导新教,谋宗教改革,提倡人人应得灵魂之解放,人人应有读圣书之能力与机会。他主张男子与女子在"神"面前,有同等之地位,均应读圣经,明神道,得精神之解放。尽管他的主张与近代思潮多有不合,但"即此一端,厥功极伟"。俞庆棠认为这是推进女子教育原动力之一。

其二,工业革命。欧洲工业机械化之后,民众的生活问题、职业问题均受影响。民众为了"适应新职业,非有新技能不可;适应新环境,非有新知识不可"。俞庆棠认为,"此为促进教育事业之动机"。凡是参加了新职业的民众,无不感觉幼时失学之苦,经济稍稍宽裕,未有不竭力令其子女受相当教育者。所以工业革命为推动女子教育的原动力之一。

其三,社会改造者的热心提倡。欧洲国家私立教育机关相当发达,无论小学、中学、大学,都是先由私人倡办。俟办有成绩,政府再予以精神上、物质上、法律上的帮助。欧美学校男女学生数几乎相等。社会改造者之私人提倡亦属其原动力之一。

其四,政治力量。在俞庆棠看来,"政治力量,最有速效"。她说:"苏联妇女之所以能参加政治活动、文化事业、生产事业,未始非教育之功。在第一个五年计划之各种事业中,妇女已成伟大之贡献者。"[①]这是政治力量为推动教育之原动

[①] 俞庆棠:《我之女子教育观》,载《江苏教育》第三卷第4期,1933年。

第十章 重视女教 推行女教

力之一的明证。

俞庆棠分析"四大原动力",旨在改进和推动中国女子教育。她细细寻找这种"原动力"。俞庆堂认为,当时的中国,政治力量最为重要,是推动女子教育的极为重要的力量。政治力量作为一种"原动力",有正负之分,"可以向前,可以向后;可以向左,可以向右"①。因此,俞庆棠每每遇有机会,或是著述中,都大力宣传女子教育的重要思想,把女子教育提高到救国、立国的高度,以引起执政者的警觉。1928年4月,上海中华书局出版了舒新城编的《中国新教育概况》一书,其中收录了俞庆棠《女子教育之近况》。她在其中便将女子教育与救国相提并论。她说:

> 吾国初高小学生6 396 891人(教会小学不在此中),而女学生为403 742人,女生于总数之比例,为6.3%。易言之,男女学生一百人中,女生仅占六人。噫!共和国内男女国民,既当受同等教育,岂宜有此景象乎?应入小学未入小学之女子,全国中不知几千万人,如此而欲失学者得完全之公民资格,关心国事而尽国民之天职,其可得乎?吾敢大书曰:救国自普及教育始,普及教育自提倡女子教育始。

她的这番良苦用心,当然是想让南京国民政府当局认识到女子教育的重要性。

---

① 俞庆棠:《我之女子教育观》,载《江苏教育》第三卷第4期,1933年。

第二节 女子教育的误区

自清末以来,众多"觉醒的中国人"为推进中国女子教育进行唇焦舌敝的宣传呼吁,以引起各界的重视。他们风餐露宿,奔走呼号,慷慨解囊,使女子教育发生了明显变化,如有了专门女子学校之设,小学和大学均已实行男女同校,也颁布过一些女子教育法规,但是,由于根深蒂固的传统观念的影响、执政者不予重视、社会经济凋敝等原因,女子教育陷入了误区。

(一)女子受教育机会不均等

清末兴学以来,女子在学制上逐渐占有一席之地,但是发展很不尽如人意。尽管在法律上白纸黑字写着"受教育机会均等",政界要人的口头上也挂着这一类的口号,但是并无任何进展。俞庆棠曾指出:

> 今年我国参与国际教育会议以前,中华教育改进社陶行知先生等切实调查吾国教育状况,制各种表格。吾国凡1811县,其中无初小女生者,有423县;而其中无高小女生者,竟有1161县之多,凡此千百县,竟无女生一人,较诸美邦之凡属学龄儿童,均入校修学者,岂可同日而语!关心吾国教育之士,应如何亟起直追乎?[①]

1924年,她调查过100所中小学,其中小学校只有5个女生,高等小学有4个,中学仅2人。直到1931年,俞庆棠的调查仍无甚进展,结果令人忧心忡忡。全国1811县,平均每县小学校仅423个女学生,高小则仅有1121个县有女学生,中学的女生更是寥若晨星。根据四所大学——金陵、燕京、清华和北京高师的统计数据看,女大学生之比仅为1%。

这些数据表明,男女受教育机会仍然严重不平等,绝大多数女子被关在学校大门之外。这是中国女子教育的误区之一。

[①] 俞庆棠:《女子教育之近况》,见舒新城主编:《中国新教育概况》,上海中华书局,1928,第166页。

（二）女子教育目标之误导

女子教育目标，中华民族自古以"贤妻良母"标榜之。

五四运动的洪流，涤荡着中国社会，冲击着封建礼教纲常，使女子教育目标有了较大变化。其主要精神是：(1)适应社会需要。(2)发扬民主精神。(3)发展个性。(4)改进人民生计。①这一女子教育目标深深打上了五四时期科学和民主、思想解放的时代烙印。

南京政府成立后，直到俞庆棠大力推行民众教育的时代，关于妇女解放的问题，一直争论不休。这一问题的关键实际仍然是"贤妻良母"这个老掉牙的问题。南京政府要员口头上虽然不是喋喋不休地叫着"贤妻良母"，而是改旗易帜为"母情主义"，其实质并未脱离"贤妻良母"教育的窠臼。

中国国民党第二届中央执行委员会会议提出："对于女子教育尤须确认培养博大愈祥之健气的母情，实为救国民之要图，优生强种之基础。"第三次全国代表大会确立的"教育实施方针"中也有"须注重陶冶健全之德性，保持母性之特质"之类换汤不换药的内容。1928年召开的"全国教育会议宣言"中竟"认定女子学校以单独设立为原则"。对于这些，她认为"尤应当头棒喝"。她诘问道："……如其教育仅有此一点，何不标榜'贤夫良父'的主义？所以'贤妻良母'云云，亦旧时家庭本位的社会中之一点遗迹。中国社会停滞于这本位，既数千年，现在亟应转到'民族本位'，而充分发展每人在民族生命上之力量！"②

如果女子教育始终在"贤妻良母"中徘徊，那么，女子教育将无法发展。

（三）女子教育重都市轻乡村

如果说清末兴学以来，女子多少有些受惠于教育的话，那么，说这些女子95%是城市民众，当不是过分之词。农村女子相对来说，受政权、族权、神权、夫权的压迫更重，处在社会最底层，是一切天灾人祸、经济压迫的承受者。一有风

---

①熊贤君：《中国女子教育史》，武汉出版社，1993，第360页。
②俞庆棠：《我之女子教育观》，载《江苏教育》第三卷第4期，1933年。

吹草动,她们便是首当其冲的受害人。1923年的调查报告表明,农产品进口竟有四亿元之多,而入超有六亿七千多万元,差不多每人要负担一元半。"至于说到农村破产这句话,更是使人痛心,农村到现在简直无产可破。"①

此外,还有苛重的地租、灾荒和匪乱等。这些与农村女子教育有何关系?当然有,如果乡村经济繁荣,女子教育或许有一线之希望;如果难以承受经济压力之重负,那么,做出牺牲的首先就是女子。中国以农业立国,女子人数的85%以上在乡村,而教育当局对女子人口85%的人停滞在文盲状态,置若罔闻,视而不见;一部分教育家虽率"博士下乡"②,但收效甚微。因而女子教育发展到南京国民政府前期,不能不说进入了重都市而轻乡村的误区。所以俞庆棠对于女子教育的这一误区,寄予厚望:"愿今后提倡或研究今日中国女子教育者,不以少数都市学校中之少数女子为限,而以二万万女子之整个教育问题为对象!"③又说:"我国百分之八十系农民,大多数民众处于农村社会,毫无疑问。努力于女子新教育以建立社会之新基础,此其时乎!"④俞庆棠推行的女子教育实践,正是使女子教育走出误区的探索。

(四)对女子教育的心理误区

俞庆棠对当时人们对女子教育的社会心理有这样的描述:

> 只因妇女有鞠育子女之疲劳,及家庭职务之繁剧,尤其是经济的责权旁落,于是转变成男子中心之社会。但是仍应从多方面观察,当然有一部分妇女,好逸苟安,不自振发,既然不能与男子在社会上负同等之责任,自不能与男子享同等之地位与权利;不过在另一方面,因为男子的自私自利,站在男子之观点及便利为出发,而来决定女子教育的目标与内容,于是对于女子

---

①俞庆棠:《略谈女子教育》,载《振华女校季刊》第一卷第3期,1934年,第117页。
②"博士下乡"为南京国民政府成立前后,知识分子到农村施展才能改造乡村的运动。最早由晏阳初发起。他们中有留洋归国的大学生、硕士、博士,有的已经是大学校长、医院院长、教授、剧团团长、报纸主编、作家等。
③④俞庆棠:《我之女子教育观》,载《江苏教育》第三卷第4期,1933年。

第十章 重视女教 推行女教

之种种谬误观念如"三从四德""无才便是德""智力太差、能力不足"等几成为普遍之社会心理。①

由于这一"普遍之社会心理"的影响,使"一般人中牢守着一个'重男轻女'的观念,稍有资财的人,往往先让男子受教育,除非经济能力特别宽裕的人,才肯把女子送到学校里求学,故女子的识字人数更少,在全体学生中占了一个很小的百分比"②。此外,当时人们还认为女子智力不如男子,送女子进学校不如送男子强,因此,使广大学龄女子不入学、辍学。

女子在学校中所占比例极低的因素很多,但是,不可否认,心理观念的影响也是一个极为重要的因素。

---

① 俞庆棠:《我之女子教育观》,载《江苏教育》第三卷第 4 期,1933 年。
② 俞庆棠:《三年来之中国女子教育》,载《江苏教育》第四卷第 1、2 期,1934 年。

第三节 女子教育的地位

在漫长的封建社会中,广大女子毫无地位可言。其时流行的一句俗语是:"嫁鸡随鸡,嫁狗随狗,嫁个棒槌抱着走。"此虽说的是婚姻之事,却十分形象化地揭示了广大女子的人身依附关系。女子在教育上的地位更加悲惨。她们在6岁以前,即自其出生到自行饮食之时,便先教以使用右手;能够讲话,便训练她们应诺的灵敏速度;6岁便教她们用简单数字与东西南北中方位名称;7岁教以男女不同席,不共食,以示男女有别;8岁教以出入门户及即席饮食,必后于长者及教以进退辞让的礼节;9岁教以一月中的日数和朔望;10岁开始告以不出闺门庭院,万不得已须出门庭,要用头巾蒙挡其面部,教以顺从男子,"婉转听从"等。这些都是在家中进行。广大女子的第一任老师是她们的母亲。刘向在其著述中记载有女子承担着这一不可推卸的重任的情形。他说:

> 唯若母仪,贤圣有智。行为仪表,言则中义。胎养子孙,以渐教化,既成以德,致其功业。姑母察此,不可不法。①

这种形式一直维持到1903年。1901年9月,管学大臣张百熙响应并执行清廷颁布的"兴学诏书",1902年,拟定了中国教育史上第一个学制"壬寅学制"。此学制有6个章程,对女子学校只字未提。1903年,张百熙、张之洞和荣庆重新拟定了《奏定学堂章程》(即"癸卯学制")。这是近代中国第一个在全国实施的系统的学校制度。两个学制尽管有某些相异之处,但在女子教育方面却是一脉相承的。它明确规定女子教育在家庭进行,女子"只可于家庭教之,或受母教,或受保姆之教",严令"少年女子断不宜令其结队入学,游行街市,且不宜多读书,误学外国习俗"②。此后,政府虽对女子教育的地位有所提高,但多属口头上敷衍塞责。

---

① 刘向:《烈女传》卷一《母仪传》。
② 张百熙、张之洞、荣庆:《奏定学堂章程》,湖北学务处本。

第十章　重视女教　推行女教

对于女子教育地位,俞庆棠是这样认识的:

首先,她认为,如果女子与男子享受平等的教育,那么占中国人口近50%的人就可得"完全之国民资格,关心国事而尽国民之天职"①。一个国家近50%的人不能成为合格国民,这个国家成何体统!现代国家、民主国家从何谈起!一个国家近50%的人对国家大事一无所知,这个国家哪里会有富强、立于世界不败民族之希望呢?

其次,女子教育可促进民族复兴。九一八事变后,中国举国上下莫不努力于各种救国运动,以图民族复兴,一些"先觉"的女子,"奋勇地担负了一部分的责任"。譬如,有一姚瑞方女士者,曾加入东北义勇军,一度曾将失去之朝阳夺回,虽然她的力量未免薄弱,但其为国牺牲的精神与复兴民族之思想,足以震醒一般昏聩的妇女。当一·二八淞沪抗战时,有许多自南洋归国的妇女,不顾枪弹横飞,送各种食品给前线抗敌将士。上海各学校暨妇女团体,亦组织妇女界救国大同盟,会员二千余人,全体宣誓,对日经济绝交。内地各学校女生,亦纷纷自动捐助金钱,及制造防毒面具、丝绵背心等数万件,送赠抗日将士。又马占山将军血战嫩江时,沪上曾有一署名粤东女子者,将其先人遗产抵押洋二万三千元,以助饷资。此种为国家为民族牺牲之精神,实系妇女运动史上最光荣的一页。②俞庆棠认为如果中国广大女子都受过良好的教育,就会对民族复兴大有裨益。俞庆棠的女子教育可以复兴民族之论,正击中不重女子教育的弊害。

其三,女子教育决定着中国的前途。中国的前途与命运,不决定于握有军权、政权的军政首脑,不决定于个别英雄、"超人",也不决定于男子,而是决定于女子。在俞庆棠看来,女子相夫教子,可改造丈夫,教育好后代,还可以直接参政、执政、尽忠国事,实实在在操纵着国家民族的前途命运。但是,女子能发挥这一作用的前提是,必须施以教育。难道有玉不琢而能够成器的吗?难道有不受教育而可任以大事者吗?所以,她说:

> 苟女子教育,一旦发达之后,吾国女子对于国家社会之贡献,其成效当

---

① 俞庆棠:《女子教育之近况》,见舒新城主编:《中国新教育概况》,中华书局,1928,第166页。
② 俞庆棠:《三年来之中国女子教育》,载《江苏教育》第四卷第1、2期,1934年。

有灿然可睹者,断断无疑矣。夫女子有服务社会之决心,服务社会之天职,而社会不假以相当之教育机会,是诚莫大之憾事也。愿国内教育家,益重女子教育,而勉提倡之,建设之,吾国教育前途幸甚!①

俞庆棠对女子教育地位的认识,全面而深刻,的确有其真知灼见。这是她考察了人类文明史、社会发展史得出的科学结论。她的这一结论具有浓烈的时代气息及使命感、忧患意识。从这些方面看来,她比同期论述女子教育的众多教育家要高出一筹。

---

① 俞庆棠:《女子教育之近况》,见舒新城编:《中国新教育概况》,中华书局,1928,第169页。

第十章　重视女教　推行女教

第四节　目标的改弦更张

中国传统女子教育目标，犹如一具精神枷锁，将女子重重束缚起来，使她们不能动弹。俞庆棠揭露传统女子教育目标带来的弊害说：

> 从前一般人对于女子另外具有一种看法，他们以为女子是男子的助手，家庭中的一员，而不是社会上的一分子，创出种种谬论，把女子天赋的权利，几乎剥夺得干干净净。而这种谬论的普遍，无形中为女子套上了一个精神上的枷锁，他们几乎自己忘掉了自己应有的权利；终于在各式的环境中，驯服地度着枯燥而无意义的生活。①

既然如此，新时代的女子教育目标，必须改弦更张，不可在传统的目标框架中按部就班地推行。如果不思改进，在传统的道路上滑行，与其说是为了让她们读书明理，不如说叫她们变成有血有肉、不苟言笑、思不越位、循规蹈矩的"植物人"。这与现代生活和科学民主精神是大相径庭的。为什么如此说呢？在俞庆棠看来，"教育，是启发人类理性的工具，其最终的目的，在实现人类生活的改善，故最进化的民族与文明的国家，即是教育最发达的区域"②。因此，她提出女子教育有如下诸因素组成：

其一，养成女子的"人格"。所谓"人格"，通常被理解为个人的社会倾向性，即气质、性格、兴趣、爱好的综合表征，譬如内向或外向，独立性或依赖性，合群或孤僻等。女子之为人，首先要有独立的人格。可是，数千年的传统社会，视广大女子为传宗接代的工具。更有甚者，广大女性被视为男子发泄的工具，只允许她们服服帖帖，逆来顺受，哪能谈什么"人格"。女子为人一世，犹如草木一秋，何人格之有？俞庆棠认为，传统的女子教育目标，也该变一变了。她强调说："凡是一个'人'都应该享受这天赋的教育权利。自然，女子不能例外！过去的时候，因为

---

①②俞庆棠：《三年来之中国女子教育》，载《江苏教育》第四卷第1、2期，1934年。

一般人对于女子观念之错误,强把她们丢在教育圈外。故现今女子教育之实施,实在是为广大女子群众重新夺回一个'人格'。"①

怎样才能培养起女子的"人格"？这首先得考虑她们为什么将"人格"丧失殆尽。其原因除政治的、社会的以外,与她们未读书识字,成了"睁眼瞎",不识道理,不知外界已经发生和正在发生、即将发生的事有关。由于是"睁眼瞎",故不能走出家门一步。另一原因是经济未独立。这一原因是受第一原因支配的。因为未读书识字,不识账目,易受人蒙骗,故不能出去做工,而不能做工,也就不能有个人收入;既无个人收入,生活就全都依赖他人。为了生存,她们必然丧失人格。因此,要养成女子的独立人格,必须脚踏实地地从教育的基础工作做起。

其二,充分发展个性。所谓个性,心理学上指个人较重要而稳定的心理特征的综合概括。这些心理特征包括兴趣、习惯、气质、性格、能力等。个性是在个人一定的先天生理素质的基础上,在其所处的社会历史条件影响下,通过社会实践活动形成和发展的。一个人先天的生理机能,只是提供个性形成和发展的潜在可能性,但要把这种可能性转变为现实性,有赖于后天环境给他所提供的社会物质生活条件以及个人在实践活动中主观能动性的发挥。广义上说,个性和人格同一概念,但是狭义上仍有细微差别,个性常被看作是人精神面貌中跟共性相对而言的个别性。

心理学实验早已证明,个性是后天形成的。中国女子之所以成为"温柔敦厚""从、顺、柔""逆来顺受"等性格,与传统社会、政治文化氛围和她们所处的环境有极大关系,并非她们从娘肚子里带来的性格。或者可以说,这一性格的形成,是在男权主义的重重压迫之下做出的反应。

俞庆棠深谙性格形成之理。个性既非天生而成,而是后天所造就的,那么,推广教育、改造个性也就是顺理成章的事情。她考察女子个性发展过程后说:"原始社会,以母亲为中心,所以女权特大。后来女子因体力不如男子,还要生育子女,经济权逐渐掌握到男子手中,就成为父系制。以后,女子教育的出发点,就凭男子自私的心理,以教育为贤妻良母做目标,一直到辛亥革命时才能转变风

---

① 俞庆棠:《三年来之中国女子教育》,载《江苏教育》第四卷第1、2期,1934年。

气。"①可见,女子"柔弱"个性的形成,与"男子本位""家庭本位"有极其重要的关系。现在时代不同了,社会有了天翻地覆的变化,"男子本位""家族本位"到了让位于"民族本位"的时候了。俞庆棠指出:

> 所以"贤妻良母"云云,亦旧时家族本位的社会中之一遗迹。中国社会停滞于这本位,既数千年,现在亟应转到"民族本位",而充分发展每人在民族生命上之力量!现代女子,必深切了解个人与社会之关系,培养精切有用之知识技能,健全充实的理想态度,以发展其个人而适应其社会。是则目标上女子教育,并无特殊之奇异,而"发展个人适应社会"之含义既广,足以使个性充分发展,兼负个人对家庭对国家之责任也。②

在《略谈女子教育》一文中,她明确地指出女子教育的目标:"有的人认为女子和男子的教育应该不同,而我却以为应该绝对相同,这样才可使女子发展个性,尽量使所有的力量共享于社会,建设良好的社会生活。中国向来是以贤妻良母为女子的天职,这种观念完全是以家为本位的。我们应当以社会国家为本位,而创造有用的国民。"③要使女子教育目标发生根本性变化,俞庆棠注意到两大要素:

第一,改革女子的经济形式。她认为:"经济的背景能影响到政治、社会和教育。"欧洲女子的人格与个性相对于中世纪以前有天壤之别,主要原因在于产业革命后,许多消费者都能生产,"女子有了经济权,因而可以独立,教育机会亦增加。女子教育机会增加则经济就有独立的可能。"一旦独立,女子的人格与个性或迟或早都会带来变化。

第二,改良女子的政治处境。俞庆棠在《略谈女子教育》中指出:"中国封建制度历史很长,所以专制毒害很深,愚妻主义很易实行。以贤妻良母来束缚女子,女子受到很大压迫;家庭方面的压迫,社会方面的压迫,政治方面的压迫,女子简直不能抬头。"她举了一个人们常见的例子:女子在哪方面可以扬眉吐气呢?在哪方面不觉得低人一等呢?这就是文艺方面。为什么在文艺方面她们可以

---

①③俞庆棠:《略谈女子教育》,载《振华女校季刊》第一卷第2期,1934年。
②俞庆棠:《我之女子教育观》,载《江苏教育》第三卷第4期,1933年。

与男子相比肩呢？这是因为在文艺方面有特长，又因为与专制政治关系较小，使这一特长容易发挥得淋漓尽致。

俞庆棠通过追溯广大女子人格与个性不能形成的原因，得出的结论是：欲使女子的人格与个性得到健康发展，必须改良现存的经济、文化、政治环境，否则养成人格、发展个性都将流于空谈。

第十章 重视女教 推行女教

第五节 机会均等的症结

经教育界、关心女子教育者的呼吁,社会对于女子受教育机会均等有了比较一致的看法。南京政府颁布的《中华民国教育宗旨及其实施方针》也写进了这一内容。其第六条云:"男女教育机会平等。女子教育必须注重陶冶健全之德性,保持母性之特质,并建设良好之家庭生活及社会生活。"①《中华民国宪法草案》第七章"教育"第132条也写道:"中华民国人民受教育之机会,一律平等。"②接踵而至的问题是如何求得女子教育机会之普遍。这个问题如不妥善解决,众多教育家、关心女子教育的社会贤达所做的众多工作,他们的奔走呼号,他们为男女教育机会均等所做的一切,都会付诸东流。为使女子教育不致毁于一旦,功亏一篑,俞庆棠提出了她的见解:

> 现在欲求女子教育机会之普遍,莫如使现行学制中之学校教育,与民众教育联络进行,成效可速。为最大多数之人谋最大幸福起见,更为救济农村经济崩溃起见,务须注重乡村建设与乡村妇女教育,盖欲求推进整个社会,必须男子和女子共同参加公共事业,庶几社会有生气,而事业易见成效也。③

那么,现行学制中的学校应如何与民众教育联络进行呢?中国的女子教育,比男子教育落后许多,这是历史事实。社会为女子提供的受教育机会少,女性教育者当然也少。除了小学阶段男女学生受教育机会均等问题基本得以解决外,中学男女学生享受均等教育机会,困难重重,荆棘丛生。

问题之一,所谓男女能力存有差异。这是阻止女子享受平等中学教育的极大障碍。传统的观念认为,女子受小学教育马马虎虎还行,到中学后生理心理发生

---

① 宋恩荣、章咸主编:《中华民国教育法规选编》(1912—1949),江苏教育出版社,1990,第46页。
② 宋恩荣、章咸主编:《中华民国教育法规选编》(1912—1949),江苏教育出版社,1990,第64页。
③ 俞庆棠:《我之女子教育观》,载《江苏教育》第三卷第4期,1933年。

了变化,记忆力消退,精力、注意力分散,因之进中学受教育是徒劳无功的。

问题之二,对男女教育机会均等的理解上有偏差。人们所理解的男女受教育机会均等,是升学机会的均等。因而女子中学仅一种课程,即专为升学做准备。因为"女子选择范围狭窄,课程之实施更难"。

问题之三,课程结构不适合大多数女子。这也是"困难之最大者之一"。男女受教育机会平等,指均须进入学校接受教育,但并不意味着所有女子应学习同一内容。俞庆棠在《我之女子教育观》中指出:中学课程"仅有少数女子能受此种教育,除师范科外,女子职业学校,以及女子文化训练课程,均付阙如"。

俞庆棠借用西方心理学实验结论,阐明了男女在学习上能力不相上下的观点,这当然是令人信服的。她说:

> 女子中学之课程亟应改进,从来课程之理论,以分化为贵,而不以一致为能。依据"发展"与"适应"之事实,个性多差异,此非仅指男女间之差异而已。盖心理学家如霍氏(Holling Worth)、桑氏(Tho-rndike)等,早已告世人曰:"个性之差异,甚于男女之间之差异。"易言之,男子中有极聪明者,亦有极愚笨者,女子之中亦然。且根据心理基础,测验结果,男子所能操之职业,女子几无不能之。女子与男子,实同有多方面之职业兴趣与职业天才。课程能分化,庶各种天才,均能充分发展。①

怎样改革中学课程呢? 俞庆棠主张根据世界惯例,分化中学课程。她注意吸收世界发达国家中等教育改革的经验。

美国:中学 High School 实行分科制。

英国:中等教育段为分校制:有各种不同的中学,如 Central School, Secondary School, Grammar School, Public School。

---

① 俞庆棠:《我之女子教育观》,载《江苏教育》第三卷第 4 期,1933 年。

第十章　重视女教　推行女教

法国：实行分校制，有高小或初中 Ecole Primaire Superieur，Lycee(or college)。

德国：实行分校制，有六年制中学 Mitel Schule，九年制中学 Gymnasium 等。

俞庆棠的结论是：以上 Central School，Ecole Primaire Superieute 等三种中学，都不是为升学而设，为职业性质的学校；美国中学 High School 虽包含有升学预备之意，但因"采取分科制，兼重职业训练也"。通过分析考察欧美中学教育实例，她提出了两大主张：

第一，女子中学课程应有变通之法。即变女子中学仅一种课程专为升学预备之用，为增加适合女子身心的职业课程，扩大女子选择课程与职业的范围。这些课程大致如下：

女子职业课程，如普通农作、蚕桑、园艺、畜牧、农产制造、藤竹工、编造（如织席）、电镀、简易电机、钟表修理、摄影、制图、印刷、漂染、丝织、毛织、陶瓷、简易化学工业、簿记、会计、刺绣、缝纫、文书、看护、助产、婴儿保育法、家庭经济等，这些方面，都可以将女子训练成职业人才。除此之外，幼儿园或小学教师、民众教育服务人员等也可选择，广大女子"选择丰富，天才自易发展矣"！如此一来，凡适于女子身心的课程与职业，均可选择，因而为广大女子享受与男子平等的受教育权利开辟了更多机会，使男女受教育的机会均等由口号变成切实的行动。

值得注意的是，俞庆棠在设置培养保姆职业问题上，提出了令人深思的意见。她指出：

> 至于人生之健康，常有赖于儿童时期发育之健全。儿童品性之养成，常于母亲怀抱与摇篮中进行。The hand that rock the cradle rules the World。此固旧说也。然个人之教育，不外"品性"与"智慧"两方面，依罗素之新说，Russell: *Education and Good Life*，品性之教育几于六岁前确定。此外如遗传之重要，婴儿早期保育与习惯之关系，科学上早已有正确之结论矣。中国新时代

女性,如仅骛于"自由"与"浪漫",而忘其教育幼儿——即将来之国民——之任务,则非特影响于教育,且可影响于民族前途。①

在她看来,女子中学对养成保姆的课程应予以极端重视,因为这一职业不仅影响到民族前途,而且对于幼儿发育之健全,以及家庭经济,都有极大助益。但是她提醒大家,保姆只是"女子职业课程中之一种",不可为唯一的一种。她强调说:"欲冶二万女子于一炉,在同一模型中,造成贤妻良母,凡智者未赞同也。"不可因强调保育幼儿课程重要,使女子教育退回到原来的老路上去。

第二,应多设女子职业中学。中国职业教育素不发达,女子职业教育尤甚,实在令人忧虑。俞庆棠在1922年做过一个调查,该年全国职业学校总数为1351所,其中女子职校仅115所,其比例为11.68%。这一比例结构虽然比1917年的3.95%有所提高,但远远不能满足女子教育发展的需要。为使广大女子真正能享受到与男子平等的受教育机会,对于女子职业学校,应大力提倡。

提倡女子职业学校之法,最重要的莫过于改进整个学制系统。俞庆棠设计了改进学制的具体办法:她建议教育部设立新学制系统设计编制委员会,委员由教育部聘请各省、市办有成绩之教育行政当局、教育专家,办理大中小学有成绩与经验者,实施乡村教育与实施民众教育有研究或有经验者,农工商业界之十分热心教育者,共同组织,深切研究,然后编成新学制。这个新学制要达到的目标是:

务使教育机会,普及于人人,教育内容,切合于民众生活与国家需要;课程分化,人人得发展其天才;训练集中,人人有保国爱国之观念;各阶段之衔接既活动而联络又紧凑,使人人得升学或进修之机会。②

俞庆棠开出的这两剂药方,南京国民政府教育当局并未予以足够重视。因而,女子与男子享受平等教育机会存在的根本障碍并未得到清除。实际上,当时男女受教育机会均等无异于一纸空文。

①②俞庆棠:《我之女子教育观》,载《江苏教育》第三卷第4期,1933年。

第十章 重视女教 推行女教

第六节 发展趋势的分析

女子教育发展的走向如何,这是近现代教育家、关心女子教育的社会贤达们无不注意的问题。如果分析准确,就能牢牢把握女子教育发展趋势与走向,推动女子教育健康、稳步地发展。俞庆棠经过深入细致的分析,确认女子教育发展有如下趋势。

(一)女学的普遍设立

自清代以来,有识之士不遗余力地宣传女子教育的地位与作用,教育家及社会贤达全神贯注地研究女子教育发展过程中存在的问题,必将引发女子教育机构的普遍设施,使女子真正享受到与男子一般的受教育的权力。她说:

> 现在的民众教育好像二十五年前的女子教育一样,昔时提倡女子教育,惹起一般顽固头脑的怀疑,女子为什么要受教育?女子受了教育有何用处?像这样的问题,不一而足,来阻挠提倡女子教育的进展。现今呢!女子受教育乃平常的事情,什么授受不亲、抛头露面的口号已经打消,兴办女学已经是很普遍的了,所以二十五年后的民众教育,可以肯定地说,必能与现在的女子教育同样的普遍。[1]

俞庆棠的推测是有事实根据的。但是,九一八事变以后,中国政治、经济形势日趋恶化,女子教育的普及工作实际处于停滞或半停滞状态。这也许是俞庆棠在当时所始料不及的。

(二)农村女子教育的滋长

俞庆棠深刻地指出,一切政治的、经济的、文化的条件之低劣,形成了近现代农村的衰落。农村中的民众是最痛苦的,而农村女子又是最痛苦中最痛苦者,"他们平日除掉做了一些粗笨的工作以外,几乎不会运用她们的脑筋的。她们所有的智慧、她们所有的能力,一天天地在退化着;她们的生活,也一天天的黑暗、

---

[1] 俞庆棠:《民众社会教育谈》,载《民众教育月刊》第三卷第3、6期,1931年,浙江。

迷糊、痛苦地浮度着"[①]。但是,女子的这种生活处境,正逐渐地成为过去,女子新生活的因子在不断产生。

俞庆棠从定县平民教育总会和江苏省立教育学院卓有成效的工作中,看到了农村女子教育的晨曦。她指出,近几年来,一般人已感觉到农村女子教育的重要性,而想积极地来实施农村女子教育,以改善她们的生活,致力于此项工作的有很多机关和团体,如平民教育促进总会的定县实验区,在农村家庭会中组织成主妇会、闺女会、少女会等,借此来实施农村女子教育。实验仅一年来,成就颇为显著。江苏省立教育学院对于农村女子教育也很注意。该校所属实验机关有专设的妇女学校及民众学校,均兼收女子。此举使得农村的女子和男子能够同样获得教育的机会。因此,素来以基督教女青年会在山东福山、东三省陈相屯及广东台山创办了乡村工作区,开办民众女学校,组织同学会、妇女服务团等,积极推进农村女子教育。还有燕京大学清河实验区,有了女子手工班、母亲会、家政训练班等组织形式。俞庆棠认为:"这种农村女子教育工作的滋长,实在是女子教育上的一个光明的现象。"[②]

女子教育向乡村发展的趋势,已经十分明显了。

(三)女子教育的大众化

俞庆棠看到,中国的女子教育离普及还有很大的差距,城市中的下层劳动民众和农村的青年女子,连受小学教育的机会都已经很难寻得,受中学教育更是天方夜谭。所以,若论及女子中的受教育者,实际上"只以城中之'小姐',未来之'少奶奶'与'太太'为对象"[③]。她殷切希望"今后提倡或研究今日中国女子教育者,不以少数都市学校之少数女子为限,而以二万万女子之整个教育问题为对象"!她预计在不远的将来,教育必将变有钱人的独享为大众的专利,经济能力薄弱的劳苦大众也有机会接受教育,彻底改变文盲率占80%以上的落后面貌。他认为,方兴未艾的民众教育运动,其特质"是一种教育革新运动,他是把高不可攀的教育机会大众化,希望使每一个人能够享受教育的权力"。因此,在教育大众化运动中,女子教育正一天天地向大众化看齐。

---

①②俞庆棠:《三年来之中国女子教育》,载《江苏教育》第四卷第1、2期,1934年。
③俞庆棠:《我之女子教育观》,载《江苏教育》第三卷第4期,1933年。

第十章　重视女教　推行女教

俞庆棠以其敏锐的洞察力，看到最近三年女子教育发展的新动向——女子教育大众化运动逐渐普遍，全国各地社会教育机关差不多都有女子教育的设施。一般贫困女子在工作之暇，可以到附近的社会教育机关去受教育，而毋庸破费。她亲自主持的江苏省立教育学院各实验区：

> 除乡村实验区致力于女子教育之推进外，城市实验机关也都注意女子的教育，尤其是对一般劳苦的女子，如工厂里的女工及手工业者格外注意。他们常常更换上课的时间以适应她们的便利，并训练天才，以实现自动教育的理想。①

她还用三年来的统计数据来说明女子教育大众化势头的出现（见表 10-1）。

表 10-1　丽新路工人教育实验区劳工夜校历届男女学生比较表

年份	性别	入学学生		毕业学生	
		人数	本年份男女百分比	人数	本年份男女百分比
民国19年（秋季）	男	0	0%	0	0%
	女	40	100%	32	100%
民国20年	男	50	20%	31	15.98%
	女	200	80%	163	84.02%
民国21年	男	80	21.858%	62	21.61%
	女	286	78.142%	225	78.39%
民国22年（春季）	男	42	31.89%	29	28.432%
	女	90	68.11%	73	71.568%
总计	男	172	21.828%	122	19.837%
	女	616	78.172%	493	80.163%

---

① 俞庆棠：《三年来之中国女子教育》，载《江苏教育》第四卷第 1、2 期,1934 年。

种种表征无不说明,女子教育的大众化正在形成。

俞庆棠分析洞察到女子教育的走向后,把握时机,积极努力,大大地加强了女子教育向着民主化、大众化、乡村化、普及化迈进的进程,为中国女子教育近代化做出了自己的贡献。

第十一章

功德业绩　试作评说
——论俞庆棠的历史地位

民众教育的践履者俞庆棠

俞庆棠作为民众教育的开山鼻祖,在20世纪二三十年代推行了一场轰轰烈烈影响全国的民众教育运动。这场运动对中国现代社会有何影响?俞庆棠在中国近现代教育史上的地位如何?如何看待俞庆棠的民众教育理论?这一系列问题的深入研究,对我国教育理论的发展、国民素质的提高、社会教育的推展,都是极富现实意义的。

第一节　丰富了教育理论

俞庆棠穷毕生之力,寻觅民众教育之路;竭全部智慧,孜孜不倦地探索符合中国国情的普及教育、民众教育理论,对中国近现代教育理论的发展,产生了引人注目的影响。在长期的求索和推广民众教育理论与实践的活动中,她筚路蓝缕、披荆斩棘,荟萃古今中外文化之精华,吸取诸家教育思想精蕴,形成了一套颇具中国特色的、较为完整的民众教育理论体系,从而丰富了中国近现代教育理论。

(一)创立民众教育理论

进入近代社会后,国门洞开,西方各种思潮潮水一般涌了进来。各种教育思潮也进入中国,其中有成人教育、社会教育、义务教育等。西方新教育均系针对西方教育问题而提出,对西方教育的发展及社会问题的解决,发挥了一定的作用。西方进步教育传入中国后,对中国传统教育产生了极大的冲击,也为中国新教育的创立提供了模式。义务教育、社会教育、成人教育在制度上构成了教育链条。在中国由于基础教育"基础"很差,所谓四年义务教育,徒有其名,成人教育、社会教育的问题没解决,一大批新文盲又压了过来,教育的任务永远没完没了,形成恶性循环。俞庆棠看到义务教育和成人教育、社会教育并没有衔接上,余下一块空白地。她提出民众教育理论,创造民众教育的两种形式,即民众社会教育和民众学校教育,以民众学校教育来解决儿童、青年失学问题,又以民众社会教育解决成人识字、公民教育、健康教育、生计教育、休闲教育问题,形成了符合中国实际的民众教育理论。

民众教育理论的提出,为学校社会化、社会学校化新教育体系形成举行了奠基礼。传统教育以"明人伦"为目的,以把人培养为统治者驯服工具为目标,以登科及第跳龙门为最高理想,学生被困于深宅大院之中,死读书、读死书、读书死,教师被束缚于一般的学校,与外界没有任何联系。民众教育主张学校社会化、社会学校化,制订了目标社会化、课程社会化、训育社会化、教学法社会化等加强学校与社会联系的办法。因而民众教育理论的提出,不仅针锋相对地批判了传统教育的错误,而且为加强学校与社会的联系探索到重要途径,提供了极为重要的经验,更加显示出教育理论的多样化和丰富性。

俞庆棠提出的民众教育内容观,不拘泥于中国旧有的教育内容格局,也突破了西方成人教育的范畴。她根据中国民众文化素质的实际和生活实际,提出民众六大教育,即语文教育、公民教育、生计教育、健康教育、自治自卫教育、休闲教育以及家事教育,不仅解决了广大民众包括失学儿童青年的扫盲识字问题,以及义务教育和成人教育、社会教育相互衔接的问题,而且针对民众教育不足,通过民众学校及各种民众教育形式,对民众进行文化补习教育、职业技能训练、公民道德教育、行为规范教育、爱国主义教育、健康卫生知识教育和艺术美感教育,对民众进行不同角度、不同程度、不同层面全方位的陶治与影响。相对于义务教育而言,俞庆棠的民众教育针对受教育对象不同,教学内容突破了义务教育的框架,相对于"舶来品"的成人教育及社会教育,扩大了成人教育的内容范畴。

俞庆棠在民众教育的形式上创新颇多。民众教育在当时的中国是一种新型的教育事业,一切从零开始,没有现成的形式可资借鉴。俞庆棠从中国的实际出发,创造了民众学校教育、民众社会教育"两条腿走路"的方式,对无法接受义务教育及年长失学的儿童、青年进行教育,承担起义务教育的任务,这是它与国内外社会教育、成人教育、平民教育的不同之处。在民众社会教育方面,俞庆棠为对民众进行"六大教育",她提出并创设了民众教育馆、民众图书馆、民众体育场、民众电影场、民众合作社、民众茶园等,不拘一格,灵活适用,简捷便当,不仅将经费使用降到最低的限度,而且易收到实际效果,是最有效的教育形式,是中国近现代教育史上的创举。

俞庆棠在民众教育方法上也多有创新。她借鉴了陶行知、晏阳初等提出并试行的"小先生"制、连环教学法、导生传习制等方法,又从中国传统的教学法中汲取营养,提出了设计教学法、口耳眼结合的方法、团体活动法等适合中国民众生活与教育状况的教学方法。俞庆棠在借鉴基础上翻新改造处颇多。譬如,设计教学法本为克伯屈所创,她根据设计教学法原则,创造出适合民众的团体设计教学法。俞庆棠的民众教育方法具有与时俱进的特点,及时借鉴科学技术最新成果用以推广民众教育,电影、无线电、幻灯片等技术手段都成为她推广民众教育的方法,从而丰富了中国近现代教学法,使之呈现出多样化、科学化、灵活性。

(二)重视民众教育实验

自然科学成果的取得,要凭借科学实验;教育学理论要经教育实验取得;真理都要经过实验、实践验证。民众教育是无前例可援的新型教育事业,要构建理论体系,摸索推广的方法,也必须开展实验,在实验区中反复实验。

俞庆棠在推广民众教育这一新型的事业上,反对依赖天工,听其自然;沿袭陈法,不求创新;率任己意,主观臆断;仪型他国,照搬照抄;偶尔尝试,浅谈辄止。她与同仁创立江苏省立教育学院后,为了创立民众教育理论,推广民众教育,实现平生教育理想,她创设并主持了研究试验部,开辟了以江苏无锡为中心的民众教育实验区,如该院设立的几个著名实验单位有:黄巷民众教育实验区、丽新路工人教育实验区、北夏普及民众教育实验区、惠北民众教育实验区、南门实验民众教育馆、实验民众学校等。石玉昆回忆说:

> 这些单位,性质各有不同,他们研究实验的目的和方法也各有专题和计划。有的注重普及教育;有的在培养学生组织能力,由实习生负责办理;有的在市民和工人区域,为蓬户人力车组织"拉者有其车"的研究实验;有

的在作农业和合作的广泛推广指导;还有的在为民众学校的编制、教材、教法以及社会活动作研究实验。①

该院院长童润之回忆说:"该院在创办伊始就注意到民众教育的研究实验与推广工作。1928年秋由苏州迁到无锡正式建院以后,就在院址附近开办一个黄巷区,根据民众教育几个方面,如识字教育、公民教育、健康教育、生计教育等进行一些调查研究、实验与推广工作……"1934年,实际由俞庆棠主持的中国社会教育社与河南省教育厅、洛阳县政府联合设立实验区等,都说明实验在俞庆棠思想上的重要地位。俞庆棠在《普及教育与民众教育》中谈到,研究实验部进行了经济组织、经济建设、农村教育、农村自治、农村自卫等方面的实验,几乎民众教育的每一举措,均无一例外地首先要经过实验程序。

俞庆棠心系实验,放眼全国。正如她自己所言:"我们所实验的事业,不仅供一个区域的需要,还要能够依据科学的方法,表示显著的成效,成立明显的原则,以供全国农村的应用。"②她在极为艰难的环境中,进行了一系列卓有成效的民众教育实验,为中国近现代教育发展提供了十分宝贵的经验。

(三)民众教育理论的特点

俞庆棠创立的民众教育理论,从不同的角度可以概括出不同的特点。它与传统教育相比,主要有三个特点:

第一,以社会为学校。过去的旧学校,单纯是学生受教育的场所,虽是青少年学习生活的地方,但与实际的社会生活有着天壤之别。民众教育却是以一种与传统教育截然不同的姿态出现在广大劳苦民众的面前,与社会生活保持着极密切的联系。朱若溪说过:

> ……它彻底拆除了学校的围墙,以整个社会为学校,一切教育设施,扩

---

① 石玉昆:《纪念民众教育的先驱者俞庆棠教授》,见《江苏省立教育学院校友会丛刊》第一辑,江苏大学出版社,1987,第58—59页。
② 俞庆棠:《普及教育与民众教育》,载《教育杂志》第25卷第3号,1935年。

大至社会,因而施教的方法与手段,不限于教室以内,还充分利用电影、播音、音乐、戏剧等,把教育伸展到社会的各个角落。至于工作人员,更是要走出大门,要深入到家庭和社会生活集中的地方去。①

它以社会作为大课堂,将学校的概念大大扩大了。

第二,以生活为教材。两千年来,中国学校的教学必有教材作为依据,由教师向学生灌输书本死知识。民众教育则打破传统教育的科目与教材的限制,教材根据生活教育的原则编写,取材于生活,把生活的需要当做教育的需要。凡是人们生活中所需要的知识,都在教学的范围以内,内容因人因地因时而异,除基本文化知识外,没有固定的教材。凡是民众所需的生计生活、行为规范、卫生健康等,都是教育的内容。总之,以生活为教材,以生活为教育内容。在俞庆棠看来,凡是符合劳苦大众生活实际的,凡是贴近他们生活的,才是他们易于接受的,才是受他们欢迎的,才能达到增进民众知识、改善民众生活、唤起民众觉醒的目的。

第三,以全民为对象。传统的学校对受教育对象的年龄、名额、贫富,甚至性别有种种苛刻的限制,符合条件的是全国民众中微不足道的一部分,绝大部分民众,包括很多青少年儿童,均被拒之门外。俞庆棠提出民众教育,以全民为教育对象,尤其是为广大的劳动人民,为因种种客观条件局限而失学的成人、青少年创造入学受教育的条件。当时曾有人提出疑问,成人记忆力衰退,女子更甚,受教育是"瞎子点灯白费蜡"。俞庆棠撰文、演讲,向民众介绍桑戴克的成人教育实验:"美国心理学家桑戴克氏之学说,根据心理测试,男女智慧之相差,不如个性相差之甚。易言之,男子中有智愚之别,女子中亦然。智慧之等别,原不以男女而分。以是女子之教育机会,不应较男子较少明矣。桑戴克氏又以各种测验,证明成人之学习能力,并不减少,即记忆力,亦并不较逊。"在另一篇文章中,她分年龄阶段介绍了桑戴克成人学校实验:

---

①朱若溪:《民众教育谱写教育新章》,见《江苏省立教育学院校友会丛刊》第一辑,江苏大学出版社,1987,第86页。

桑戴克氏等说:"学习能力的最高点约在二十至二十五岁间,自此以至四十二岁,其间学习能力的减退,约不过百分之十三至百分之十五。在一般学习能力上,二十五岁至四十五岁期间优于儿童的时期,而等于或优于青年的初期(十四至十八岁)。"因此我们可以提出几个要点:一、以学习的效率言,成人与儿童的差别,远不如两者各个间差别来得大。二、以年龄的关系言,假如屏除其他一切的原因,则儿童与成人间的差别,几等于零。①

她认为影响成人学习效果的因素有四:(1)健康的渐减。(2)学习兴趣的浅薄。(3)学习机会的稀少。(4)怕人讥笑。她的这一番苦心,是为成人学习寻找理论依据,以实现全民教育的夙愿。所以,江苏省立教育学院各种民众教育的机构设施,如民众教育实验区、民众教育馆、民众图书馆、民众学校等,无不以广大民众为对象,大门都是向着广大民众敞开的。

---

① 俞庆棠:《民众教育》,正中书局,1935,第28—29页。

第二节　改善了民众生活

在农村经济纷纷破产的20世纪二三十年代,俞庆棠意识到推广民众教育要收到实效,产生良好的效果,要以生计教育为中心。但她又深深地认识到民众教育不是施舍,民众"贫血",不应给他们"输血",而是要使他们自身能"造血"。在这一思想指导下,她在改善民众生活这一关键问题上挖空心思,想尽办法,在一定程度上改善了民众生活。

(一)组织合作社

俞庆棠提醒劳苦民众,在张着血盆大口的恶势力面前,任何人孤军作战都是无济于事的,必然为恶势力所吞噬,必须利用团体力量,携起手来集体抗争。在她的指导下,农民成立了各种性质的合作社,如运销合作社、信用合作社、人力车合作社、养鱼合作社等,集体对付土豪劣绅、豪强恶霸,收到明显的效果。譬如,高长岸一带产茭白,长期受商人垄断,市价低落,无利可图。高长岸民众教育馆指导成立茭白运销合作社,自相运销,不让商人染指,民众获利陡增。在工人集中的蓬户区,民众吃粮向来各自按日零星到商店购买,受中间商的盘剥很大,南门民众教育馆指导蓬户区民众,组织成立食粮消费合作社,大量批进,分配给民众应用,此举对民众来说节约了一笔很大的开支。过去,农民购买肥料资金短缺,不得不乞求于高利贷,成立合作社后,社员绕开了高利贷的剥削。蓬户区民众很多以拉车为业,由于无钱买车,只得向车行租借,车租昂贵,要占车夫全部收入的1/3左右,导致车夫生计益感困难。南门民众教育馆指导车夫组织人力车合作社,使拉者有其车,改进了车夫的生活。

(二)发展农村副业及手工业

进行农副产品加工,是提高农产品价格、增加农民收入的一种方法。实验区指导民众将蚕丝烘干,将谷碾成米,将糙米碾成白米,将棉花轧去棉籽,将水果制成罐头等,然后售出,提高了农民的收入。各实验机构还提倡民众利用农隙加工藤制品、竹制品、草席、地毯等,以增加收入。江苏省立教育学院还专门开设农村工艺班,免费传授制作竹器、藤器技艺。实验区要求每户至少有一项副业,这样,农民在其农业收入以外又增加了副业收入,这对于一般农户来说,不无小补。

(三)倚重科学技术提高收入

科学技术是提高农民收入、减轻农民劳动强度的重要手段。因而,实验区尽力介绍科学到民间去,一方面是破除民众传统的信念和习惯,一方面是教给民众科学的知识及应用科学的技能,以充实民众的生活,改进民众的生计,如科学仪器的制造示范、无线电的播音演讲、优良作物种子的介绍、新式农具的应用等。为了使民众相信科学,俞庆棠强调一切优良品种的推广,事先必须经过区域性的试验,如果种子变异、不适等,非但没有提高他们的收入,反而增加了他们的经济负担,而且失去了对科学的信任。她强调:

> 农作物的栽培,要竭力应用科学的方法。优良品种的推广,必须先经科学的地域性之试验,才可从事,如惠北实验区胡家渡分区的示范农田及示范养鸡养猪,一方面是从做上教民众,一方面是以实验的效果获取民众的信仰,一方面则是先加以试验而后推广,这样才可靠而合理。[1]

实验区为各地采购土种鸡(包括狼山鸡、鹿园鸡等)以及猪十多种,用来改良家畜家禽品种,增加农民的收入。实验区还在施教范围内使民众增加农事知识,改进农具、种子、播种、栽培等方法,每亩增加了一元的收入。这在那个时代,无疑是了不起的成绩,对于普通农家来说,可算是一笔可观的收入。

(四)设立农业仓库

因为农民收获的农产品无以囤积,往往贱卖,造成不必要的收入流失。再者,在农产品加工落后的20世纪二三十年代,如果农民在农产品价格暴跌之时,有地方将农产品囤积起来,等价格回升时再行出售,可增加一笔可观的收入,所以各地农民纷纷想方设法设立农业仓库。江苏省立教育学院北夏实验区指导合作社自办仓库二处,押米856石;惠北实验区在西漳与上海银行合作设立仓库一所,押款达2200元。如果每石米可增加一元钱的话,那么农民的经济生活可望有

---

[1] 俞庆棠:《民众教育》,正中书局,1935,第189—190页。

较大改善。相比贱卖亏损而言,农民收入不仅有了保障,而且还有一定增加。

  为了改善民众生活,俞庆棠从农民生活的各个方面周密设计,开源节流,使农民生活在一定程度上有所改善,收入有了微薄的增加。俞庆棠所做的种种努力,虽然难以抵挡外国农产品倾销对农民的打击,不过,无论如何,有这么一点微不足道的收入,总比没有强。

第三节　培养了民教人才

什么是民教人才？民教人才的知识结构如何？民教人才有哪些特点？由于民众教育是新型的事业，对人才的种种要求也无从做出规定。俞庆棠从民众教育的特点、本质、要求出发，对民教人才提出了特定要求。

其一，必须"对民众教育有深厚的兴趣，有最大的热忱"；"愿意联合起来对民族自救，作最大而且最基本的努力"；"相信一切政治、经济、教育，应该建筑在民众的基础上，我们大家都应当在民众教育上努力，以求对民族自救运动有所贡献"。

其二，热爱民众，为民众"烧心香"，处处为民众着想，埋头苦干，为民众办实事。她指出：

> 从事民众教育者，对于民众生产事业，也要花一番心血，下一番苦功的。如合作事业的推进、农业仓库的设立、农村副业的提倡、农业改良的努力，尤其是较大的民教机关都有相当的生产教育。大概都是从民众现实生活出发，从小处入手。但是现值国际问题、国内情况严重到生死关头，从事民教者不能单是埋头苦干，却需要抬起头来看一看四周恶劣的环境和不利于发展生产的实际情形，再侧了头，想一想出路在哪里？①

20世纪二三十年代，社会问题成堆，民众教育举步维艰，有些民众教育工作者感到民众教育前景渺茫，松劲气馁。俞庆棠要求"从事民众教育工作的同仁，千万不要灰心，现在环境固然黑暗，这是光明以前的黑暗。……若能认清问题的大前提，而切实做去，迎头赶上，丰满的蓓蕾，还是可以期待的"。

其三，民众教育工作者不要计较个人利害得失。俞庆棠指出："诸位，物质上

---

① 俞庆棠：《民众教育者对于发展社会生产应有的新认识》，载《申报周刊》第一卷第2期，1936年。

的酬报,不算什么酬报,凡是在施教时,民众的反应、进步、感激以及将来在社会上有良好的影响,对于抗战建国工作,有直接或间接的贡献,这才是诸位真正得到的酬报。诸位请记着,民众是抗战时代的战士,是建国过程中重要的、有力的分子。诸位对他们有了最真挚的服务精神和最认真的努力工作,也就是诸位在抗战建国中尽了相当的责任。"如果民众教育工作者在个人得失上锱铢必较,便是根本违背民众教育旨趣的。另外,民众教育的基本理论、农业科学技术、民众谋生基本技能等,均应知晓。俞庆棠正是这样一位具备这些品质的民众教育家。为了民众教育,她献出了毕生心血,是教育工作者学习的光辉榜样。

俞庆棠认识到了民众教育的意义与作用,于是极力推行,1928年初,首次提出并负责创办江苏省立民众教育学院,借以培养民众教育推广人才,她亲自担任校长,以后即辞去校长职务,不负责学校行政工作,只担任研究实验部主任,并讲授几门课程。据国民政府教育部报告"办理民众教育应有专门人才,最初设立专校训练民众教育人才者为江苏,现在无锡江苏省立教育学院致力于民众教育与农事教育人才之培养,成绩很好。其次河北有民众教育人员养成所,浙江有民众教育实验学校,河南有民众教育师范学校,安徽有民众教育人员短期训练班,其他各省市亦有计划。民众教育师资之训练机关如果能积极推广,民众教育的前途一定可抱乐观。"[1]江苏省立教育学院首开风气后,除教育部所列的民众教育机构外,还有福建省立民众教育师范讲习所(1929年1月)、河南民众师范学院(1929年春)、山东省立民众师范学校(1929年8月)、汉口民教教师讲习所(1930年)、平教总会平民教育专科学校(1930年8月)、大厦大学社会教育学系(1930年秋)、广东中山社会教育人员训练班(1930年11月)、山东乡村建设研究院、广东省立民众教育人员训练所、辽宁省立民众教育人员训练所、江苏省立镇江民教馆民教服务员训练班、福建省立民教馆民教函授学校等。[2]"一花引来万花开",俞庆棠的首创之功不可低估,所产生的影响可以想见。

推广民众教育需要民教工作者有宣传、演讲的才能,俞庆棠便注意培养演讲

---

[1]《教育部关于全国社会教育设施概况报告》,见《中华民国史档案资料汇编》第五辑第一编"教育"(二),江苏古籍出版社,1994,第78页。

[2]《中国社会教育社第一届年会报告》,1933年。这些为广东省民众教育馆的调查结果,可能有遗漏。其中有的民众教育人员训练机构存在的时间不长,有的仅办一期即停辍。

人才。1935年,宁沪地区的中央大学、南京金陵大学、苏州东吴大学、上海沪江大学、光华大学、圣约翰大学、杭州之江文理学院和江苏省立教育学院等15所大专院校举行大学辩论会,论辩的题目为"大学招生考试应否限制高中或同等学力"。这次辩论的结果是,江苏省立教育学院荣获第一。这说明该院学生思维敏捷,反应很快,表达出类拔萃。

江苏省立教育学院在短短的几年中,不仅为江苏省,也为全国培养了一批民众教育人员,也为各行各业培养了一批专家、领导干部。李德培曾做过粗略统计,抗日战争前在俞庆棠教导下的500余名毕业生,"有中国科学哲学社会科学部委员一人,边缘科学的遗传专家一人,规模较大的大学校长、副校长三人,两者约占百分之一。而在大学任教授、副教授者,约占十分之一二,其绝对人数虽不多,但相对数的比重却不为小"[①]。在苏州校友会分会中年龄65岁的57人中,参加民主革命的有26人,几乎占了1/3。

此外,受俞庆棠教育思想影响,聆听过她的教诲,研究过她的论著而走上民众教育道路,为中国的民众教育、社会教育做过贡献的,更不计其数。

---

① 李德培:《俞庆棠教育思想初探》,见《江苏省立教育学院校友会丛刊》第一辑,江苏大学出版社,1987,第103页。

第四节 两个问题的辩解

俞庆棠的民众教育思想,在中国近现代教育史上是独树一帜的教育理论,具有鲜明的个性特征,是中国文化宝库中弥足珍贵的瑰宝。但长期以来,对民众教育的宣传、介绍、研究不够,以至于它不为人们所了解,甚至还有一些误解。对此,有必要做一些辩解。

(一)所谓"教育救国论"者

"教育救国"是中国近现代教育家在教育作用问题上产生的共识。这共识,在当时成为影响一个时代教育思想的价值导向。中国近现代,包括俞庆棠在内的许多教育家认为,中国贫穷落后,根源在教育不普及。主张教育要从根本的问题做起,即通过兴办教育、普及教育,提高全体国民的基本素质,以救治当时的中国。教育救国思想萌芽于近代社会转型时期一些地主阶级改良派,经洋务派、维新派的宣传、鼓动、倡导,形成宏大的波及文化教育、科技、实业界的思潮,推动了近代教育的转型,在民国时期,形成高潮,演变成许多流派。譬如,实业救国、科学救国论者,谈发展实业、振兴科学、实现民主,均首重教育。又如,平民教育派、民众教育派,认为民国政治黑暗,是因为民智未开,又因大多数人不识字,故提出"除文盲、作新民",提高民众基本文化素质的口号。俞庆棠与之稍有不同的是,她首先看到的是民众的聪明、才干,是他们的劳动为国家创造了极大财富,他们"多么的诚恳、朴实、耐劳、侠义,他们勇于奋斗的精神,真可以很容易地指导到报复国仇的途径上去"[①]。尽管对民众的基本认识不同,但都主张通过教育把他们培养成为国家的有力分子和中坚。因而他们的教育思想都属"教育救国论"的范畴。中华人民共和国成立后,一段时期由于极左思潮的影响,"教育救国"横遭厄运,被视作"改良主义"一概予以否定,遭到猛烈批判,俞庆棠也受到连累。

毋庸讳言,俞庆棠是一位"教育救国论"者。早期,她受杜威实用主义教育思

---

①俞庆棠:《到洛阳去》,载《社友通讯》第二卷第11、12期合刊,1934年。

想影响,过分看重了教育的作用与地位。杜威在中国所作的《教育哲学》演讲中宣扬,教育是"人类社会进化最有效的一种工具",认为:

> 社会的改良,全靠学校。……许多旁的机关都不及它。例如警察、法律、政治等,也未始不是改良社会的东西,但它有根本的阻力,这个阻力唯有学校能征服它。①

杜威说,社会进步的方式,是零售,而不是批发。他肯定当时大学生牺牲自己的光阴与金钱,到各地办平民教育的做法,认为能使广大民众接受教育,实在是一件大好事。他希望办平民教育的不仅在城里做,而且要到乡下去做。俞庆棠极为赞成此论,认识到必须使人人接受教育,社会才能进步,国家方能强盛。"使人人都接受教育"成为她的政治、教育思想。她的教育救国主张在下面一段文字中表现得淋漓尽致:

> 昔希腊哲学家柏拉图之言曰:"社会之组织是否巩固,视乎个人能否尽其所长,以尽量贡献与其所属之社会。唯如何发现天赋才智,又如何启发之训练之,使为社会所应用,是为教育之任务也。"吾国大多数人民,对于个人与国家社会密切之关系,茫然懵然,以致不能为国家社会之健全分子;岂吾国人民天赋才智之不如其他民族乎?盖教育机关之阙如也!是以当今建设事业中之根本建设,莫如增添教育机会,增高教育效率,使教育精神,弥漫于全社会内。②

但是,俞庆棠的"教育救国"论,在九一八事变以后,便有明显的变化。那以后的论著不仅使命感、责任感、忧患意识跃然纸上,对当时的社会、政治、经济制度的怀疑也在滋长,"教育万能"的教育功用观也逐渐在打折扣。一方面,她要借民众教育增进民族实力,抵御外侮。她说,要用民众教育"打动民众的心肝,来努力从事有效率的劳动,增加民族生产的总量,需要民众教育;报告计划实现的进程,已完成了多少,现在到了什么阶段,还需要多大的努力,使民众觉察自己所

---

① [美]杜威:《杜威五大讲演》,胡适译.北京:北京晨报社,1920年版,第160页。
② 俞庆棠:《中央大学区扩充教育概况·序》,1929年4月版。

处的环境,知道应负的使命,需要民众教育;改善生产的方法,利用生产的工具以制胜自然,需要民众教育;共同奋斗,共同服务,共同享乐,共同向上,共同提高政治、科学、艺术及道德的程度,也需要民众教育"[①]!另一方面,她的教育救国思想也发生了急剧变化。她看清了日本帝国主义的狼子野心,也逐渐看清了南京政府腐败的本质。她说:"客观事实告诉我们:社会生产的基本条件:土地、资本、人工都遭遇着严重的障碍;这种障碍不先驱除,我们是无法去谈发展社会生产事业的,民众教育机关辛辛苦苦努力得来的些微的成效,哪里能抵御得住这种破坏力的千万分之一呢?"[②]她提出要"建立一个正常的社会生产关系或生产机构"。她认为,这样社会生产事业自然会发芽滋长了。她的思想正在酝酿飞跃。这说明俞庆棠这样的认识越来越明朗:只有改变社会生产关系,才能发展社会生产力。在新的形势下,产生了新认识,所开展的民众教育事业,也有了改进。——笔者在这里只是要说明这一事实,无意于说不是"教育救国"论者或"教育救国"的成分淡薄一些的俞庆棠就比是"教育救国"论者的俞庆棠伟大得多。一个教育家、教育实际工作者如果不信教育有巨大的功用,他最终是要堕落成为没有理想和抱负的衣食主义者的。

当时的教育救国观点对中华民族是有益的。不过,应该指出的是,"教育救国"论者试图单纯依靠教育手段来救国,这是不切实际的。但他们在各自的实践中,对继承和弘扬中华优秀遗产,介绍西方先进的科学技术与思想,传播文化知识,提高全民族文化素质方面,功劳是不容抹杀的。历史已经证明,教育是从民主主义革命走向社会主义的必经路径,是使中国独立、繁荣、富强的前提,教育与革命如车之两轮,不可缺一。如果没有启迪民众心智、消除愚昧、获致知识、振奋精神的教育,革命断然不会成功。

另外,必须把那些借"教育救国"之类美丽动人的漂亮话来阻挡革命潮流的政客和那些切切实实勤勤恳恳办起了许多有益于国计民生的学校及其他社会公益事业的教育实干家区别开来。俞庆棠显然是属于后者。她的教育救国之心是诚心诚意的,绝不是空洞的口号。历史应将这位确实曾在中华大地上为营造近代化大厦做过巨大贡献的人民教育家载入史册。

[①] 俞庆棠:《欢迎三届乡村工作讨论会》,载《教育与民众》第七卷第1期,1935年。
[②] 俞庆棠:《民众教育者对于发展社会生产应有的新知识》,载《申报周刊》第一卷第2期,1936年。

(二)关于政治倾向问题

关于江苏省立教育学院的政治倾向问题,也是评价俞庆棠教育思想的障碍之一。

毋庸讳言,民众教育与政治有着一定的关系。从民众教育诞生起,它就被很多人误解:

> 因为当时颇有一般人误解平民教育是贫民教育,或误解是贵族教育的对峙,带有阶级思想的色彩。中央大学区普通教育处处长程柏庐先生提出民众教育这个名词来,表示两个意义:一是党化的平民教育与以前普通的平民教育不同;二是政府推行的平民教育与一般社会提倡的平民教育有别。[①]

这说明民众教育在创立并推行之初就已经难以与政治分清此疆彼界。正因如此,俞庆棠及同仁"举凡地方人民自治团体与经济组织之培养、产业之开发,以及一切生活之改进,均须就实际生活需要,用教育功夫启发指导之"[②]的一切举措,都蒙上了一层政治色彩。

江苏省立教育学院与江苏政府有隶属关系。这里有必要略作说明:五四时期,蔡元培、李石岑等教育家深恶封建军阀把持政权,战祸连年,经常侵吞与挪用教育经费,为防止军费挤压教育经费,政府任意拖欠之,乃提出教育经费独立。蔡元培要求政府保证"教育事业当完全交于教育家,保有独立资格,毫不受各派政党或各派教会的影响"[③],这种想法只能是教育家一厢情愿的理想,要成现实几乎像与虎谋皮一样不可能。蔡元培是国民党元老、著名教育家、德高望重之耆宿尚且如此下场,为什么还要苛求俞庆棠没去重蹈覆辙呢!而且近现代教育发展历史证明,借用政府的力量发展教育是必要的,也是必不可少的。如果凭民间人力财力,也许早就为恶势力所吞噬,反而一事无成。而俞庆棠借政府之

[①] 汤茂如:《民众教育的使命与前途》,见《民众教育论文选》,1935,第202页。
[②] 章元善、许仕廉:《全国乡村工作讨论会第三次大会经过》,见《乡村建设试验》(第三集),上海书店,1992,第18页。
[③] 蔡元培:《教育独立权》,见中国蔡元培研究会主编:《蔡元培全集》(第4卷),中华书局,1984,第177页。

力,切切实实地办起了对中华民族、劳苦民众长远利益有好处的文化教育实体,这难道不是应予充分肯定的吗?

尤应特别指出的是,俞庆棠及江苏省立教育学院的政治倾向与同时期某些社会教育团体、乡村教育机关,有明显的不同。其时,南京国民政府为着巩固自己的统治地位,在其行政院的领导下设立了一个"农村复兴委员会"。他们高唱"复兴"农村的高调,旨在用"乡村改良"来抵制中国共产党的土地革命斗争;国民党中央政治学校政治系主任梅思平亲行担任江宁县长,推行江宁自治实验,目的是为国民党抢占农村出谋划策。而俞庆棠所创办或主持的学校及实验机关,大量地聘用进步力量,宣传、传播进步思想,因而不仅保护了一大批进步人士,还培养了一大批革命人才。如钱俊瑞、郭影秋等都是俞庆棠的学生,后成为中国共产党的高级领导干部。北夏实验区的青年学园第一期50名学生中,有20人参加了共产党领导的抗日队伍,解放战争时期,有10人壮烈牺牲。抗战胜利后,在俞庆棠的领导下,成立了100多所上海市立民众学校,其中相当多的民校负责人是共产党员。

研究、评价一个人的教育思想,既不能离开他所处的时代和他的总的政治思想,也不能简单地以他所在的团体来给他定性,更要发展地考察其思想发展的整个过程,研究、评价俞庆棠更应如此。邓颖超同志称俞庆棠为人民教育家,这是对俞庆棠教育思想及教育实践做出的科学评价。

第五节　理想与现实之间

俞庆棠作为五四新知识分子，学贯中西，满腹经纶，具有新时期知识分子的许多特点：

第一，俞庆棠是进步的民众教育热心倡导者和积极实践者，同时又是忠诚的爱国主义战士。她积极参加了抗日救亡和爱国民主运动，是热爱祖国、热爱民众，受人尊敬和爱戴的人民教育家。她的一生是为民众教育奋斗的一生、拼搏的一生、战斗的一生。她的教育思想与时俱进，教育事业永葆青春，具有永不凋谢的生命力。她在大量实践的基础上，形成了民众教育的理论体系。

第二，继承了我国优秀的文化传统，使绵延两千年的华夏精神放射出新的光华，使古莲发芽、枯藤新绿。她有一颗纯洁的爱国心，为了祖国的振兴，不辞辛苦，不畏险途，苦心孤诣地设计社会改造方案，并满怀信心地竭力推行，谱写了可歌可泣的动人篇章。

第三，俞庆棠具有强烈的社会责任感和远大的政治抱负。她同情劳动民众的悲惨遭遇，关心劳动民众疾苦，为了他们的幸福，她勇于探索、勇于变革、勇于改造，希冀通过民众教育促进乡村建设，促进新的经济制度、社会制度的形成，从根本上改变劳动民众的生活环境。

第四，俞庆棠以其特有的时代敏感性，勤于学习，发奋努力，面对紧迫需要认识外部世界的艰巨任务，虚心向西方寻求真理，探索救国济世良方。她学习西方持一种谨慎态度，反对食而不化，生吞活剥；她主张向西方学习，但不盲从。她有自己的主见，既不拉东洋车，也不拉西洋车，而是经过消化吸收，结合中国社会实际需要和民众生活实际，取其优长，去其糟粕，努力创造符合中国国情的教育理论体系。

第五，富于奉献精神，是俞庆棠作为五四新知识分子的又一重要特点。她不是深居简出在象牙塔中设计不切实际社会改造方案的空想教育家，不是指手画脚只说不干的"绅士"，她无时无刻不在民众实际生活之中，她与满面灰尘、满手老茧的乡间老妪结成了互诉衷肠的姐妹。为了民众教育的推广，她赴汤蹈火，毁家纾难，丝毫不计个人得失。为了实现中国民众人人受教育的夙愿，她辞官不做，放弃大学教授优厚的待遇，来到尘土飞扬的乡村、臭气熏天的蓬户区，树立了永远值得年轻一代学习的榜样。

出于复兴民族，出于解救在水深火热中挣扎的民众，俞庆棠以饱满的热情、执着的精神，设计并极力推展民众教育方案及社会改造方案，制订出了比较细致的推行计划，征募到一大批"信徒"，毫不犹豫地付诸实施。毋庸讳言，书生气未全部脱掉的她所设计的种种方案、计划，的的确确有浓厚的理想色彩。她的整个方案是理想化的，她的推行方式也有理想主义的色彩。尽管她的这一方案，国际教育考察团的报告书谓"中国教育最令人满意之一点"[1]，给予了充分的肯定；尽管她在推行上取得局部性、阶段性成绩，但这仅仅是茫茫黑夜中出现的一点亮光，很快就为黑暗势力所扑灭了。这一点她在推广过程中已有所体悟。她初步认识到外国资本主义势力的经济侵略如不能制止，民众教育、乡村建设将受到种种限制。她指出：

> 我们实施民众教育的时候，竭力在施教范围内使农民增加农事知识，改进农具、种子、播种栽培等方法。用了许多力量，每亩农田能增加一元的收入，已经是了不起的成绩了，然而外国农产物大量向中国倾销，造成供过于求的局面，使中国的农产品，立刻跌价，农民每亩收获在价格上的损失，竟达五六元之巨。[2]

如果国家不能全力保护民族企业，以致减工、停工、关厂的现象层出不穷，使"实施工人教育的对象——工人——把他们的资格都失掉了"，还谈什么希望他们做一个有效能的工人与良好的国民呢？

---

[1] 俞庆棠：《中国民众教育之演进》，载《教育生活》第三卷第6期，1936年。
[2] 俞庆棠：《民众教育》，正中书局，1935，第52页。

俞庆棠感到新的生产秩序没有建立起来,使民众教育进一步又退三步,甚至瞻望前途,不寒而栗。她说:

> 我们原有的生产安排已被破坏了,新的还没有建立,许多的工厂不能容纳你们去做工,许多的土地不能容纳你们去耕种,民众们简直有了"力"而没有"用处",在此情况下——生产的安排没有布置好,生产关系没有建立好——就是防止现有的生产事业之不再被破坏,已成为严重的问题,我们将从何去发展社会的生产事业呢?①

1936年,俞庆棠在《现在阶段中国所需的教育》一文中,已经明确地认识到局部改良对社会的作用是极为有限的。认识到这一点是极为可贵的,但是,她还是没有放弃通过推动民众教育进行乡村建设的努力,只要一线希望,她是不忍改弦易辙的。

> 生产技术的改良,必须在独立自主的环境和社会生产组织的合理化的前提之下,才能获得伟大的实际效果。要是这个前提没有解决,一点一滴的技术改良工作,我们虽承认它在某种限度内是有效的,但是依然解决不了大多数人的生活问题。所以,现阶段的教育,应该把握着现实的要求,要将现实社会的生产组织所加于受教育者的桎梏解除,使教育与大多数民众的实际生活联系起来。同时现阶段生产教育的核心,应该是集合全国民众的智慧、热情、意志,以最大的努力,促成整个合理的经济计划的实现,以解决大多数民众的生活问题。②

俞庆棠认识到这一问题,说明她目光敏锐,分析问题入木三分。但是她没有寻觅建立新的生产秩序、抵御帝国主义经济侵略的根本路径,却还在继续细致认真地做修修补补的工作。而且号召全体民众教育同仁,"千万不要灰心",克服困难,"切实做去,迎头赶上,丰满的蓓蕾,还是可以期待的",还在幻想通过教育的力量来"破除障碍",使"正常的生产关系或生产机构""发芽滋长"③。这决定了俞庆棠的教育理想最终要化作泡影。但是,综观俞庆棠的整个民众教育思想及实践,给后世的启迪是多方面的,她的建树是不朽的,她的业绩是永存的。这位巾帼人民教育家将永垂青史!

---

①③俞庆棠:《民众教育者对于发展社会生产应有的新知识》,载《申报周刊》第1卷第2期,1936年。
②俞庆棠:《现阶段中国所需的教育》,载《申报周刊》第1卷第43期,1936年。

附录　俞庆棠重要活动年表

1892年(清光绪二十三年),生于上海。

1912年,加入上海女界协赞会。

1914年,毕业于上海务本女塾。

1915—1916年,任上海万竹小学教师。

1916—1919年,就读于中西女塾、圣玛利亚书院。参加上海学生演说比赛,获第三名。参加五四运动,任圣玛利亚书院学生会主席,组织同学参加游行、演讲、募捐,及开办平民夜校。任上海学联代表,出席全国学联会。

1919—1922年,赴美留学,就读于特拉华女子大学,后转入哥伦比亚大学师范学院。与孟宪承先生合译杜威的《思维与教学》,与克伯屈的《教学方法原论》,先后在商务印书馆出版。获学士学位。

1922—1926年,归国后,与唐庆诒教授结婚,定居无锡。先后任私立无锡中学、江苏省立第二师范学校教师,上海大厦大学教授。1925年,参加"五卅"惨案上海学生后援会。

1927—1928年,任江苏省教育厅社会教育科科长。实行大学区制后,任第四中山大学(旋改中央大学)教授及行政区扩充教育处处长。在苏州创办第四中山大学区(后改中央大学区)民众教育学校,兼任校长。创办江苏各县民众学校、民众教育馆、农民教育馆、图书馆、公共体育场等数百处,常莅临指导、视察。

1928—1931年,民众教育学校改名为中央大学区民众教育院,迁无锡。旋改名为江苏省立民众教育院、江苏省立教育学院。1930年辞教育行政职务,专任该院教授兼研究实验部主任。创办黄巷民众教育实验区等试验单位。主编《教育与民众月刊》。

1932年,倡议成立中国社会教育社,任常务理事兼总干事。先后在杭州、济南、开封、广州举行年会。

1933年,赴欧洲考察丹麦、荷兰、英、德、法、奥、意等国成人教育与合作事业。

1934年,任中华职业教育社理事。主持中国教育社在河南开封举行的年会,创办洛阳民众教育实验区。

1935年,主持中国教育社在广州举行的年会,创办花县民众教育实验区;参加农村经济研究会,主编《申报·农村生活丛谈》栏目;5月,正中书局出版《民众教育》(供师范学校用)。12月27日,携食品到火车站慰问上海学生赴南京请愿团被阻学生。

1936年,参加文化界抗日救国会。10月,在无锡参加鲁迅先生追悼会筹备工作。11月11日,参加追悼大会。

1937年,八一三事变后,偕同该院师生迁校至广西桂林。遣子女经香港回上海,只身赴汉口投入抗日救亡工作。

1938—1939年,参加庐山妇女谈话会。在武汉参加全国战时教育协会,任该会研究实验委员会委员,并从事难童保育与妇女救济工作。任妇女指导委员会生产事业组组长,在四川创办淞溉纺织实验区、乐山蚕丝实验区。

1940—1945年,任东吴、沪江等大学教授,中华基督教女青年会全国协会编辑干事,编辑《农村妇女读本》《农村妇女基础读本》。

1945—1946年,任上海市教育局社会教育处处长,整顿图书馆、博物馆、民众教育馆及公共体育场等机构,创办上海市立实验民众学校,兼任校长。先后开办市立民众学校50余所(后发展到108所)。

1946—1947年,担任上海新纱厂第二、第五厂福利科科长,兼此两厂工人夜校及子弟学校校长,并任上海申新九厂、统益纱厂工人夜校顾问。主编《民众教育丛书》(由中华书局出版)。

1947—1949年,辞上海市教育局社会教育处处长职务,专任民校校长。任联合国教科文组织中国委员会委员、全国成人教育协会常务理事。任联合远东基本教育会议中国代表团顾问委员会顾问。赴美考察第二次世界大战后难童教育与成人补习教育。

1949年5月得电归国,到香港后绕道沈阳抵京,被选为全国教育工作者代表出席中国人民政治协商会议。任中央人民政府教育部社会教育司司长。12月4日,在教育部宿舍突患脑出血逝世。

参考文献

[1] 江苏省立教育学院.教育与民众,1929—1937.

[2] 《申报》馆.申报月刊,1932,1935,1936.

[3] 教育.上海商务印书馆,1935,1936.

[4] 陶行知.生活教育,1934.

[5] 民众教育月刊,1931.

[6] 社友通讯.中国社会教育社,1934,1938.

[7] 江苏教育,1933,1934.

[8] 江苏文史资料研究委员会.江苏文史资料选辑(第十一辑).江苏古籍出版社,1983.

[9] 人民教育家俞庆棠与江苏省立教育学院.江苏省立教育学院校友会,1987.

[10] 江苏省无锡县文史资料研究委员会.无锡县文史资料(第一辑),1984.

[11] 无锡市文史资料研究委员会.无锡文史资料第九辑、第二十五辑,1984年12月、1991年12月.

[12] 中国第二历史档案馆.中华民国史档案资料汇编第五辑第一编"教育".江苏古籍出版社,1994.

[13] 邰爽秋.全国教育会议报告.

[14] 曾卓.中国现代教育家传(第四辑)[M].长沙:湖南教育出版社,1987.

[15] 邰爽秋.乡村教育之理论与实际.上海教育编译馆,1935.

[16] 乡村建设实验(第三集).江苏省立教育学院,1912.

[17] 林宗礼,梁容若.民众教育论文选.河北省教育厅,1935.

[18] 陶行知.陶行知全集(1—8卷)[M].长沙:湖南教育出版社,1984.

[19] 宋恩荣.晏阳初全集(1—3卷)[M].长沙:湖南教育出版社,1989.

[20] 梁漱溟.梁漱溟全集(1—8卷)[M].济南:山东人民出版社,1992.

[21] 罗荣渠.从西化到现代化[M].北京:北京大学出版社,1990.

[22]韦善美,马清和.雷沛鸿文集(上、下)[M].南宁:广西教育出版社,1989.

[23]俞颂华.俞颂华文集[M].北京:商务印书馆,1991.

[24]赵祥麟,王承绪.杜威教育论著选[M].上海:华东师范大学出版社,1981.

[25]中国社会教育社第一届年会报告,1933.

[26]中国社会教育社第二届年会报告,1934.

[27]中国社会教育社第三届年会报告,1935.

[28]中国社会教育社第四届年会纪念册筹备委员会.中国社会教育社第四届年会纪念册.培英印务局,1936.

[29]俞庆棠.中国社会问题参考资料索引.江苏省立教育学院,1936.

[30]中央大学区扩充教育概况.中央大学印行,1928.

[31]俞庆棠.民众教育[M].南京:正中书局,1935.

[32]高践四.民众教育[M].上海:商务印书馆,1934.

[33]陈礼江.民众教育[M].上海:商务印书馆,1935.

[34]董渭川.旧教育批判[M].上海:中华书局,1949.

[35]宋恩荣,熊贤君.晏阳初教育思想研究[M].沈阳:辽宁教育出版社,1994.

[36]王炳照,阎国华.中国教育思想通史(第七卷)[M].长沙:湖南教育出版社,1994.

[37]G.罗兹曼.中国的现代化[M].上海:上海人民出版社,19891.

[38]费正清.剑桥中华民国史(第一部)[M].上海:上海人民出版社,1991.

后 记

俞庆棠何许人也？也许众多从事教育工作的都不甚清楚。她是潜心研究民众教育、乡村建设的教育理论家和实干家。由她建构的民众教育理论，独树一帜，具有鲜明的时代特色和中国特色，是中国近现代教育理论园地中的一株奇葩。1993年我与宋恩荣教授合著《晏阳初教育思想研究》时，便接触过较多俞庆棠的材料，为她研究与推广民众教育的崇高精神和伟大人格所感动。我觉得，她的民众教育思想、崇高精神、伟大人格正是我们要弘扬、学习、借鉴的，是我们今天迫切需要的。即使研究有困难，何足惧哉！

我专程进京拜谒了俞庆棠先生的女儿唐孝纯教授，她向我讲述了俞庆棠先生的大量事迹，澄清了许多不确切的说法，使我获得了大量的感性认识，对俞庆棠教育思想的把握更"心中有数"了。唐教授正在写《俞庆棠传》，告别时，她慷慨地奉送了一堆资料，更使我大喜过望。提纲拟好后，唐教授和赵中男先生从宏观整体框架到微观遣词用句都提了宝贵意见（绝不是客套话），对于提高书稿质量，做了十分重要的起始性工作。俞庆棠的学生、经济学家秦柳方先生对部分章节提了重要意见，在此一并致以诚挚的谢意。

囿于自己的见识与研究能力，加之俞庆棠的研究基础过去比较薄弱，对她的评价、论断与定位，失当之处在所难免，敬祈读者、专家、同仁指教。

熊贤君